本书由国家社科基金资助出版

本书为国家社科基金项目"文化与科技融合背景下非物质文化遗产建档式保护机制及实现研究"（15BTQ082）的结题成果

中国非物质文化遗产建档保护机制研究

叶 鹏 著

中国社会科学出版社

图书在版编目（CIP）数据

中国非物质文化遗产建档保护机制研究 / 叶鹏著 . —北京：中国社会科学出版社，2022.6
ISBN 978 - 7 - 5227 - 0053 - 3

Ⅰ.①中⋯ Ⅱ.①叶⋯ Ⅲ.①非物质文化遗产—保护—档案管理—研究—中国 Ⅳ.①G275.9

中国版本图书馆 CIP 数据核字（2022）第 057262 号

出 版 人	赵剑英	
责任编辑	许　琳	
责任校对	谈龙亮	
责任印制	郝美娜	

出　　版	中国社会科学出版社	
社　　址	北京鼓楼西大街甲 158 号	
邮　　编	100720	
网　　址	http://www.csspw.cn	
发 行 部	010 - 84083685	
门 市 部	010 - 84029450	
经　　销	新华书店及其他书店	

印刷装订	北京市十月印刷有限公司	
版　　次	2022 年 6 月第 1 版	
印　　次	2022 年 6 月第 1 次印刷	

开　　本	710×1000　1/16	
印　　张	19.75	
插　　页	2	
字　　数	274 千字	
定　　价	118.00 元	

凡购买中国社会科学出版社图书，如有质量问题请与本社营销中心联系调换
电话：010 - 84083683
版权所有　侵权必究

序

  非物质文化遗产是中华优秀传统文化的重要组成部分，是展现中华民族绵延历史的生动载体，是奠定中华民族共同价值和民族情感的文化基础，更是维护民族团结和国家统一的重要基石，保护好、传承好、利用好非物质文化遗产对于延续文明成果、坚定文化自信、传播中华文化、建设文明强国具有重要的意义。党的十八大以来，习近平总书记就高度重视传承发展中华优秀传统文化，对此多次做出重要指示。2021年8月中共中央办公厅、国务院办公厅印发了《关于进一步加强非物质文化遗产保护工作的意见》，提出了"开展全国非物质文化遗产资源调查，完善档案制度，加强档案数字化建设，妥善保存相关实物、资料"的工作要求，同时明确了"加强对全国非物质文化遗产资源的整合共享，进一步促进非物质文化遗产数据依法向社会开放，进一步加强档案和记录成果的社会利用"的实施目标，由此标志着我国非物质文化遗产建档保护事业进入了深化发展期。

  在这种背景下，叶鹏同志以我国非物质文化遗产为主题，以建档保护为切入点，结合国内外非物质文化遗产建档保护的分析研究，探讨具有普适价值的保护机制及实现策略，形成了专著《中国非物质文化遗产建档保护机制研究》。这是他完成的国家社科基金项目"文化与科技融合背景下非物质文化遗产建档保护机制及实现研究"的系统总结，也是从文化与科技融合的角度，对我国非物质文化遗产建档保护进行了较为系统的研究，具有较高的理论意义和应用价值。纵观全书，本书的突出特点表现在如下两个方面：

其一，研究的创新性。全书以多学科理论为背景，从"融合创新"出发，构建文化与科技融合背景下非物质文化遗产建档保护机制模型，综合运用元数据技术、图谱技术等新兴技术，以非物质文化遗产档案数字化融合保护平台为载体，提出非物质文化遗产建档保护的驱动机制、管理机制、创新机制和参与机制，研究和阐释了非物质文化遗产档案保护的新机制，推动了我国非物质文化遗产保护机制的深化与发展。此外，全书基于非物质文化遗产保护的科技支撑，从含义、特点、模型、内容等方面提出实现非物质文化遗产原真保存、长期保管、有效传输和社会利用的机制方法，其系统化成果为我国非物质文化遗产保护的数字化与信息化提供了一条极具意义的可行路径。

其二，理论与实践相结合。由于当前缺乏有效的非物质文化遗产建档保护机制，限制了各地非物质文化遗产档案保护工作的深入推进和非遗档案质量的不断提升。为此，全书从非物质文化遗产与科技融合出发，构建以"一个平台、五种技术、七个模块"为内容的非物质文化遗产档案数字化融合保护平台，在充分利用现有数字化非物质文化遗产档案资源的基础上，对其进行信息挖掘和可视化保存，保证非物质文化遗产档案信息的完整性、可读性和兼容性。此外，通过平台实施打通保护需求和行政管理的隔阂，从政府主导、融合创新、需求导向和社会保护的角度，推动我国非物质文化遗产档案保护的拓新发展。

总之，全书既有较为深入的理论研究，亦有结合当代非物质文化遗产保护需求的具体实践，体现了我国非物质文化遗产保护领域和档案学科的交叉融合，为我国非物质文化遗产保护提供了较实用的指导。当然，书中不可避免地存在某些瑕疵与不足，希望叶鹏同志能深入学习、继续钻研，未来能取得更大、更新的成绩。

目 录

第一章 绪论 …………………………………………………（1）
  第一节 研究背景与意义 ……………………………………（1）
  第二节 相关概念界定 ………………………………………（3）
    一 非物质文化遗产 ……………………………………（3）
    二 非物质文化遗产保护 ………………………………（5）
    三 非物质文化遗产档案 ………………………………（7）
    四 非物质文化遗产建档式保护 ………………………（9）
    五 文化科技融合视角下非物质文化遗产建档式
      保护机制 ……………………………………………（14）

第二章 国内外非遗建档式保护机制的形成与诉求 …………（17）
  第一节 非遗建档式保护机制的文化背景 ………………（17）
    一 国际层面 ……………………………………………（18）
    二 国内层面 ……………………………………………（20）
    三 建设成果 ……………………………………………（23）
  第二节 非遗建档式保护机制的科技背景 ………………（28）
    一 数字化非遗建档 ……………………………………（29）
    二 非遗建档标准化 ……………………………………（37）
    三 非遗建档数据挖掘 …………………………………（44）
    四 非遗建档知识传播 …………………………………（49）

第三节 非遗建档式保护机制的工作成绩 …………… （55）
　一　保护政策不断完善 ……………………………… （56）
　二　名录建设进展巨大 ……………………………… （57）
　三　保护技术不断进步 ……………………………… （57）
　四　保护举措实现创新 ……………………………… （58）
第四节 非遗建档式保护机制的发展诉求 …………… （60）
　一　非遗建档式保护机制的文化短板 ……………… （60）
　二　非遗建档式保护机制的科技短板 ……………… （62）
　三　非遗建档式保护机制的融合短板 ……………… （63）
第五节 文化与科技融合背景下非遗建档式保护机制的
　　　 构建重点 ……………………………………… （65）
　一　推动非遗建档式保护的文化进步 ……………… （65）
　二　推动非遗建档式保护的科技发展 ……………… （66）
　三　推动非遗建档式保护的融合创新 ……………… （68）

第三章　文化与科技融合背景下非遗建档式保护机制的构建
方式 ………………………………………………… （70）
第一节 文化与科技融合背景下非遗建档式保护机制的
　　　 构建背景 ……………………………………… （70）
第二节 文化与科技融合背景下非遗建档式保护机制的
　　　 构建原则 ……………………………………… （75）
　一　规范化原则 ……………………………………… （75）
　二　平台化原则 ……………………………………… （76）
　三　集成化原则 ……………………………………… （76）
　四　社会化原则 ……………………………………… （76）
第三节 文化与科技融合背景下非遗建档式保护机制的
　　　 构建目标 ……………………………………… （77）
　一　以有效保护非遗为核心 ………………………… （77）

二　以内化新兴技术为手段 ………………………………（79）
　　三　以推动社会化保护为目标 ……………………………（80）
　　四　以实现融合创新为关键 ………………………………（82）
　第四节　文化与科技融合背景下非物质文化遗产建档式
　　　　　保护机制的构建逻辑 ………………………………（83）
　　一　贯穿一条主线 …………………………………………（84）
　　二　把握一个目标 …………………………………………（85）
　　三　形成三种动力 …………………………………………（86）
　　四　推行四类举措 …………………………………………（87）

第四章　文化与科技融合背景下非物质文化遗产建档式保护
　　　　机制的模式构建 …………………………………………（89）
　第一节　非物质文化遗产建档式保护机制的驱动范式 ………（89）
　　一　范式探索期 ……………………………………………（91）
　　二　范式成型期 ……………………………………………（92）
　　三　范式成熟期 ……………………………………………（94）
　　四　范式变革期 ……………………………………………（96）
　第二节　文化与科技融合背景下非物质文化遗产建档式保护
　　　　　机制的模型内涵 ……………………………………（99）
　　一　技术创新是机制体系的实现基础 …………………（100）
　　二　管理创新是机制体系的推进手段 …………………（101）
　　三　制度创新是机制体系的实践保障 …………………（102）
　　四　体制创新是机制体系的根本支撑 …………………（103）
　　五　数字化保护平台是机制体系的实现载体 …………（105）
　　六　保护机制是机制体系的关键内容 …………………（106）
　　七　保障机制是机制体系的有效支撑 …………………（109）
　第三节　文化与科技融合背景下非物质文化遗产建档式保护
　　　　　机制的模式价值 ……………………………………（111）

一　易于集聚社会各界力量……………………………………（111）
　　二　推动文化与科技融合进步……………………………………（112）
　　三　促进保护集群的相互合作……………………………………（114）
　　四　有助形成活态保护文化空间…………………………………（115）

第五章　文化与科技融合背景下非物质文化遗产建档式保护
　　　　机制的实现策略………………………………………………（117）
　第一节　面向主体的非物质文化遗产建档式保护机制实现
　　　　　策略……………………………………………………………（117）
　　一　文化行政管理部门为主管……………………………………（117）
　　二　以科技管理部门为主导………………………………………（125）
　　三　以档案管理部门为支撑………………………………………（133）
　　四　高新技术企业为主体…………………………………………（144）
　第二节　面向客体的非物质文化遗产建档式保护机制实现
　　　　　策略……………………………………………………………（149）
　　一　非物质文化遗产建档式保护机制的融合策略………………（149）
　　二　非物质文化遗产建档式保护机制的制度策略………………（161）

第六章　文化与科技融合背景下非遗建档式数字化融合保护
　　　　平台的设计与运行……………………………………………（210）
　第一节　平台概述…………………………………………………（210）
　　一　非遗建档式保护信息化建设的背景…………………………（210）
　　二　构建非遗建档式数字化融合保护平台的必要性和
　　　　可行性……………………………………………………………（212）
　　三　非遗建档式数字化融合保护平台的构建目标………………（215）
　第二节　要素体系…………………………………………………（217）
　　一　文化与科技融合的体系内涵…………………………………（217）
　　二　文化与科技融合的建构发展…………………………………（219）

三　文化与科技融合的要素提炼 …………………………… (222)

第三节　平台建构 …………………………………………………… (230)
　　一　文化与科技融合模型建构的理论基础 ………………… (230)
　　二　文化与科技融合模型建构的支撑框架与
　　　　架构设计 ……………………………………………………… (232)
　　三　文化与科技融合背景下非遗建档式保护平台的
　　　　架构形成 ……………………………………………………… (234)
　　四　文化与科技融合背景下非遗建档式保护平台的
　　　　内容体系 ……………………………………………………… (242)
　　五　文化与科技融合背景下非遗建档式保护平台的
　　　　关键环节 ……………………………………………………… (247)

第四节　核心技术 …………………………………………………… (252)
　　一　非遗建档元数据标准 ……………………………………… (252)
　　二　面向对象的数字化非遗档案安全传输技术 …………… (258)
　　三　非遗档案信息数据挖掘技术 ……………………………… (259)

第五节　集成运行 …………………………………………………… (262)
　　一　集成原则 …………………………………………………… (262)
　　二　模块构成 …………………………………………………… (263)
　　三　运行方式 …………………………………………………… (267)

第七章　文化与科技融合背景下非遗建档式保护机制的实现
　　　　保障 ………………………………………………………… (269)
第一节　机制概述 …………………………………………………… (269)
　　一　非遗建档式保障机制的概念 ……………………………… (269)
　　二　非遗建档式保障机制的发展沿革 ………………………… (271)
　　三　非遗建档式保障机制的建设目标 ………………………… (272)
　　四　非遗建档式保障机制的建设原则 ………………………… (273)
第二节　法规保障 …………………………………………………… (275)

一　法规保障的范畴 …………………………………………（275）
　　二　法规保障的内容 …………………………………………（276）
第三节　决策保障 ………………………………………………（279）
　　一　决策保障的范畴 …………………………………………（279）
　　二　决策保障的内容 …………………………………………（280）
第四节　传承保障 ………………………………………………（283）
　　一　传承保障的范畴 …………………………………………（283）
　　二　传承保障的内容 …………………………………………（285）
第五节　供给保障 ………………………………………………（288）
　　一　供给保障的范畴 …………………………………………（288）
　　二　供给保障的内容 …………………………………………（288）
第六节　激励保障 ………………………………………………（290）
　　一　激励保障的范畴 …………………………………………（290）
　　二　激励保障的内容 …………………………………………（291）
第七节　融合保障 ………………………………………………（292）
　　一　融合保障的范畴 …………………………………………（292）
　　二　融合保障的内容 …………………………………………（293）

参考文献 ………………………………………………………（295）

跋 ………………………………………………………………（300）

图目录

图 2.1　非物质文化遗产项目之间的关联性 ………………（45）
图 2.2　非物质文化遗产项目与自然界的联系 ……………（45）
图 2.3　非物质文化遗产项目保存面临的威胁与困境 ………（46）
图 2.4　知识图谱节点说明 ……………………………………（46）
图 2.5　知识图谱连线说明 ……………………………………（47）
图 2.6　Europeana 云平台架构图 ……………………………（52）
图 3.1　"文化与科技融合"中文知识图谱 …………………（72）
图 3.2　"文化与科技融合"英文知识图谱 …………………（72）
图 4.1　非遗建档式保护机制的范式演进图 …………………（91）
图 4.2　非遗建档式保护机制模型 ……………………………（99）
图 6.1　知识创新的三重螺旋运动模型 ……………………（234）
图 6.2　基于 SECI 的企业内部知识流动螺旋模型 …………（236）
图 6.3　文化与科技融合下非遗建档式保护机制的融合
　　　　架构 ……………………………………………（238）
图 6.4　文化与科技融合技术体系架构 ……………………（243）
图 6.5　文化与科技融合的绩效评价决策模型 ……………（246）
图 6.6　非遗数字化信息的分片加密保存 …………………（259）
图 6.7　大数据背景下武汉市文化遗产保护利用机制及
　　　　实现平台研究的技术框架 ……………………（260）

图 6.8　K-means 算法数据挖掘流程图 ……………………（261）
图 6.9　非遗数字化融合保护平台功能结构 …………………（264）
图 6.10　"武汉市文化遗产大数据保护利用系统 v1.0" 版权
　　　　登记证明 ………………………………………………（268）

表目录

表 2.1　加拿大 LAC 工程的组织设计 …………………………（24）
表 2.2　秘鲁非遗保护参与部门及其主要职责 …………………（25）
表 2.3　中国文化信息资源共享工程的主要任务和资源
　　　　建设 ………………………………………………………（27）
表 2.4　文化信息资源共享工程部分资源建设成果 ……………（28）
表 2.5　国外非物质文化遗产保护数字化项目 …………………（30）
表 2.6　美国记忆项目官方网站馆藏专题 ………………………（32）
表 2.7　美国记忆项目技术信息 …………………………………（34）
表 2.8　"中国非物质文化遗产数字化保护工程"项目建设
　　　　成果表 ……………………………………………………（36）
表 2.9　国外主要的非遗建档标准 ………………………………（37）
表 2.10　我国主要的非遗建档标准 ………………………………（40）
表 2.11　中国非物质文化遗产保护联盟主要成绩 ………………（48）
表 2.12　国外非遗建档知识传播案例 ……………………………（50）
表 2.13　Europeana 文化资源提供机构统计表 …………………（51）
表 2.14　Europeana 项目 2020—2025 年工作计划与
　　　　　"Europeana Initiative" 重点内容 ……………………（52）
表 2.15　国内非物质文化遗产数据库（网站）内容调查表 ……（53）
表 3.1　文化与科技融合的关键词语义 …………………………（73）
表 3.2　文化与科技融合的关键词聚类 …………………………（75）

表 6.1　面向文化与科技融合建档式保护机制的融合
　　　　理论与方法 ………………………………………（231）
表 6.2　文化与科技融合系统管理结构举例 ………………（233）
表 6.3　文化与科技融合背景下非遗建档资源分类 ………（244）
表 6.4　我国非物质文化遗产数字信息元数据标准集 ……（254）

第一章 绪论

第一节 研究背景与意义

非物质文化遗产（以下简称非遗）蕴含着各民族的文化精髓，体现了各民族无尽的创造力和生命力。截至2020年12月，42个中国项目被列"人类非物质文化遗产代表作名录"，7个中国项目被列为"急需保护的非物质文化遗产名录"，我国已经成为"人类非物质文化遗产代表作名单"内项目最多的国家。中国是《保护世界文化和自然遗产公约》的成员国，通过联合国教科文组织（UNESCO）和国内各级政府、研究机构的不断推动，对我国非遗保护进行了系统性建设和阶段性研究。同时，该组织还在《文化政策发展行动计划》中指出："文化生产力的竞争是未来世界竞争的主战场，同时文化发展将成为新时期社会发展的主流"[1]。在世界文化发展潮流的感召下，为充分发挥文化科技融合与集成在我国文化事业发展中的作用，中共十七大报告提出"用高新技术来创建新的文化生产方式，来培育新的文化业态，来加快构建传输快捷、覆盖广泛的文化传播体系"[2]。2011年，中共第十七届中央委员会第六次全体会议在北京召开，会

---

[1] UNESCO, "Action Plan on Cultural Policies for Development", 2014, http://www.unesco.org/cpp/uk/declarations/cultural.pdf.

[2] 胡锦涛：《高举中国特色社会主义伟大旗帜，为夺取全面建设小康社会新胜利而奋斗——在中国共产党第十七次全国代表大会上的报告》，人民出版社2007年版，第37页。

议通过了《中国共产党中央委员会关于进一步深化文化体制改革推动社会主义文化大发展大繁荣若干重大问题的决定》，提出了"科技创新是文化发展的重要引擎，进一步落实科技领先战略，增强自主创新能力是推动文化与科技相互促进"[1]的重要战略。同时会议从实践出发，提出了"设立优秀传统文化的继承制度，加强国家重要文化遗产、自然遗产、重点文物保护单位、历史文化名城建设"[2]的具体战略部署，为增强我国文化实力、加速文化事业发展，指明了方向。

"社会智力发展与科技密不可分，它不仅体现了文化内容，同时也是文化的形式和载体"[3]。可见科学技术对文化发展具有重要意义，科技是文化创新的核心推动力，也是文化发展的重要保障，文化与科技融合是未来文化发展的方向。在未来，技术进步和科技转化的能力将与国家文化实力及文化竞争力紧密相连，有利于推动文化事业的发展及文化体制机制的改革与创新。

"科技创新以及科学技术的发展，可以大大促进文化产业的创新能力、表现能力和传播能力，为不断塑造文化产业的全新类型提供有力保证。"[4] 从上述会议提出的精神及举措中不难看出，"文化与科技融合将是中华文化在信息时代避免处于守势，在思想文化和价值理念的高度取得国际性认同的重要基础"[5]。

综上，在文化与科技融合的大背景下，我国非遗保护领域内还存在诸多桎梏和问题，其中尤以文化与科技融合最为突出，具体表现在以下几个方面。首先，我国非遗保护在文化与科技融合领域内的科技支持不足，尚未形成足以支撑和引领文化发展的技术支持体系。其

---

[1] 本书编写组：《〈中共中央关于深化文化体制改革推动社会主义文化大发展大繁荣若干重大问题的决定〉辅导读本》，人民出版社2011年版，第24—25页。
[2] 本书编写组：《〈中共中央关于深化文化体制改革推动社会主义文化大发展大繁荣若干重大问题的决定〉辅导读本》，人民出版社2011年版，第24—25页。
[3] 杨登超：《加快文化与科技融合》，《福建日报》2012年8月21日第2版。
[4] 王志刚：《推进文化科技创新加强文化与科技融合》，《求是》2012年第2期。
[5] 谌强：《王文章：加快文化与科技融合对文化发展有重大意义》，《光明日报》2010年6月22日第5版。

次，科技创新对文化发展的带动效果欠佳，缺乏核心技术及设施设备，相关技术的国产化率也相对较低，相关的软件系统仍需依赖进口。最后，目前我国文化类科技项目缺乏整体规划，项目支持资金不足，从业人员文化主动性、参与性差。面对上述问题，文化与科技融合提供了一条可行的解决思路和研究视角。

第二节 相关概念界定

一 非物质文化遗产

（一）概念阐释

在国际上，非遗的内涵可从联合国教科文组织的一系列阐述中获得定性认知。"非物质文化遗产"作为一个明确的概念最早出现于20世纪70年代，1973年，玻利维亚常驻联合国代表团提交了《保护民俗国际文书议定案》，提议在《世界版权公约》中增加一项议定书，以保护民间文学。尽管这项建议没有被采纳，但有助于提升人们对将非遗纳入文化遗产领域的认识[①]。1989年，联合国教科文组织在其颁布的《保护民间创作建议案》中对世界民间创作进行了初步分类，即"民间创作为代名词的非物质文化遗产，包括文字、神话、风俗、美术等十一个大类"。1998年，联合国教科文组织在《人类口头和非物质文化遗产代表作条例》中将"民间创作"的表述一致改为"人类口头和非物质文化遗产"，并且把文化空间和表现形式作为人类口头非物质文化遗产的主要组成部分[②]。2003年10月，联合国教科文组织通过《保护非物质文化遗产公约》（以下简称《公约》），系统阐述了非遗概念，将其定义为"被社区、群体或个人视为其文化遗产组

[①] 广东省文化和旅游厅：《非遗知识课堂〈保护非物质文化遗产公约〉与非物质文化遗产保护（一）》：《文化领域三个国际公约的比较》2020年4月26日，http://wh-ly.gd.gov.cn/special_newzt/fzxc/jd/content/post_2984191.html，2020年4月29日。

[②] 叶鹏：《基于文化与科技融合的我国非物质文化遗产保护机制及实现研究》，博士学位论文，武汉大学，2015年。

成部分的各种社会实践、观念表述、表现形式、知识、技能以及相关的工具、实物、手工艺品和文化场所。"① 我国对非遗概念的阐述亦源自联合国教科文组织颁布的上述《公约》，由于中国是《公约》的缔约国之一，非遗也随《公约》的引入而在国内传播开来，1998年文化部起草的《中华人民共和国民族民间传统文化保护法》（草案）由于我国加入也根据《公约》内容，将该法规的名称改为《中华人民共和国非遗保护法》（以下简称《非遗法》）②。

通过对上述法规与条例对非遗概念的总结和提炼，笔者认为非遗是指各族人民世代相传，并视为其文化遗产组成部分的各类传统文化表现形式，以及与之相关的实物和场所③。

（二）主要内容

根据《公约》所述，非遗包括五个方面的主要内容："1. 口头传统和表现形式，包括作为非物质文化遗产媒介的语言；2. 表演艺术；3. 社会实践、仪式、节庆活动；4. 有关自然界和宇宙的知识和实践；5. 传统手工艺。"④ 在国内，根据2005年颁布的《国务院关于加强文化遗产保护的通知》，非遗包括口头传统、民俗活动和礼仪与节庆、传统表演艺术、传统手工艺技能、有关自然界和宇宙的民间传统知识和实践等内容以及与其相关的文化空间⑤。2011年，国务院颁布了《非遗法》，上述法律明确规定了非遗的主要内容包括："1. 传统口头文学以及作为其载体的语言；2. 传统美术、书法、音乐、舞蹈、戏剧、曲艺和杂技；3. 传统技艺、医药和历法；4. 传统礼仪、节庆等

---

① UNESCO, "Convention for the Safeguarding of the Intangible Cultural Heritage", (2003 - 10 - 17), https: //ich. unesco. org/en/convention.
② 叶鹏：《基于文化与科技融合的我国非物质文化遗产保护机制及实现研究》，博士学位论文，武汉大学，2015年。
③ 中国人大网：《中华人民共和国非物质文化遗产法》，http：//www. npc. gov. cn/zgrdw/lfzt/huiyi/lfzt/fwzwhycbhf/2011 - 05/10/content_ 1729844. htm，2020年4月29日。
④ UNESCO, "Convention for the Safeguarding of the Intangible Cultural Heritage", (2003 - 10 - 17), https: //ich. unesco. org/en/convention.
⑤ 中华人民共和国中央人民政府：《国务院关于加强文化遗产保护的通知》，http：//www. gov. cn/zhengce/content/2008 - 03/28/content_ 5926. htm，2020年4月29日。

民俗；5. 传统体育和游艺；6. 其他非物质文化遗产。"① 苑利、顾军提出了非遗"七分法"，将非遗分为传统工艺美术类遗产、传统生活知识类遗产、民间文学类遗产、表演艺术类遗产、传统生产知识类遗产、传统仪式类遗产、传统节日类遗产七类。同时，为实际操作的简便，还将"七分法"压缩为"传统表演艺术"、"传统工艺技术"与"传统节日仪式"三小类[②]。

二 非物质文化遗产保护

（一）概念阐释

从国内外非遗保护的发展历史来看，非遗保护的概念源于联合国教科文组织发布的多份文件。1972年，由于年久腐变以及社会经济条件的不断变化，文化遗产和自然遗产均出现了难以应对的损害或破坏现象。由于任何文化或自然遗产的破坏或消失都会使世界各国遗产面临枯竭的威胁，所以基于文化及自然遗产保护的需求，联合国教科文组织发布了《世界遗产公约》，从国家责任和国际责任两方面规定了世界遗产保护的相关内容[③]。1989年，联合国教科文组织发布的《保护民间创作建议案》中建议各国把民族传统和民俗文化纳入保护的范围，提出了民间创作是全人类的共同遗产，世界各国应尽快采取行动，积极开展国际合作，共同保护、保存并传播民间创作，并将认定、保存、保护和传播传统文化的措施纳入其中[④]。1993年联合国教科文组织建立了"活态文化财产"制度，专门针对社会有突出贡献的"民间艺人"或"传承

---

① 中国人大网：《中华人民共和国非物质文化遗产法》，http://www.npc.gov.cn/zgrdw/huiyi/lfzt/fwzwhycbhf/2011-05/10/content_1729844.htm，2020年4月29日。
② 苑利、顾军：《非物质文化遗产保护理论与方法丛书/非物质文化遗产保护前沿话题》，文化艺术出版社2017年版，第21—25页。
③ 联合国：《保护世界文化和自然遗产公约》，https://www.un.org/zh/documents/treaty/files/whc.shtml，2020年4月30日。
④ 广东省文化和旅游厅：《非遗知识课堂｜〈保护非物质文化遗产公约〉与非物质文化遗产保护（一）》：《文化领域三个国际公约的比较》2020年4月26日，http://wh-ly.gd.gov.cn/special_newzt/fzxc/jd/content/post_2984191.html，2020年4月29日。

人"进行保护①。1998年联合国教科文组织通过了《人类口头和非物质遗产代表作条例》,系统阐述了"口头和非物质遗产"的概念,提出了非物质遗产认定和保护的规范化流程②。

通过对上述不同历史时期非遗保护概念的总结和提炼,笔者认为非遗保护是指"确保非物质文化遗产生命力的各种措施,包括这种遗产各个方面的确认、立档、研究、保存、保护、宣传、弘扬、传承(特别是通过正规和非正规教育)和振兴。"③

(二) 主要内容

非遗保护的对象为非物质文化遗产,相关内容包括非遗的认定、研究、保存、传播、宣传等方面。国际上,联合国发布的《公约》提出的非遗保护包括"遗产各个方面的确认、立档、研究、保存、保护、宣传、弘扬、传承(特别是通过正规和非正规教育)和振兴。"④在国内,2005年国务院办公厅在《关于加强我国非物质文化遗产保护工作的意见》中明确提出非遗保护工作的目标、原则、重要意义和指导方针,要求建立包括国家级、省市级和县级在内的三级非遗代表作名录体系⑤。2011年,我国通过《非遗法》,根据上述法律规定,国家对非遗采取记录、认定、建档等措施予以保存,对体现中华民族优秀传统文化,具有文学、历史、科学、艺术价值的非遗采取传承、传播等措施予以保护,主要方式包括非遗调查、认定、传承与传播、

---

① 李敏、王宇洁:《联合国教科文组织非物质文化遗产保护述论》,《浙江工业大学学报》(社会科学版) 2020年第1期。
② 中国非物质文化遗产网:《宣布人类口头和非物质遗产代表作条例(1998)》, http://www.ihchina.cn/zhengce_details/15719, 2020年4月30日。
③ UNESCO, "Convention for the Safeguarding of the Intangible Cultural Heritage", (2003-10-17), https://ich.unesco.org/en/convention.
④ UNESCO, "Convention for the Safeguarding of the Intangible Cultural Heritage", (2003-10-17), https://ich.unesco.org/en/convention.
⑤ 中华人民共和国中央人民政府:《国务院办公厅关于加强我国非物质文化遗产保护工作的意见》, http://www.gov.cn/zwgk/2005-08/15/content_21681.htm, 2020年4月29日。

法律责任等①。在路径方面，非遗保护包括民事权利保护和行政保护两种模式。民事权利保护模式是指在非遗保护中设定民事权利，防止他人未经许可对非遗进行商业性的利用，并给予法律救济。行政保护模式是由政府主管部门采取行政措施积极、主动地保存或保护非遗②。

三　非物质文化遗产档案

（一）概念阐释

2005年3月，国务院办公厅颁布了《关于加强我国非物质文化遗产保护工作的意见》，明确提出通过文字、录像、录音、数字化多媒体等方式，对非遗进行真实、全面和系统的记录，建立非遗档案和非遗数据库。③通过上述政策可知，目前对于非遗档案的认识主要有广义和狭义两种理解。狭义的非遗档案是指在非遗申报、审批和复查等相关活动中形成的档案④，如朱伶杰（2006）认为世界遗产档案是在世界遗产的申报和复查过程中形成的，具有保存价值的真实的历史记录⑤。广义的非遗档案是指所有与非遗相关的档案，持广义观点的学者较多，如顾永贵（2007）认为非遗档案是指社会组织、国家机构以及个人对非遗进行真实、系统和全面地记录和收集整理后形成的对国家和社会具有保存价值的各种信息载体，非遗建档的主要方式包括录像、录音、文字、数字化多媒体等，主要目的是保护或传承非物质文化遗产。按照档案类别划分，可将非遗档案纳入科技档案或者专门档案的范畴，或者作为项目档案来对待⑥。王云庆、赵林林（2008）认为非遗档案

---

① 中国人大网：《中华人民共和国非物质文化遗产法》，http://www.npc.gov.cn/zgrdw/huiyi/lfzt/fwzwhycbhf/2011-05/10/content_1729844.htm，2020年4月29日。
② 黄哲京：《博物馆无形资产的保护与研究》，故宫出版社2016年版，第209页。
③ 中华人民共和国中央人民政府：《国务院办公厅关于加强我国非物质文化遗产保护工作的意见》。http://www.gov.cn/zwgk/2005-08/15/content_21681.htm，2020年4月29日。
④ 何永斌、陈海玉：《非物质文化遗产档案工作体系建设刍议》，《四川档案》2008年第6期。
⑤ 朱伶杰：《世界遗产活动与档案》，《档案与建设》2006年第4期。
⑥ 顾永贵：《对非物质文化遗产档案管理工作的思考》，贵州省2007年档案学术交流论文集，贵州省档案学会，2007年，第35—42页。

是指与非遗活动有关的档案,即所有与非遗相关的具有保存价值的各种载体的档案材料,具体内容包括非遗活动的实物、道具,以及在非遗记录和保护过程中形成的声像资料、文字记载等资料①。部分学者在回顾分析非遗档案概念的基础上提出了对非遗档案的理解,如何永斌,陈海玉(2008)认为非遗档案是反映和记录非遗自身,以及相关工作过程与阶段性成果的各类文献资料的总称②。

通过对上述各位学者对非遗档案概念的总结和提炼,笔者认为非遗档案是见证非遗传承演变过程及其各个阶段文化特征,反映非遗现存状态和存续情况,记录其保护与管理工作的各项活动,体现非遗代表性传承人及典型传承群体文化活动、文化背景、自然状况等的各类记录材料的总和③。

(二)主要内容

多名学者提出了非遗档案内容构成与分类的观点。赵林林、王云庆(2007)从"大档案观"理念出发,认为非遗档案主要有三部分内容:(1)实物档案,即在非遗活动中以直接或间接的形式形成的,包括活动的产品、成果、媒介或辅助性工具等的一系列实物;(2)记忆档案,即记录并反映有关非遗活动及其传承人基本情况的文献记载、档案材料,以及各种载体形式的记录资料;(3)"申遗"档案,即与非遗申报活动有关的档案,包括三方面内容:其一为非遗申报准备及其过程中不断补充的、用于介绍项目基本情况的申报材料,其二为记录申报过程的相关材料,如新闻、通讯等,其三为非遗项目宣传及保护的各种活动中形成的材料和文件④。何永斌(2008)认为非遗档案资源分为项目

---

① 王云庆、赵林林:《论非物质文化遗产档案及其保护原则》,《档案学通讯》2008年第1期。

② 何永斌、陈海玉:《非物质文化遗产档案工作体系建设刍议》,《四川档案》2008年第6期。

③ 周耀林、戴旸、程齐凯:《非物质文化遗产档案管理理论与实践》,武汉大学出版社2013年版,第66页。

④ 赵林林、王云庆:《非物质文化遗产档案的特征和意义》,《档案与建设》2007年第12期。

板块、历史板块、工作板块、传承人板块四方面内容①。何永斌、陈海玉（2008）认为非遗档案包括五方面内容：（1）非遗发生、发展、演变的历史过程；（2）非遗的活态遗存状况；（3）非遗的标志性物质载体和表现方式；（4）非遗代表性传承人的基本情况与相关资料；（5）非遗工作和事业发展的全景式记录及各类阶段性成果等②。周耀林（2013）等学者在总结前人观点的基础上，提出非遗档案包括三部分：（1）非遗本体档案，即记录和反映非遗传承发展过程与结果的录像、文字等载体的材料，以及作为活动媒介的实物档案等；（2）非遗申报与保护档案，即记录非遗申报与保护的过程与结果的档案资料；（3）传承人档案，即记录和反映非遗传承人的文化背景、自然状况的档案资料，主要内容包括传承人传承非遗的活动状况、传承状态，以及在传承人认定和管理过程中形成的档案资料等③。王云庆、樊树娟（2013）认为非遗档案包括五部分内容，即与非遗的形成和发展历程相关的档案资料、实物档案、传承人档案、与申遗有关的档案资料、非遗调查研究和遗产项目开发利用过程中形成的档案资料④。李丹（2016）认为非遗档案的内容应该包括三个方面：（1）记录非遗产生、发展、传承及演变的档案资料，包括口述档案、实物档案等形式。（2）非遗代表性传承人档案。（3）非遗保护和申遗过程中形成的档案⑤。

四 非物质文化遗产建档式保护

（一）概念阐释

国内外相关机构出台了多份政策文件，均将建档作为本国非遗保护

---

① 何永斌：《谈非物质文化遗产档案资源建设的几个问题》，《兰台世界》2008年第20期。

② 何永斌、陈海玉：《非物质文化遗产档案工作体系建设刍议》，《四川档案》2008年第6期。

③ 周耀林、戴旸、程齐凯：《非物质文化遗产档案管理理论与实践》，武汉大学出版社2013年版，第67—68页。

④ 王云庆、樊树娟：《非物质文化遗产档案及其内容研究》，《山东档案》2013年第2期。

⑤ 李丹：《非物质文化遗产档案式保护中的分类问题研究》，硕士学位论文，湘潭大学，2016。

的重要方式之一。日本是开展非遗工作较早的国家之一，1950年5月，日本颁布的《文化财保护法》首次以法律的形式提出了为非遗建立档案记录的要求，开启了非遗建档式保护的探索历程。1996年，日本在修订《文化财保护法》的过程中增加了登录制度，其实质属于建档制度的一种，即"将物质文化遗产和非物质文化遗产进行注册、登记，通过登录认定它们的资格"①。2003年，联合国教科文组织在《公约》中提出了非遗保护的概念与方法，并将"建档"作为非遗保护的重要方式②，正式确定了非遗建档式保护的方法。2005年，中共中央国务院颁布了《关于加强我国非物质文化遗产保护工作的意见》，意见提出了"要运用文字、录音、录像、数字化多媒体等各种方式，对非物质文化遗产进行真实、系统和全面的记录，建立档案和数据库。"③ 2006年12月，文化部颁布了《国家级非物质文化遗产保护与管理暂行办法》，明确规定了相关部门的非遗建档责任，"国家级非物质文化遗产项目保护单位应当履行全面收集该项目的实物、资料，并登记、整理、建档的职责"④。2011年，中共中央国务院在《非遗法》中提出国家应对非遗采取记录、认定、建档等措施予以保存。在学界，多名学者对非遗建档式保护提出自己的理解，如王云庆、陈建（2011）认为非遗档案化保护是指将面临失传的曲艺、工艺、礼仪、民俗等遗产以录音、文字、录像等方式记录下来，实现非遗的档案化，使非遗由原有的口传心授的"非物质性"转化为"物质性"并加以保存和利用⑤。徐芳（2018）认

---

① 陈师鞠、徐妙妙：《国外非物质文化遗产建档式保护进展研究》，《中国档案》2016年第6期。

② UNESCO, "Convention for the Safeguarding of the Intangible Cultural Heritage", (2003-10-17), https://ich.unesco.org/en/convention.

③ 中华人民共和国中央人民政府：《国务院办公厅关于加强我国非物质文化遗产保护工作的意见》，http://www.gov.cn/zwgk/2005-08/15/content_21681.htm，2020年5月1日。

④ 中华人民共和国文化和旅游部：《国家级非物质文化遗产保护与管理暂行办法（2006年）》，https://www.mct.gov.cn/whzx/bnsj/fwzwhycs/201111/t20111128_765126.htm，2020年5月1日。

⑤ 王云庆、陈建：《保护非物质文化遗产：警惕档案机构边缘化》，《档案学通讯》2011年第1期。

为非遗的建档保护就是基于档案方法对非遗进行保护，从而改善其生存环境并提高其生命力的一种非遗保护模式，具体内容包括两方面，其一是对既有的非遗档案的整理研究、普及宣传，其二是对现有的非遗进行档案固化、研究、宣传与普及[①]。

通过上述各位学者对非遗建档式保护概念的提炼与总结，笔者认同吴品才、储蕾（2012）对非遗建档式保护的理解，即采用特定的手段，将非遗以特定方式记录在一定载体上形成物质化的档案，并通过保护非遗档案来实现非遗保护目的的非遗保护形式[②]。

（二）主要内容

非遗建档式保护的内容包括非遗建档范畴内的相关内外部要素。胡郑丽（2017）认为传统非遗"档案式保护"的内容主要包括非遗活动中产生的一系列实物、道具、资料、非遗项目档案、传承人档案等。随着我国非遗项目的增加，"申遗"档案、学术论文、会议报告文件、课程资料、图书出版物等均被列入"档案式保护"的内容，在"互联网+"时代，数据库、多媒体、空间也成为了非遗档案的保护内容[③]。董红霞（2017）认为非遗建档内容包括与非遗活动相关的各种载体资料，随着非遗申报工作的开展，列入非物质文化遗产名录的非遗项目还应收集与申遗工作有关的一系列档案文件材料[④]。徐骁（2017）认为"非遗"档案式保护要素主要包括主体、对象、平台和其他要素四个部分，其中非遗档案式保护主体包括"传承主体"和"保护主体"两大类；对象是指各种文化表现形式及与其相关的实物和场所；平台可分为企业的生产保护平台、政府的法律保护平台

---

① 徐芳：《对〈非物质文化遗产法〉中有关建档保护内容的思考》，《办公室业务》2018年第9期。

② 吴品才、储蕾：《非物质文化遗产档案化保护的理论基础》，《档案学通讯》2012年第5期。

③ 胡郑丽：《"互联网+"时代非物质文化遗产"档案式保护"的重构与阐释》，《浙江档案》2017年第1期。

④ 董红霞：《非物质文化遗产档案式保护工作方法探析》，《兰台内外》2017年第5期。

等；其他要素包括资金、专业人员队伍、基础设施等人力、财力、物力资源[①]。徐蔚、沈小路（2016）在档案泛化语境下提出了文化遗产档案式保护的内容，主要包括三点：一是基于文化遗产保护的需求，在提供已经保存的档案资源的基础上，用档案信息资源服务对文化遗产进行保护，并推动档案业务与文化遗产普查与认定工作的；二是对与文化遗产产生和发展相关的实物、信息等资料进行收集、融合整理与建档保管；三是利用文化遗产档案中所包含的信息资源开展文化遗产的动态传播与传承，激发社会公众对文化遗产的认同和重视，营造保护和尊重文化遗产的良好社会氛围[②]。储蕾（2012）认为非遗建档的内容包括非遗本身材料、申报材料和传承材料三个方面。其中，非遗本身材料指的是档案人员广泛收集到的关于非遗形成、发展、演变、分布情况、目前保护工作存在的问题等一系列材料，申报材料是指在申报非物质文化遗产保护名录的过程中所收集和提交审批的一系列材料，非遗传承材料主要指的是传承人的建档[③]。夏慧（2013）总结分析了端砚制作技艺档案式保护的内容，主要包括项目档案、传承人档案、古砚实物及古砚谱档案[④]。

（三）主要方法

非遗建档式保护的主要方法包括非遗档案管理方法，以及非遗建档保护保障方法两方面内容，前者包括非遗档案接收、征集、整理、分类、鉴定、保管和开发利用等，后者则包括非遗建档法规政策的完善、人才队伍建设等。2006年5月，国新办举办了关于中国文化遗产保护状况的发布会，会议上时任文化部副部长周和平在接受记者采访时提到"文化部正在会同有关部门制定有关非物质文化遗产名录的管理办法，这个办法包括制定保护规划、建立保护档案，采取多种形

[①] 徐骁：《企业非物质文化遗产档案式保护研究》，硕士学位论文，云南大学，2017年。
[②] 徐蔚、沈小路：《档案"泛化"语境下的文化遗产档案式保护》，《档案》2016年第12期。
[③] 储蕾：《非物质文化遗产档案化保护研究》，硕士学位论文，苏州大学，2012年。
[④] 夏慧：《试论肇庆端砚制作技艺的档案式保护》，《山西档案》2013年第3期。

式把这些档案建立起来,用文字、图像、多媒体等多种手段来完成这个档案。同时要收集实物进行保存和展示,鼓励各地建设民俗博物馆、非物质文化遗产方面的博物馆和资料文献的收集中心。"[1] 可见,关于非遗档案建档保护方法的研究,主要从非遗档案管理的过程和环节两方面展开。在非遗档案管理的过程方面,周耀林(2013)等学者叙述了非遗档案管理各阶段的工作方法,包括非遗档案的收集、鉴定、整理、保管及信息化管理,以及非遗传承人档案的管理方法[2]。张馨元(2015)等学者从档案的收集、分类和开发利用方面提出了国家级非遗云南花灯戏的建档保护方法[3]。武利红、侯钰桃(2017)以河南省非遗保护为例,包括非遗档案的收集、整理、保管、编研利用四个方面[4]。黄琴(2018)从"收集—整理—鉴定—保管—利用"五个环节出发,分析提炼了非遗建档的基本模式[5]。从非遗档案管理的环节来看,学者们对非遗档案管理的环节实施方法进行了许多探索,如戴旸、周耀林(2011)提出了非遗档案信息化建设的方法和原则,具体方法包括面向长期保存的非遗档案数据库建设和面向公众需求的非遗档案网站建设,其中非遗档案数据库包括非遗档案目录数据库、非遗档案多媒体数据库、非遗档案专题数据库与非遗档案传承人数据库[6]。肖文建、黎杜(2017)从当前非遗档案保管的现存问题出发,探讨了非遗产档案长期保存的方法,包括增强全社会的档案保

---

[1] 中华人民共和国中央人民政府:《新闻办就中国文化遗产保护状况等举行新闻发布会》2006 年 5 月 25 日, http://www.gov.cn/xwfb/2006-05/25/content_290621_4.htm, 2020 年 5 月 2 日。

[2] 周耀林、戴旸、程齐凯:《非物质文化遗产档案管理理论与实践》,武汉大学出版社 2013 年版。

[3] 张馨元、刘为、王森哲:《国家级非物质文化遗产云南花灯戏的建档保护》,《档案与建设》2015 年第 9 期。

[4] 武利红、侯钰桃:《河南省非物质文化遗产保护研究——档案管理视角下》,《创新科技》2017 年第 10 期。

[5] 黄琴:《非物质文化遗产建档基本模式探析》,《兰台世界》2018 年第 11 期。

[6] 戴旸、周耀林:《论非物质文化遗产档案信息化建设的原则与方法》,《图书情报知识》2011 年第 5 期。

护意识、建立健全非遗档案长久保存的体制机制、建立健全非遗档案实体的安保制度、重视非遗档案信息安全、做好"非遗"档案长久保存的基础工作、重视非遗档案长久保存的技术运用[①]。在非遗建档保障方法角度，董红霞（2017）认为非遗档案式保护包括五点：一是建章立制，健全非遗建档制度法规；二是分级建档，完善非遗档案建档策略；三是系统收集，保证非遗档案齐全完整；四是明确范围，划控非遗建档内容；五是利于保管，明确非遗档案归档材质标准[②]。苏瑞（2020）提出了河南豫剧建档保护的方法，包括完善理论基础和法律制度、构建完整的非遗建档组织机构体系、多种形式宣传豫剧档案、加强豫剧档案人才队伍建设、建设豫剧网站五个方面[③]。

五 文化科技融合视角下非物质文化遗产建档式保护机制

词源学和管理学认为，机制是"结构和机器的操作原理"和"多个系统之间相互影响、相互作用、相互制约的要素集合"。从档案学和文化遗产学的角度出发，结合上述概念界定，非遗建档式保护机制是基于我国现有非遗资源现状，依托档案学、文化遗产学等多学科成果，对非遗建档工作中各类要素集合进行制约和作用，保证和推动我国非遗建档式保护有序开展的工作流程和工作方法的集合[④]。文化与科技融合下非遗保护机制则是在实施跨界研究和创新保护的基础上，融合其他多门类学科的研究成果与先进的科学技术理论、手段与方法的对非遗保护机制进行的整体性创新[⑤]。

通过对前述学者们对相关概念的总结和提炼，笔者认为文化科技

[①] 肖文建、黎杜：《非物质文化遗产档案长久保存策略》，《档案学研究》2017年第3期。
[②] 董红霞：《非物质文化遗产档案式保护工作方法探析》，《兰台内外》2017年第5期。
[③] 苏瑞：《非遗背景下的豫剧建档保护及其对策探究》，《档案管理》2020年第1期。
[④] 叶鹏、周耀林：《非物质文化遗产建档式保护的现状、机制及对策》，《学习与实践》2015年第9期。
[⑤] 周耀林、叶鹏：《我国非物质文化遗产的保护机制与实现路径——基于文化与科技融合的视角》，《学习与实践》2014年第7期。

融合视角下非遗建档式保护机制主要从以下四个方面进行理解。

第一,从宏观上看,非遗档案管理工作包括法律法规、组织管理、标准规范、实体管理、技术支撑等。文化与科技融合下的非遗保护机制将非遗的文化内涵、形式结构和有关历史文化的丰富信息,与非遗保护的新兴技术、研究成果和手段方式相结合,在吸收国内外先进经验的基础上,形成非遗保护的新方法和新范式①。自改革开放以来,我国政府曾多次颁布相关政策对文化与科技融合提出了要求,中共十七大报告更提出了"运用高新技术创新文化生产方式、培育新的文化业态,加快构建传输快捷、覆盖广泛的文化传播体系"的总目标②。2010年,中共中央政治局常委李长春强调了文化与科技融合的重要性,提出科学技术是第一生产力,文化与科技融合是增强我国文化的整体实力和竞争力、推动社会主义文化大发展大繁荣的必要路径,具体实施办法包括提高文化企业设备水平及文化产品的科技含量,增强文化产品的艺术感染力,培育新的文化业态等③。但由于我国文化要素与科技创新的有效互动尚处于启动阶段,还存在标准规范缺失、缺乏完整的研发体制和技术支持等问题④。

第二,从微观上看,非遗档案管理工作除了包括收集、整理、鉴定、保管和开发利用等普通档案工作内容外,还包括建立传承人档案的重要任务。文化与科技融合角度下的非遗保护是基于我国非遗保护的迫切需要,根据科学技术与文化发展的客观规律和一般特性,采用

---

① 叶鹏:《基于文化与科技融合的我国非物质文化遗产保护机制及实现研究》,博士学位论文,武汉大学,2015年。
② 胡锦涛:《高举中国特色社会主义伟大旗帜为夺取全面建设小康社会新胜利而奋斗——胡锦涛在中国共产党第十七次全国代表大会上的报告》,http://www.most.gov.cn/yw/200710/t20071026_ 56736.htm,2020年5月4日。
③ 人民网:《李长春:加快推进文化和科技融合 增强文化影响力》,http://ip.people.com.cn/GB/136672/12527836.html,2020年5月4日。
④ 叶鹏、熊诗维:《文化与科技融合视角下非物质文化遗产保护举措比较研究》,《佳木斯大学社会科学学报》2016年第3期。

技术研发、系统构建、项目实施等应用来构成创新过程①。

第三，从参与主体上看，档案部门除了负责非遗档案管理外，还需协调好与非遗申报单位、保管单位和传承人之间的关系。非遗档案整理工作的具体组织和实施，主要由档案馆和档案行政机关在国家有关政策法规的指导下承担，总体要求是顾全大局、积极配合、系统优化②。但由于现阶段我国档案机构在参与非遗保护的过程中存在小规模与自发性特点，整体上缺乏统一规划，导致档案机构在非遗档案保护事业中也处于边缘地带③。可见，现阶段我国文化行政管理部门和相关研究机构都缺乏基于文化与科技融合的非遗建档式保护机制及其实施对策，忽视了行业企业和社会公众对非遗建档式保护的认知和参与④。文化与科技融合下的非遗保护应坚持"文化行政管理部门主导、社会多方共同参与"的基本原则，群策群力地从多方面为非遗保护提供包括行政、技术、资金等多方面支持⑤。

第四，从构成要素上看，非遗档案管理包含管理主体、管理客体、工作场所、工具设备、资金来源、信息渠道、技术手段等内容。文化与科技融合下非遗保护机制的四大构成要素包括技术创新、管理创新、制度创新、机制创新，其中技术创新是基础、管理创新是手段、制度创新是保障、体制创新是支撑⑥。

---

① 叶鹏：《基于文化与科技融合的我国非物质文化遗产保护机制及实现研究》，博士学位论文，武汉大学，2015年。
② 周耀林、戴旸、程齐凯：《非物质文化遗产档案管理理论与实践》，武汉大学出版社2013年版，第111页。
③ 赵跃：《新时期档案机构参与非遗保护的反思与再定位》，《档案学通讯》2020年第2期。
④ 叶鹏、周耀林：《非物质文化遗产建档式保护的现状、机制及对策》，《学习与实践》2015年第9期。
⑤ 叶鹏：《基于文化与科技融合的我国非物质文化遗产保护机制及实现研究》，博士学位论文，武汉大学，2015年。
⑥ 叶鹏：《基于文化与科技融合的我国非物质文化遗产保护机制及实现研究》，博士学位论文，武汉大学，2015年。

第二章　国内外非遗建档式保护机制的形成与诉求

当今，在全球化迅速发展的时代背景下，非遗作为各国文化竞争力的重要组成部分，其保护工作已在各国得到了普遍的重视。因非遗具有活态性、流变性的特点，通过建档为"无形的"文化遗产提供"有形的"载体支撑，已成为当今世界非遗保护的重要手段，国内外均展开了众多实践探索，并获得了不俗的成绩。为此，本章从文化与科技融合视角出发，通过对国际、国内两个层面非遗建档式保护工作的历程梳理和成果表达，对国内外非遗建档式保护工作进行总结。并在此过程中，将非遗建档式保护工作的实际需求和前瞻需要进行综合考虑，研讨非遗建档式保护的问题和短板，为推动和深化我国现行非遗建档式保护机制的相关研究提供基础。

第一节　非遗建档式保护机制的文化背景

1972年，《保护世界文化和遗产自然公约》在联合国教科文组织大会第十七届会议正式通过，要求缔约国保护本国境内的文化遗产。2003年，《保护非物质文化遗产公约》正式发布，它标志着国际非遗保护逐渐向制度化、规范化发展，明确了非遗保护工作的具体内容。从国际来看，例如加拿大建设了各类非遗保护数据库，秘鲁成立了专门的非遗保护司，制定了"多部门统筹联动"策略。从国内来看

2004年中国正式成为《公约》缔约国，在《公约》的指导下相继出台了《非物质文化遗产法》、《关于加强我国非物质文化遗产保护工作的意见》等一系列政策、法规来保护非遗，建成了国家、省级、市级、县级四级保护体系，建设了一批非遗数据库，抢救性记录了一大批非物质文化遗产。

一　国际层面

20世纪后期，联合国教科文组织注意到全球文化和自然遗产日益受到不同程度的破坏，为解决部分国家级遗产保护工作因经济、科学等条件限制的问题。1972年，联合国教科文组织大会第十七届会议通过了《公约》。它要求缔约国承担本国领土内文化遗产的确定、保护、保存、展出、传承的责任，必要时可以申请国际援助和合作，尤其是财政、科技、艺术方面的援助和合作。《公约》也传达了"建立一个旨在支持公约缔约国保存和确定文化遗产的努力的国际合作和援助系统"的理念。虽然当时并没有形成具体的非遗概念，但是文化遗产囊括了部分非遗内容。随后，1989年联合国发布了《保护民间创作建议案》，建议缔约国保护本国的民族传统文化；1998年《宣布人类口头和非物质遗产代表作条例》的颁布为非遗保护工作提供了具体条例规范；2001年，联合国《世界文化多样性宣言》提出了文化多样性是人类的共同遗产，"作为人类的经历和期望的见证的文化遗产无论何种形式都应当得到保护、开发、利用和传承"，强调了世界文化多样性与文化遗产对于人类发展的重要性。

2003年，《公约》正式发布，标志着国际非物质文化遗产保护逐渐向制度化、规范化发展。随后联合国又出台了《实施〈保护非物质文化遗产公约〉的业务指南》（下文简称《业务指南》），并自2010年起，每隔一年联合国教科文组织就会对《业务指南》进行一次修订，根据现实情况对《业务指南》中的条目进行修订补充，使之对世界非遗工作具有现实指导作用。2018年，联合国建立了《〈保护非物质文化遗产公约〉总体成果框架》，设计了具有清晰的目标、指标以及以成果为导向的监测系统，成为衡量《公约》（2003）执行情况的工具[1]。至此，以《公约》与《业务指南》为实践指导，世界范围内的非物质文化遗产保护工作得以有序展开，下文将根据《公约》内容具体阐述非遗保护的国际实践。

在《公约》第一章总则中规定，"'保护'指确保非遗生命力的各项措施，包含该遗产各个方面的确认、立档、研究、保存、保护、宣传、弘扬、传承（尤其是通过正规和非正规教育）和振兴"，明确了非遗保护工作的具体内容。在《公约》第三章国家层面非遗保护与第四章国际层面非遗保护的规定中，联合国提出了要收录非遗的清单与名录。在国家层面，各国家应根据本国国情拟定非遗清单，定期更新，并定期向联合国教科文组织提供本国清单状况；在国际层面上，由联合国教科文组织根据各国提名编写、更新和公布人类非遗代表作名录和急需保护的非遗名录。截至2020年，人类非遗代表作名录收录492项、急需保护的非遗名录收录67项、优秀实践名册25项，共计584个非遗项目。其中我国有7项入选急需保护的非物质文化遗产名录、42项入选人类非物质文化遗产代表作名录、1项入选优秀实践名册[2]。我国自《公约》颁布后认真履行缔约国义务，积极开展非遗清单的编制工作。国务院先后于2006年、2008年、2011年、2014年和2021年公布了五批国家级非遗代表性项目名录，共收录1557项国家级非遗代表性项目，共计3330个子项。在我国制定的国家级非遗代表性项目名录中，非遗被分为包括民间文学、传统音乐、传统舞蹈、传统戏剧、曲艺、传统体育、游艺与杂技、传统美术、传

---

[1] 联合国教科文组织亚太地区非物质文化遗产国际培训中心：《〈保护非物质文化遗产公约〉总体成果框架》，http://www.crihap.cn/2019-04/12/content_37457840.htm，2020年4月26日。

[2] 中国非物质文化遗产网：《联合国教科文组织非物质文化遗产名录（名册）》，http://www.ihchina.cn/directory_list.html#target1，2020年4月26日。

统技艺、传统医药、民俗在内的十大类①。

可见，非遗是全人类共同的文化财富，保护非遗是全人类共同担负的使命。在联合国教科文组织的引导下，根据《公约》的内容要求，各缔约国根据本国非遗现实情况进行了成效显著的非遗保护实践。此外，联合国教科文组织也在不断完善补充非遗保护的相关策略并向全球推广，努力构建全球非遗协商合作机制，对全球的非遗保护事业起到了不可或缺的作用。

二 国内层面

2004年中国正式成为《公约》缔约国，此后以《公约》为基准并结合我国非遗实际情况，逐步开始在全国范围内开展非遗建档式保护工作。随着国家层面关于非遗保护宏观政策的逐渐完善，各地方省份也在国家一系列政策文件指导下，根据各自行政区域内非遗的具体情况，分步制定并颁行了具备地区适用性的非遗保护条例和地方性法规，完善了我国非遗保护体系，实现了对本地非遗的精准保护。

在法律法规建设上，2005年在国务院发布的《关于加强我国非物质文化遗产保护工作的意见》提出，"加强非物质文化遗产保护的法律法规建设，及时研究制定有关政策措施。"随后发布的《关于加强文化遗产保护的通知》再次强调了要推进非遗保护的"法制化、制度化和规范化"。2006年文化部公布施行了《国家级非物质文化遗产保护与管理暂行办法》，强调了非遗保护工作的方针和原则，明确了非遗保护各个主体的具体职责。随后，2007年商务部联合文化部发布了《关于加强老字号非物质文化遗产保护工作的通知》（商改发〔2007〕45号），文化部办公厅发布《关于印发中国非物质文化遗产标识管理办法的通知》（办社图发〔2007〕14号），以及2008年国

---

① 中国非物质文化遗产网：《国家级非物质文化遗产代表性项目名录》，http://www.ihchina.cn/project.html#target1，2020年4月26日。

务院发布了《国家级非物质文化遗产项目代表性传承人认定与管理暂行办法》,上述系列文件均从不同角度规定了非遗项目代表性传承人的认定流程,提出了非遗项目代表性传承人档案的建立要求,并明确国家对非遗项目代表性传承人的支持方式。2010 年文化部办公厅印发了《关于加强国家级文化生态保护区建设的指导意见》,要求加强国家级文化生态保护区建设。2011 年《非物质文化遗产法》正式颁行,该法阐述了我国非遗的保护对象、保护原则、实施主体、保护措施等内容,将非遗保护上升为国家意志,标志着我国非遗保护进入依法保护阶段[1]。2012 年文化部发布《关于加强非物质文化遗产生产性保护的指导意见》,提出了要把握非遗生产性保护的方针和原则,明确了科学开展非遗生产性保护的工作方向,并要求建立完善相关工作机制。

在行政组织规划上,我国非遗保护工作施行了自上而下的国家、省、市、县四级行政管理体系。一是,竖向为自上而下的层级结构。国务院文化主管部门制定宏观政策、统一部署规划全国范围内的非遗保护工作,相关工作要求和目标通过发布的纲领性文件进行传达;各省市文化主管部门响应国家层面的方针要求,依据区域内非遗情况制定针对性的地方性法规条例,上述竖向体制能够更好地贯彻实施中央政策文件中传达的精神和要求[2]。2006 年颁布的《国家级非物质文化遗产保护与管理暂行办法》中,划分了国家级非遗项目保护的保护主体责任,"国务院文化行政部门负责组织、协调和监督全国范围内国家级非遗项目保护工作;省级人民政府文化行政部门负责组织、协调和监督本行政区域内国家级非遗项目保护工作;国家级非遗项目所在地人民政府文化行政部门,负责组织、监督该项目

---

[1] 吕品田:《文化大法 意义深远——〈中华人民共和国非物质文化遗产法〉意义解读》,《文化月刊》2011 年第 6 期。

[2] 王琨:《我国非物质文化遗产保护政策体系研究》,硕士学位论文,长安大学,2012 年。

的具体保护工作。"此外在《非物质文化遗产法》中也有提及，如第七条"国务院文化主管部门负责全国非遗的保护、保存工作；县级以上地方人民政府文化主管部门负责本行政区域内非遗的保护、保存工作；县级以上人民政府其他有关部门在各自职责范围内，负责有关非遗的保护、保存工作。"以及第九条"国家鼓励和支持公民、法人和其他组织参与非遗保护工作。"二是，横向为其他部门对文化主管部门的政策支持。以浙江省颁布的《浙江省非物质文化遗产保护条例》为例，该条例第五条规定，"县级以上人民政府文化行政部门主管本行政区域内非遗保护工作；县级以上人民政府发展改革、财政、民族宗教、经贸、建设、规划、环境保护、国土资源、教育、旅游、体育、文物等部门应当按照相关法律、法规和各自职责做好非遗保护工作；宣传、新闻出版、广播电视等部门以及相关媒体应当宣传非遗保护工作，普及非遗保护知识，培养全社会非遗保护意识；文联、社联、科协、作协和有关行业协会、学会等组织应当积极参与非遗保护活动，按照各自章程和职责做好非遗保护工作；任何单位和个人都有保护非遗的义务"①。又如浙江省义乌市幸福湖小学举办剪纸活动②、手鞠制作活动③，宁波市文化广电旅游局举办"宁波非遗进礼堂"系列活动④，上述这些措施均能起到推动传统文化实现更广泛发扬创新和传承交流的作用。

可见，非遗建档式保护机制的构建能够实现各主体间的联动协调，通过制定实施统一的法规条例规范非遗档案管理流程。具体来看，非遗档案的收集、建立、整理、保存由档案部门依靠其专业技术

---

① 中国非物质文化遗产网：《浙江省非物质文化遗产保护条例（浙江省人民代表大会常务委员会公告第70号）》，http：//www.ihchina.cn/zhengce_details/11630，2020年4月26日。
② 中国浙江非物质文化遗产网：《义乌市幸福湖小学剪纸社团开展"国家安全 人人有责"剪纸活动》，http：//www.zjfeiyi.cn/news/detail/31-15199.html，2020年4月26日。
③ 中国浙江非物质文化遗产网：《义乌市幸福湖小学手鞠社团举行"妈妈你最棒"庆三八活动》，http：//www.zjfeiyi.cn/news/detail/31-15150.html，2020年4月26日。
④ 《"宁波非遗进农村文化礼堂"揭幕》，《宁波通讯》2019年第14期。

优势进行业务指导，非遗项目代表性传承人参与其中保证非遗档案的完整性；非遗档案的保存和利用由文化主管部门主导，通过构建非遗建档统一平台整合全国范围内的非遗信息资源；图书馆、文化馆、博物馆等文化机构可以为非遗档案的宣传、展览提供场所，保证非遗档案的安全及其社会化服务活动的有序展开；非遗档案的编纂和经济效益开发可以由各级文化部门、传媒机构等合作开展。整个过程由各级政府主导，并制定法规政策、统一筹划。各个主体在联动协同工作机制中发挥部门特长、各尽其责，在此过程中形成的具有全面性、完整性特征的非遗档案管理体系，实现非遗档案管理流程的规范化、正规化，并取得良好的非遗档案保护成效，为后续非遗档案利用与开发提供基础性支撑。

三　建设成果

（一）国外典型成果

加拿大图书馆、档案馆由于广泛采用合并发展的战略，为本国的非遗建档保护工作作出了重要贡献[①]。以始于 2004 年的 LAC 工程为例，该工程是加拿大面向社会应用的一项全国性文化遗产保护项目，该项目是"为了推动和实现加拿大国内具有历史价值、文化价值和应用价值的各类知识的长期保存和有效保护，成为加拿大社会发展和历史延续的基础，并为实现上述目标提供支持，成为加拿大政府及其机构的可持续记忆存储器"[②]。该项目不仅推动了加拿大非遗数字化建设进程，建立了大量资源库，如加拿大铁路史、诗歌档案库、葛伦·顾尔德档案库、家谱与家族史、加拿大影像、虚拟留声机等，而且为了对接加拿大跨部门、跨行业的应用需求，对 LAC 工程的组织结构

[①] 谭必勇、张莹：《中外非物质文化遗产数字化保护研究》，《图书与情报》2011 年第 4 期。

[②] 叶鹏、熊诗维：《文化与科技融合视角下非物质文化遗产保护举措比较研究》，《佳木斯大学社会科学学报》2016 年第 3 期。

进行了整体设计，设置了以馆长为核心的多级组织体系（表2.1）。

表2.1　　　　　　　　加拿大 LAC 工程的组织设计

一级组织	二级组织
馆长办公室	图书馆之友
法人、政策和内务通讯部	市场与出版小组、政策与规划小组
国内与国际计划部	/
信息资源管理部	/
管理服务部	主任办公室、财务组、设备与专项计划小组、金融与管理系统小组、机构更新与开发小组、人事运筹组、安全组、员工关系与赔偿小组
采选与书目服务部	采选小组、书目存取小组、书目服务小组、计划与管理小组、系统小组
馆藏信息服务部	主任办公室、加拿大文献研究服务小组、藏书管理小组、雅各布·默·罗伊专藏小组、音乐小组、公共计划小组、善本书收藏小组、参考与信息服务小组、系统小组、资源共享服务小组（下设图书交换分组、馆际互借分组）
信息技术服务部	馆藏应用技术管理小组、信息分析与标准小组、系统与电子通讯支持小组、用户支持小组

又例如，秘鲁在非遗保护上制定了"多部门统筹联动"策略，实现了部门间积极协同合作。除直属于秘鲁文化部的非遗管理局之外，还有多个公立和私人的部门与机构在非遗保护的各个环节中承担着相应的工作[1]，其中包括了秘鲁教育部、劳动部、妇女部、农业部、知识产权保护研究院的参与（表2.2）。

---

[1] 曹德明主编：《国外非物质文化遗产保护的经验与启示 欧洲与美洲卷 下》，社会科学文献出版社2018年版。

表 2.2　　　　　　　　秘鲁非遗保护参与部门及其主要职责

参与部门		主要职责
文化部	非遗管理局 — 非遗鉴定与登记司	鉴定司负责开展非遗的认定、归档工作；登记司则致力于评估非遗入册提议，组织、协调登记工作，监督、监管登记流程
	非遗管理局 — 非遗保护司	主要负责关于非遗现状改善、传承推广与登记在册的文化遗产重建等重要活动的筹备、实施和监管工作
教育部		从推行跨文化双语教育的角度负责秘鲁土著语言的相关工作
劳动部		负责原住民的各项民生工作
妇女部		
农业部		
知识产权保护研究院		负责对本土文化知识技能的登记与保护工作

在英国，当地图书、博物馆和档案机构以及相关的公共文化组织与协会也积极参与非遗收集和保护工作，并应用现代信息技术构建信息资源集成系统平台。以英国泰特在线网（www.tate.org.uk）为例，该网站由泰特英国美术馆、泰特现代美术馆、泰特利物浦美术馆和泰特圣艾富思美术馆联合创办，以英国传统古典音乐、现代音乐及利物浦地方音乐为主要内容创建了在线数据库，目的在于为人们研究、了解、欣赏英国音乐提供集成化资源获取路径。此外，英国移动博物馆的古物展品通过博物馆与英国沃里克郡移动图书馆合作以在线形式提供给读者，不仅使读者对当地图书馆、档案馆服务有所了解，同时也带动了当地考古学研究，更使非遗数字化服务水平得以提升[①]。

[①] 谭必勇、张莹：《中外非物质文化遗产数字化保护研究》，《图书与情报》2011 年第 4 期。

（二）国内典型成果

自 2002 年起，我国文化部、财政部开始共同组织实施全国文化信息资源共享工程。该工程将数字化、信息化技术与中华优秀文化资源相结合，借助互联网、卫星、电视、手机等新型传播载体，依托全国各级文化机构、图书馆、博物馆、展览馆、社区文化中心等公共文化服务设施，在全国范围内推动文化信息资源的共建共享，建成中华文化信息中心和网络中心，达成优秀文化信息通过网络为大众服务的目标。经过十余年的持续建设，该项目现阶段已经建立了一个以国家、省、市、县、乡、街道、村（社区）为主体的六级数字文化服务结构体系，形成了涵盖艺术、专题、讲座等内容在内，以文化艺术为特色的视频资料库和大量分布式非遗数字化资源[①]。

文化共享工程资源建设的主体包括国家中心、各省分中心及有建设能力的市县级支中心，其中国家中心负责普适资源的建设，各地负责当地特色资源的建设，各层级之间分工协作、密切配合，共同建设数字资源[②]（表2.3），通过建立信息系统导航和信息共享服务，利用互联网实现非遗信息资源的跨部门共享。

我国文化共享工程资源建设在十余年的实践中，已经初步形成了一套较为成熟的工作机制、制度和方法，主导构建了一批戏曲、民俗、民间医药等专题数据库和文化专题片，有效推动了优秀传统文化数字化工作，有效探索了数字时代构建优秀传统文化传承发展的新模式，推出了一批具有鲜明特色和一定社会影响力的非遗信息资源建设成果[③]（表2.4）。

[①] 叶鹏：《基于文化与科技融合的我国非物质文化遗产保护机制及实现研究》，博士学位论文，武汉大学，2015 年。

[②] 张叶：《全国文化信息资源共享工程资源建设模式及其保障机制研究》，硕士学位论文，西北大学，2014 年。

[③] 陈胜利：《公共数字文化资源建设的宏大实践——全国文化信息资源共享工程资源建设的现状与发展》，《图书馆杂志》2015 年第 11 期。

表2.3　　中国文化信息资源共享工程的主要任务和资源建设

主要任务	围绕文化信息资源共建为基础建设基础信息资源，对一些共性资源进行集中建设，形成基础信息资源库提供给有关资源建设单位共同使用	
	通过已有数字资源的整合与采购、新建各类资源库、网上信息的抓取与加工等多种方式和渠道，建设包括文化法规、图书、音乐、美术、戏剧、戏曲、文物、文化旅游、文化科技、艺术教育、文化市场、对外文化交流、文化史料、全国知名艺术家等内容的全方位文化数字资源库。完成100万册（件）文献、1000台优秀地方剧目、1000部优秀音乐作品、1000部优秀美术作品、1000件珍贵文物的数字化，并提供网上服务	
	整合贴近大众生活的社会文化信息资源，包括科普知识、法律常识、生活礼仪、农业科技、卫生保健以及百科知识等资源库，围绕与人们日常生活息息相关的内容，以潜移默化的方式传播先进社会文化	
资源建设内容	国家中心提供的资源	传统文化篇、民族文化篇、舞台文化篇、文学书籍篇、名家讲坛篇、名人篇、衣食住行篇、文化奖项篇等
	国家图书馆提供的资源	主要包括年画、地方志、在线讲座、在线展览、送书下乡精选图书等
	省中心提供的资源	主要以"农村、农民"以及地方特色资源为主。地方特色资源是文化共享工程资源建设的重要组成部分，具有鲜明的地方艺术、风土人文、民族民间文化等特点

根据上述案例可知，开展非遗信息资源跨部门建档具有重大意义和实践价值，通过上述项目的实施，一方面形成了完善的资源建设体系，集成了较大规模的资源存量，实现了全国范围内中华优秀文化的信息资源共建共享，在社会主义先进文化的建设与发展中产生了重要作用；另一方面非遗信息资源跨部门建档较好地整合了存储在各级各类文化机构的非遗档案资源，为信息资源的共享和利用奠定了必要的基础，同时跨部门建档也推动了公共文化服务范围是不断拓展，为人民的文化生活提供了更优越的客观环境，能够更好地满足人民的社会文化需求。但比照国际先进水平可以发现，现阶段我国非遗信息资

源跨部门建档工作仍有欠缺。如，资源建设工作的系统化、规范化、科学化程度尚有不足；资源建设项目的申报评审机制、评估机制、资源整合机制、共享与反馈机制、社会力量参与机制等仍不完善；资源数量建设成果可观，然而在内容创新力上稍显欠缺，较少作品能够产生较大社会影响并在基层群众中广受好评；跨部门建档在信息标准方面采取自主开发，然而与国际元数据标准仍具有一定差距，在信息传输内容的整合上更多的是简单的罗列组合，存在不能针对性获取信息的现象。由此可见，我国非遗信息资源跨部门建档工作仍有巨大的进步发展空间。

表2.4　　　文化信息资源共享工程部分资源建设成果

资源建设机构	资源建设成果
北京分中心	组织建设"国韵京剧多媒体资源库"，分为剧目、演员、剧本、图片、文章、音视频六种资源类型，以剧目、剧本和演员介绍为主的文字介绍有达3000万左右，汇集经典曲目视频50集、5040分钟，音频有55集、380分钟，珍贵图片11852张。
湖南省分中心	组织建设"湖南地方戏曲多媒体资源库"，经过三期建设，入库数据总量达到34552条，其中文字4172万字，图片10128幅，视频1042部2675集，唱词剧本979条、曲谱1177条、戏剧人物1884条。
浙江省分中心	组织开展"浙江地方戏曲多媒体资源库"建设，计划在三年内分批建成包括56个地方剧种的多媒体数据库，内容涵盖剧种的历史起源、代表性剧目、代表性艺术家、表演艺术特色与唱腔音乐风格、历史文献、作品欣赏等。
福建省分中心	在全省范围内深入开展资源调研工作。2010年4月，工作人员在采集"客家文化"资源时，在宁德县发现传承了七百余年的印刷活化石——木活字印刷技艺，以及30万枚木活字。

第二节　非遗建档式保护机制的科技背景

2017年初，中共中央办公厅、国务院办公厅印发了《关于实施中华优秀传统文化传承发展工程的意见》，第一次以中央文件的形式，将"创造性转化、创新性发展"写入指导思想，将其作为优秀传统文化继承发展工作必须遵循的基本原则，深刻回答了文化传承发展的路径和方法问题，同时也为非遗建档式保护工作提供了重要的指导方针。非遗蕴含着丰富的文化内容，是文化多样性和民族创造力的重要体现。又因为非遗具有无形性、活态性和分散性的典型特征[1]，采取建档式的保护机制能够有效应对非遗快速消亡或逐步灭失的问题，因而这一方式得到了国内外的普遍认同。非遗档案是对非遗进行真实、系统和全面的记录，蕴含着丰富的文化内容，科学技术则是为其赋予现代表达的重要载体[2]。可见，引入科学技术将有效提升了非遗建档式保护的创新力、传播力、创造力，为非遗的发展态式、传播方式、表现形式带来革命性变化，形成了非遗建档式保护的新方法和新范式。具体来说，将科学技术融入非遗建档式保护，是国家根据非遗保护的迫切需要，为推动非遗适应社会科技发展，采用技术研发、系统构造、项目实施等应用来构成的创新过程[3]。"科技载体+文化内涵"的组合，将使非遗档案更富"创新性转化、创新性发展"前景。以下主要从保护技术、知识融合、信息传播、数据挖掘方面，对非遗建档式保护机制的科技发展内涵进行阐释。

一 数字化非遗建档

（一）国际层面

20世纪末以来，世界各国逐渐重视网络文化信息资源库的建设，并将非遗数字化档案资源作为数据库的重要构成。国外各类文化机

---

[1] 叶鹏、周耀林：《非物质文化遗产建档式保护的现状、机制及对策》，《学习与实践》2015年第9期。
[2] 宋俊华主编：《中国非物质文化遗产保护发展报告（2018）》，社会科学文献出版社2018年版。
[3] 叶鹏：《基于文化与科技融合的我国非物质文化遗产保护机制及实现研究》，博士学位论文，武汉大学，2015年。

构、协会纷纷立足于自身馆藏，积极开展非遗数字化项目，推出了众多内容丰富、形式多样的非遗数字化产品，推动了国际非遗数字化保护水平不断提升和保护范围不断扩展（表2.5）。如联合国于1992年发起的"世界记忆工程"项目，开启了文化遗产数字化保护的新篇章[①]，起始于1995年的"美国记忆"工程，致力于探索在美国历史文化记忆视角下对文化资源数字化的"最佳实践"，意大利、法国、英国等国家也积极展开实践，设立了专门组织机构或依托原有的文化部门，运用信息技术、互联网技术保护非遗档案，并在数字博物馆的构建、数字文物保存方面开展了很多探索性的工作。

表2.5　　　　　国外非物质文化遗产保护数字化项目

项目名称	组织机构	主要内容
世界记忆工程	联合国	主要提倡档案文献实体的保护，到口述历史记录、影像历史记录等音视频的保存，再到数字资源的长期保存，无论是文本形态，或是数字虚拟形态，都是人类文明的片段承载物。将其中珍贵的非遗资源进行数字化保存，就是在保存这一部分的文化记忆。
因特网文化遗产项目（Internet Culturale）	意大利图书遗产与文化机构专业委员会	旨在建立一个为公众提供获取意大利文化遗产资源的在线文化遗产资源服务系统。提供基于图书馆、档案馆以及其他文化机构的数字或传统文化资源的集成获取系统，提高文化遗产的可获取性。
加利卡（Gallica）	法国国家图书馆	已经完成了包括14世纪法国古籍中的1000幅插图和历史事件介绍、有关"查理五世"的文献，以及从中世纪到20世纪初的藏品，包括书刊816万种（从中世纪到第一次世界大战的文献）；静态影像30万幅（中世纪图书中的彩色插图为主）；法国游历5000多款目。

[①] 滕春娥：《社会记忆视角下非物质文化遗产建档保护研究》，博士学位论文，吉林大学，2019年。

续表

项目名称	组织机构	主要内容
文化、科学和教育内容数字化	法国文化部	属于法国"投资未来"文化数字化规划之一，旨在维护法国历史文化记忆的数字化生存与发展，主要涉及图书出版、音乐、电影、音像、摄影、图片、电子游戏等文化产业领域。
美国记忆	美国国会图书馆	通过因特网提供免费、公开获取的书面与口头文字、音频记录、静态和动态影像、印刷品、地图、乐谱等记载美国印象（American Experience）的各种资源。它是美国历史和创造性的数字记录，并作为教育和终身学习的资源为公众服务。 截至目前，已经完成了 900 万份历史文件的数字化建设任务，并能够提供美国黑人历史、妇女运动史、广告、宗教、民间文学等 100 多个主题资料库的免费浏览与检索。
国际敦煌	英国图书馆	将分散在世界各处的敦煌资料进行逻辑整合达到共建共享目标，将藏有敦煌资料的各个机构联系起来，并合作共建敦煌资料数据库，以供研究者和热爱者浏览和研究。

2002 年，联合国教科文组织发起了关于"数字文化遗产保护指导方针"和"数字文化遗产保护纲领"的草案，在上述两个文件中明确提出了非遗资源数字化的方法和进行实践操作的步骤，数字文化遗产相关概念和界定、保护的意义和目标等[①]。结合各国实践成果和相关的规定可知，数字化保护是大数据时代非遗建档保护的重要手段和方法，也是未来文化遗产保护发展的必然趋势。

上述案例中，社会影响力最大的是美国国会图书馆主导，联合全美多所高校、档案馆等机构实施的美国记忆工程（American Memory）。它旨在应用信息技术将国会图书馆内的历史文献、影像资料、

---

① 顾犇：《数字文化遗产的保护和联合国教科文组织的指导方针》，《国家图书学刊》2003 年第 1 期。

书籍、照片、手稿等珍贵馆藏文化遗产资源进行数字化处理，并通过官方网站向社会公众开放上述文化遗产数字资源，从而使"所有的学校、图书馆、家庭能够不受场所限制，更加便捷地接触文化遗产资源，并能够根据自身需求整理利用这些资源"[①]。美国记忆工程包含超过900万个记录美国历史和文化的珍贵资料，由美国国会图书馆根据资料的原始格式、主题进行整合收藏，形成专题数据库并配备单独检索工具。目前，美国记忆工程已经拥有100多个收藏主题[②]。

表2.6　　　　　　　　美国记忆项目官方网站馆藏专题[③]

专题	内容
非裔美国人史（African American Odyssey）	"The African – American Odyssey: A Quest for Full Citizenship"展览：展示了240多种物品，包括书籍、政府文件、手稿、地图、乐谱、戏剧、电影和唱片，这是图书馆有史以来规模最大的黑人历史展览，也是首个在展览中以介绍形式出现的展览图书馆的所有三座建筑。 数字馆藏有弗雷德里克·道格拉斯在国会图书馆的论文、18世纪60年代至19世纪60年代杰基·罗宾逊（Jackie Robinson）以及其他棒球主题资料、1936—1938年联邦作家计划的奴隶叙事、1740—1860年奴隶与法院的工作记录。
美国综艺：杂耍和流行音乐，1870—1920（The American Variety Stage: Vaudeville and Popular Entertainment, 1870 – 1920）	美国综艺节目是选自国会图书馆馆藏资源的多媒体选集。该系列展示了1870年至1920年间蓬勃发展的流行娱乐形式，尤其是杂耍表演。其中包括334种英语和意第绪语剧本、146种剧院剧本和节目、61部电影、10份录音和143张照片以及29项纪念品，记录了哈里·胡迪尼的生活和职业。将来，剧院海报和其他录音将添加到此选集中。

---

① 申晓娟、石鑫、王秀香：《国内外文化记忆项目的实践与启示》，《信息资源管理学报》2014年第2期。
② THE LIBRARY OF CONGRESS, "About American Memory", https://memory.loc.gov/ammem/about/about.html.
③ THE LIBRARY OF CONGRESS, "American Memory: Remaining Collections", https://memory.loc.gov/ammem/index.html.

续表

专题	内容
美国女性：研究美国妇女历史和文化的门户（American Women: A Gateway to Library of Congress Resources for the Study of Women's History and Culture in the United States）	这是一个门户，是美国国会图书馆研究人员在美国妇女历史领域从事研究的第一站。 该站点包含印刷出版物《美国妇女：美国国会图书馆研究美国妇女历史和文化的指南》（美国华盛顿特区：国会图书馆，2001年）的略有扩展和完全可搜索的版本。
国家立法百年史：美国国会文件和辩论，1774—1875年（A Century of Lawmaking for a New Nation: U.S. Congressional Documents and Debates, 1774–1875）	该在线馆藏保存了直到1875年的美国国会记录，其中包括由政府印刷局出版的前三册国会记录。
保护运动的演变，1850—1920年（The Evolution of the Conservation Movement, 1850–1920）	通过收集书籍、小册子、政府文件、手稿、印刷品、照片和电影胶片，记录了保护美国自然遗产运动的历史形成和文化基础。该馆藏包括62本书籍和小册子、140项联邦法规和国会决议、34项附加立法文件、《国会环球报》和《国会记录》摘录、360份总统声明、170份印刷品和照片、2份历史手稿和2部电影。
汉娜·阿伦特在国会图书馆的论文（The Hannah Arendt Papers at the Library of Congress）	作者，教育家和政治哲学家汉娜·阿伦特（Hannah Arendt, 1906–1975年）的论文是研究现代知识生活的主要来源之一。它们位于国会图书馆的手稿部，构成了一个庞大而多样的馆藏，反映了一个复杂的职业。这些论文包含25000多个项目（大约75000个数字图像），其中包含与Arendt的著作和学术生涯有关的书信，文章，演讲，书稿，阿道夫·艾希曼（Adolf Eichmann）的审讯笔录，笔记和印刷品。
草原定居点：内布拉斯加州照片和家庭信件，1862—1912年（Prairie Settlement: Nebraska Photographs and Family Letters, 1862–1912）	该数字馆藏融合了来自内布拉斯加州国家历史学会的藏品，所罗门·D·布彻的照片和乌里亚·W·奥布林格家族的来信，它们共同讲叙了美国人民在大平原定居的故事。

续表

专题	内容
繁荣与节俭：柯立芝时代与消费经济，1921—1929 年（Prosperity and Thrift: The Coolidge Era and the Consumer Economy, 1921–1929）	该馆藏包括来自手稿部的十二份个人论文和两份机构论文中的近150 种精选作品；《一般收藏》中的74 本书，小册子和法律文件，以及34 种消费者和贸易杂志的精选书；版画和手稿部门的185 张照片；电影，广播和录音部门的5 部短片和7 种柯立芝演讲音频。这些资料记录了柯立芝时代的广泛繁荣，美国向大众消费经济的过渡以及在这个过渡时期的政府角色。
美国历史上的言行：庆祝手稿部成立一百周年的精选文献（Words and Deeds in American History: Selected Documents Celebrating the Manuscript Division's First 100 Years）	为了纪念手稿部门成立一百周年，工作人员从网上浏览、选择了从15 世纪到20 世纪中期的90 份代表性文件，其中包括总统、内阁大臣、国会议员、最高法院大法官、军官和外交官、改革家和政治活动家、艺术家和作家、科学家和发明家，以及其生活能反映美国演变的其他杰出美国人的论文。

美国记忆项目作为美国国家数字图书馆的旗舰项目，信息建设是该项目的重要部分，其部分技术信息如下表所示。

表2.7　　　　　　　　　美国记忆项目技术信息[①]

工作标准	相关实践
元数据（Metadata）	实行《开放档案倡议元数据收集协议》（OAI – PMH），目前版本为2.0，通过OAI 协议可将部分数字化历史馆藏的记录整合到其他信息服务之中。 编辑《文化遗产资料的基本体裁术语》（Basic Genre Terms for Cultural Heritage Materials.），促进美国记忆项目描述性记录规范化。
数字保存（Preservation）	主要体现在数字视听保护原型项目，包括电影胶片扫描的探索以及录像带从磁带到数字文件的重新格式化，其研究内容包括数字内容的生命周期、存储、维护、传送等。

---

① THE LIBRARY OF CONGRESS, "Technical Information", https://memory.loc.gov/ammem/about/techIn.html.

续表

工作标准	相关实践
扫描和保存 (Scanning and Conversion)	国会图书馆参加了"联邦机构数字化指南计划"(Federal Agencies Digitization Guidelines Initiative,简称FADGI),该活动旨在定义数字化通用指南、方法和做法,以可持续的方式对历史内容进行数字化。FADGI于2010年发布了《文化遗产材料数字化技术指南》。 在标准的制定上,国家数字图书馆项目提出对原始纸质文件、缩微胶卷和图片进行扫描和文本转换;康奈尔大学图书馆曾向国会图书馆提交了一份对19世纪至20世纪初,商业出版物中使用插图的数字化最佳方法报告。
文本标记 (Text Mark-Up)	主要采用了EAD技术和TEI技术。EAD技术(Encoded Archival Description,编码档案描述),主要用于描述文本文档、电子文档等档案和手稿资源。TEI(Text Encoding Initiative)标准中使用SGML作为数据记录的编码语言。

(二)国内层面

我国非遗建档数字化保护的相关工作可追溯到2003年《中国民族民间文化保护工程》,该工程在实施内容中提出:"利用现代科技手段,对珍贵濒危的并具有历史价值的民族民间文化进行系统的抢救和保护。"2005年,伴随《关于加强我国非物质文化遗产保护工作的意见》的颁布,该意见中明确指出:"组织开展对非物质文化遗产现状的调查,全面了解和掌握各地各民族非物质文化遗产资源的种类、数量、分布状况、生存环境、保护现状及存在问题。要运用文字、录音、录像、数字化多媒体等各种方式,对非物质文化遗产进行真实、系统和全面的记录,建立档案和数据库。"2011年《关于加强国家级非物质文化遗产代表性项目保护管理工作的通知》中指出:"在前期调查的基础上,对国家级代表性项目及其代表性传承人进行文字、图片、影像记录,征集并妥善保管相关珍贵实物和资料,建立档案和数据库。加强对国家级代表性项目的深入调查、研究,有计划地出版相关成果。"可见,上述一系列政策将非遗建档数字化保护提上了工作日程。2012年的《文化部"十二五"时期文化改革发展规划》中,正式将"非物质文化遗产数字化保护工程"纳入规划。

基于上述政策要求，文化部于2010年10月启动了"中国非物质文化遗产数字化保护工程"。该工程旨在通过先进成熟的数字信息技术，使我国大量珍贵、濒危的非遗得到真实、系统、全面的记录，更加有效地保护、传承和发扬非遗，展现我国优秀传统文化的丰富内涵。该工程针对非遗数字化保护的工作方法和运行机制开展了初步研究探索，在文化部的支持下，一期项目于2011年5月开始建设（表2.8）。项目工作团队由来自传统戏剧、传统美术和传统技艺三类专家组成，并吸纳了计算机信息技术方面的专业人才。

表2.8 "中国非物质文化遗产数字化保护工程"项目建设成果表

"一期"项目建设成果	2010年10月启动 2011年5月投入建设	非遗项目资源数据库开发应用。
		秦腔、高密扑灰年画和徽派传统民居营造技艺三个国家级非遗名录试点项目，采集数字化资源并以专题形式展示。
		传统美术、传统戏剧、传统技艺三大门类的数字化标准规范草案的制定。
"一期"补充项目	2012年12月	围绕"民间文学"门类，完成了国家级非遗名录项目"吴歌"的数字资源收集，专题数据库创建和数字标准规范设计三方面工作。该专题数据库包含与项目相关的240多万字的文字资料，6000多张图片和60多小时的音频和视频资料。

可见，非遗档案的数字化保存、开发、利用和传递，是信息时代赋予非遗保护的新兴道路，也是数字时代极具社会文化意义的战略举措。随着全球非遗建档数字化研究的不断深入，各国都产生了众多各具特色的研究成果，非遗数据库建设也取得了一定进展，部分地区还借助于3D扫描、虚拟现实、动作捕捉等新兴技术，探索非遗建档数字化的新方法。但当前非遗建档数字化仍然呈现相对弱势的状态，主要存在的问题如下：首先，非遗档案数据库在信息采集的真实性、信

息保存的规范性、信息来源的广泛性等问题上仍具有较大的探索空间，特别是国内，部分地区并未遵循非遗数字化保护的标准规范体系开展实践活动，非遗数字档案资源较难实现跨系统的交流与开发；其次，当前国内外相关研究和项目大多针对非遗项目和非遗传承人开展建档工作，少有突出非遗活态流变的特点，针对非遗文化空间开展建档活动，尤其未将公众态度、非遗传承的过程等信息纳入档案采集的工作范畴。可见，非遗建档保护及其产生的意义，需要置于本土的整体历史，与本土实践的关联性之中加以考察①。

二 非遗建档标准化

（一）国际层面

国外非遗建档标准主要集中在文化遗产领域，以元数据标准和管理标准为主（表2.9）。

表2.9 　　　　　　　　国外主要的非遗建档标准

名称	发布机构	发布时间	应用对象	特点
Lots of Copies Keep Stuff Safe（LOCKSS）	美国斯坦福大学图书馆	2004年	数字资源长期保存	采用P2P对等网络，采用分布式计算技术；既支持html格式，也支持pdf、jpg、gif、wav等格式
Categories for the Description of Works of Art（艺术作品描述类目）	艺术信息任务组	20世纪90年代	主要针对艺术品的需求进行设计，描述艺术品的物理形态、保存管理等方面的特点	包含有532个类目和子类目

---

① 刘国臣：《文化空间：非物质文化遗产活态性保护的实践》，《汉字文化》2019年第22期。

续表

名称	发布机构	发布时间	应用对象	特点
Visual Resources Association Data Standards Committee（视觉资料核心类目）	视觉资源学会资料标准委员会	1995年	在网络环境下描述艺术、建筑、史前古器物、照片等艺术类可视化资源	著录单元集合比较简单，较适合工艺品、建筑、民间文化等三维实体
Dublin Code（都柏林核心元数据）	联机图书馆中心、美国超级计算应用中心	1995年	描述网络信息资源	包括15个基本数据元素，具有简练、通用、可扩充等特点，但也存在描述深度不够、不够专指等问题
Encoded Archival Description（编码档案描述）	美国档案工作者协会、加州伯克利分校图书馆	1993年	描述档案和手稿资源，包括文本文档、电子文档、可视材料和声音记录	/
Federal Geographic Data Committee（地理空间元数据内容标准）	美国行政管理和预算局	1990年	描述国家数字地理空间数据的术语及其定义集合	/
Government Information Locator Service（政府信息定位服务）	美国联邦政府	20世纪70年代	描述公共联邦信息资源，为公众提供方便的检索、定位、获取服务	使用基于都柏林核心数据的元数据标准对公开信息等进行标引
Electronic Text Encoding and Interchange（电子文本编码与交换）	文件符码化协会	1994年	用于电子形式交换的文本编码标准	格式具有很大限度的灵活性、综合性、可扩展性，能支持对各种类型或特征文档进行编码
Machine-Readable Cataloging（机读编目格式标准）	美国国会图书馆	1970年	描述书目记录数据	目前使用了书目记录数据元数据标准，其内容相较其它标准更加复杂

其中，比较具有典型性的有用于艺术品描述的 Categories for the Description of Works of Art（艺术作品描述类目）、用于网络环境下艺术、建筑、史前古器物、照片等艺术类可视化资源描述的 Visual Resources Association Data Standards Committee（视觉资料核心类目）、用于描述档案和手稿资源，包括文本文档、电子文档、可视材料和声音记录的 Encoded Archival Description（编码档案描述）等。除此之外，各国还以非遗建档过程中存在的实际或潜在的问题为对象，制定、颁布、贯彻、实施相关的标准规范，为各国非遗建档式保护的深入发展提供了重要保障。如美国制定的《文化遗产建档指南》中总结并推荐了文化遗产建档的做法与经验，介绍了田野调查、口头访谈的技巧与方法，采用调查笔记与访谈总结的撰写格式，拟定了记录日志的写作提纲，强调在建档过程中知识产权保护的重要性，以及对本国的非遗建档具有的普遍指导作用。加拿大制定了《非遗建档过程中信息采集的问卷格式》，从采集方式、采集对象、采集步骤、知识产权的保护、建档形式等方面拟定了非遗信息采集的主要格式。此外，一些国际、区域性组织或国家也着手建设非遗建档标准。如世界知识产权组织的《非遗建档、记录和数字化指南》（2007）规范了非遗建档、记录与数字化的政策、程序及具体实践。欧洲委员会的《文化遗产保存与建档指南》（2009）肯定了文化遗产建档与存储的重要意义，提出了具体措施。致力于苏格兰非遗建档保护与实践工作的苏格兰博物馆画廊组织颁布的《非遗的定义与描述：相关艺术品报告》（2009）阐明了非遗的定义，并对苏格兰地区非遗建档的具体步骤、执行模式加以推介。匈牙利先后制订的《非遗保存与记录标准》和《非遗题名撰写格式》，对非遗建档程序、非遗档案信息的内容、著录格式做出规范[1]。

---

[1] 戴旸：《非物质文化遗产建档标准的建设：国外经验与中国对策》，《档案学通讯》2016 第 6 期。

（二）国内层面

国内的非物质文化遗产的建档标准可划分为直接标准和相关标准两大类（表2-10）。直接标准是指与非遗建档工作直接相关的标准，主要包括相关的法律法规、管理工作标准等，具有专门指导作用。相关标准是指非遗建档过程中参考和采纳的其他标准，这一类型的标准能够更好地为业务操作提供依据。

表2.10　　　　　　　　　　我国主要的非遗建档标准

类型		发布时间	标准政策	主要内容
直接标准	非遗相关法律法规	2005年	《国务院办公厅关于加强我国非物质文化遗产保护工作的意见》	建立名录体系，逐步形成具有中国特色的非遗保护制度；运用文字、录音、录像、数字化多媒体等各种方式，对非遗进行真实、系统和全面的记录，建立档案和数据库
		2006年	《国家级非物质文化遗产保护与管理暂行办法》	全面收集该项目的实物、资料，并登记、整理、建档；国务院文化行政部门组织建立国家级非遗数据库
		2011年	《中华人民共和国非物质文化遗产法》	国家对非遗采取认定、记录、建档等措施予以保存；建立健全调查信息共享机制，对非遗予以认定、记录、建档；文化主管部门应当全面了解非遗有关情况，建立非遗档案及相关数据库。除依法应当保密的外，非遗档案及相关数据信息应当公开，便于公众查阅
		2019年	《国家级非物质文化遗产代表性传承人认定与管理办法》	建立国家级非遗代表性传承人档案。档案内容主要包括传承人基本信息、参加学习培训、开展传承活动、参与社会公益性活动情况等

续表

类型		发布时间	标准政策	主要内容
直接标准	非遗管理标准	2008 年	《山东省非物质文化遗产普查验收标准》	对全省普查成果的验收概括为"四个一",即以县级为单位,完成一本书(《非物质文化遗产普查资料汇编》)、一个档案资料室(非物质文化遗产综合资料室)、一个珍贵实物陈列厅(非物质文化遗产珍贵实物陈列厅)、一个数据库(非物质文化遗产资料数据库)
		2009 年	《湖南省非物质文化遗产普查验收标准》	采用省对各市(州)、各市(州)对各县(市、区)的逐级验收办法,制定验收办法及验收程序,规定总体验收标准和具体验收标准
	非遗数字化标准	2012 年	《术语与图符》	由中国非遗数字化保护中心制定,规范非遗数字化保护工程的术语和图符的使用规范
		2012 年	《数字资源信息分类与编码》	由中国非遗数字化保护中心制定,对非遗数字化资源信息实现分类及编码规则
		2012 年	《数字资源核心元数据》	由中国非遗数字化保护中心制定,对非遗数字化资源信息的通用描述信息进行定义
相关标准		1994 年	《DA/T13－1994 档号编制规则》	标准规定了档号的结构、编制原则和编制方法
		1999 年	《DA/T18－1999 档案著录规则》	规定了单份或一组文件、一个或一组案卷的著录项目、著录格式、标识符号、著录用文字、著录信息源及著录项目细则
		2002 年	《GB/T 11821—2002 照片档案管理规范》	规定了银盐感光材料照片的收集要求、整理程序和保管条件

续表

类型	发布时间	标准政策	主要内容
相关标准	2014 年	《DA/T 50－2014 数码照片归档与管理规范》	规定了数码照片归档、整理、著录、存储、保管、利用和销毁的基本要求，适用于机关、团体、企事业单位和其他社会组织数码照片的收集、归档与管理工作
	2015 年	《DA/T 22－2015 归档文件整理规则》	规定了应作为文书档案保存的归档文件的整理原则和方法。适用于各级机关、团体、企事业单位和其他社会组织对应作为文书档案保存的归档文件的整理。其他门类档案可以参照执行
	2016 年	《GB/T 18894－2016 电子文件归档与电子档案管理规范》	规定了在公务活动中产生的，具有保存价值的电子文件的收集、整理、归档与电子档案的编目、管理与处置的一般方法
	2017 年	《DA/T 59－2017 口述史料采集与管理规范》	规定了口述史料采集与管理的原则和方法，适用于各级各类机关、团体、企事业单位及各类组织和个人对口述史料的采集与管理
	2019 年	《DA/T 78—2019 录音录像档案管理规范》	规定了模拟信号录音录像文件和录音录像电子文件的收集、整理、著录、归档与录音录像档案管理要求。适用于各级机关、团体、企事业单位和其他社会组织形成的录音录像档案的管理
	2019 年	《DA/T 82—2019 基于文档型非关系型数据库的档案数据存储规范》	规定了使用文档型数据库存储档案数据的总体要求，提出了使用文档型数据库存储和管理档案数据的基本功能和实施方法。适用于各级各类档案馆、机关、团体、企业事业单位对档案数据的存储

实践表明，档案标准体系中的相关标准是我国非遗建档工作顺利开展的重要依据，相关规范性文件，对于明确非遗建档的主体、操作方法发挥了重要作用[①]。随着我国非遗数字化保护工作的全面铺开，基于数字化技术和信息采集系统的各类非遗电子档案已呈井喷态势[②]。因此，电子档案、数码照片、音视频文件等相关管理标准对非遗电子档案信息管理、存储载体选择和保存格式规范都具有重要参考价值。

可见，深化非遗建档的标准化工作，需在实现非遗代表性项目以及代表性传承人的数字化管理、非遗档案资源的格式标准统一化和规范化的基础上，进一步实现各类非遗数据库及其他非遗数据提供、采录、加工、传输及接收部门和个人之间数据接口的无缝对接与数据资源的共享。建立非遗建档标准体系，不仅可以实现上述基本功能，而且促进了非遗档案信息记录的标准化，一定程度上将非遗档案由数字化形式深化为数据化形式[③]。可以说，在非遗档案资源标准化的过程中，标准体系设计越量化，非遗档案资源数字化的实现层次就越接近数据化，也就越便于实现非遗档案资源的深层次分析和利用。综上可知，我国的非遗建档标准体系建构虽已取得了初步进展，并在实践工作中得到运用，但现阶段还存在一定的不足：从横向上来说，非遗保护主体条块分割明显，档案机构、文化部门、科技部门分别设立标准，存在重复规划、相关标准的兼容性不足等问题；从纵向上来说，缺乏国家层面、与非遗档案直接相关的业务标准规范，难以满足非遗建档统一流程和规范操作的需求，不利于实现不同地区非遗档案数据的共享与利用。

[①] 戴旸、李财富：《我国非物质文化遗产建档标准体系的若干思考》，《档案学研究》2014年第5期。

[②] 叶鹏、周耀林：《非物质文化遗产建档式保护的现状、机制及对策》，《学习与实践》2015年第9期。

[③] 杨红：《非物质文化遗产数字化研究》，社会科学文献出版社2014年版。

三 非遗建档数据挖掘

非遗档案能够较为真实全面地反映一项非遗的构成要素、形成的文化背景以及传承情况。可以说，非遗档案是作为一部"活着的历史"得以存在的，其中蕴含着丰富的价值。随着数字化非遗档案资源的不断积累，如何利用信息技术挖掘非遗档案价值、开发利用档案数据资源等问题，已成为国内外学界关注的热点，并展开初步实践探索。

（一）国际层面

自2003年《保护非物质文化遗产公约》缔结以来，联合国教科文组织不断加大对知识管理的投入，为缔约国提供知识信息和在线服务。在此过程中，联合国教科文组织已经积累了大量非遗数据。然而，截至目前为止，有关数据一直按照年份、国家、名录简单列出，并未展现出非遗的实际内涵。从2016年起，联合国教科文组织推出了"潜入非遗"（Dive into ICH）项目，开始反思如何将相似主题的非遗项目元素集合在一起，实现元素互联，并且基于语义而非地理位置开发非遗地图，利用语义网与图形可视化，制作"非遗知识图谱"，提供动态的视觉导航。目前已制作了四张知识图谱，分别展示了非遗项目之间的关联性、非遗项目与自然界的联系、非遗项目的分类、非遗项目保存面临的威胁与困境（如图2.1，图2.2，图2.3）。

上述知识图谱，采用不同的节点形状区别其表示含义，通过连线来表示节点之间的关联，并通过颜色划分集群。具体来说，该图谱共有五种节点形状：实心圆、空心圈、四边形、六边形、菱形，分别代表了非遗项目、所属类目、国家、地区和世界文化遗产项目标志。其中，各非遗项目表示节点大小一致，类目节点下非遗项目数量越多，节点越大（如图2.4）。具有相关性的节点之间两两相连，用连线的粗细表示节点之间关联的重要性（如图2.5）。

图 2.1 非物质文化遗产项目之间的关联性

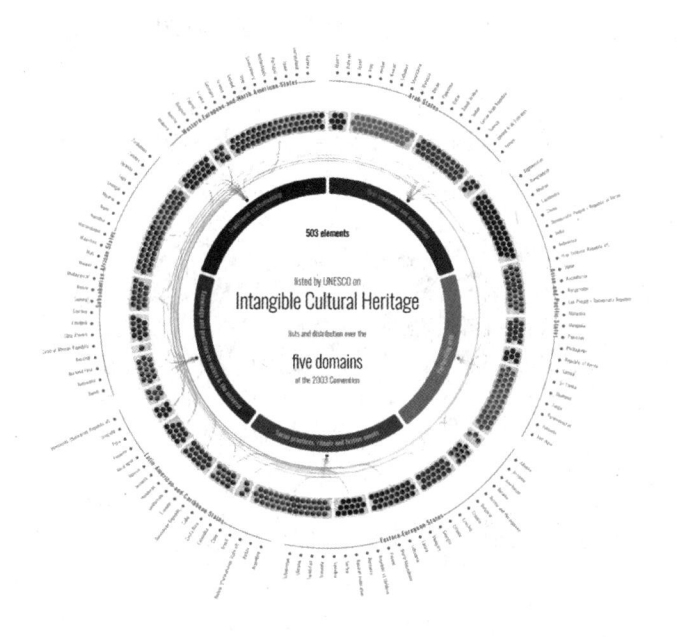

图 2.2 非物质文化遗产项目与自然界的联系

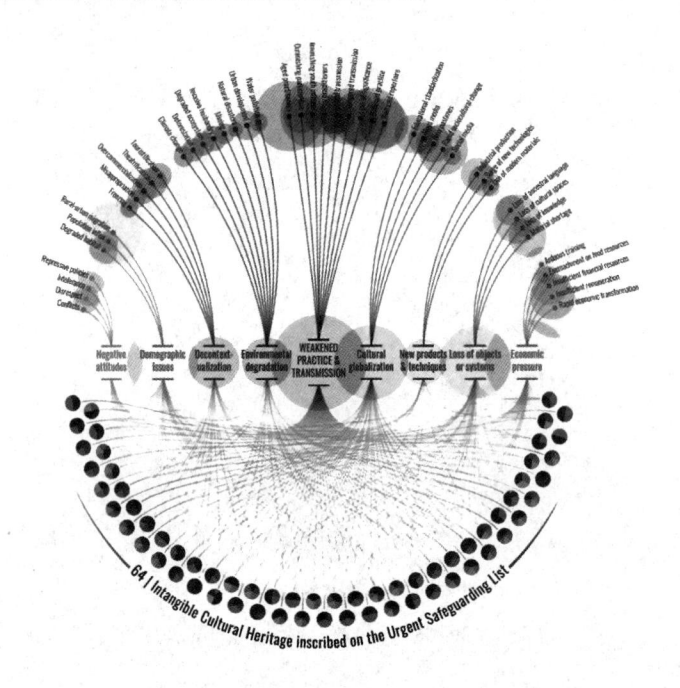

图 2.3 非物质文化遗产项目保存面临的威胁与困境

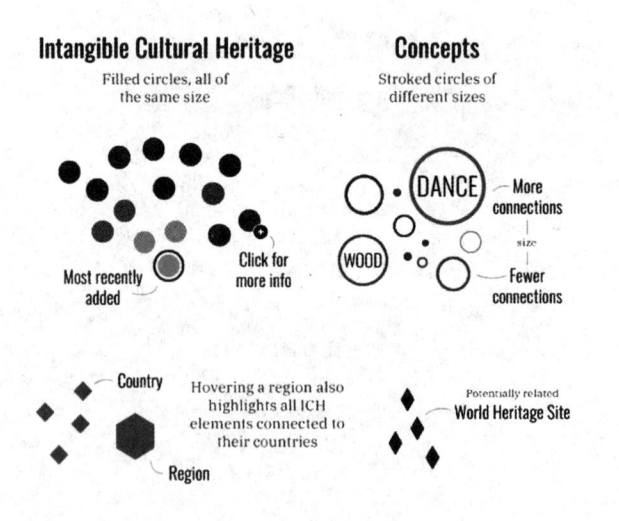

图 2.4 知识图谱节点说明

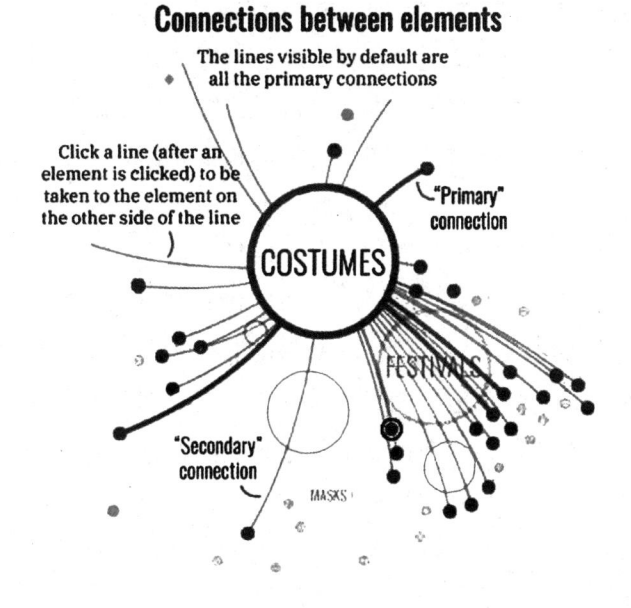

图 2.5　知识图谱连线说明

此外，上述知识图谱在非遗项目及其特征之间构建网状关联。从横向上来说，不同的非遗项目通过相同或相关的特征描述联系在一起，突破了地理空间的限制，较好展现了不同项目之间的内在关联；从纵向上来说，实现了对同一非遗项目的内在特征以及其他相关信息的可视化展示与描述。同时结合信息技术，可以实现查询检索功能。在这一知识图谱中涉及近 1000 个节点，并相互之间创建了 15000 个关系，基于语义而非地理开发地图，组织非遗信息，汇集类似主题的节点元素。随着节点、概念元素不断增多，上述知识图谱的内容也将不断充实和完善[1]。

通过利用多种新兴科学技术对非遗信息资源进行有效开发，挖掘非遗物质文化遗产档案资源的潜在价值，更好地发挥非遗的经济效益

---

[1] The UNESCO, "Launch of Dive into ICH Project", https：//ich.unesco.org/en/launch-of-dive-into-ich-project-01032.

和社会效益是非遗建档数据挖掘的重要职能。一方面，数据挖掘能够将非遗转化为生产力和文化产品，为非遗档案的保护工作提供资金来源。另一方面，数据挖掘有效挖掘蕴含在非遗档案资源中蕴含的知识，为辅助决策、教学科研、舆情监控等提供帮助。

（二）国内层面

在习近平总书记有关加强非遗保护指示精神与"一带一路"倡议下，中国非物质文化遗产保护联盟（以下简称"非遗联盟"）于2015年12月26日在北京成立。非遗联盟是由六百多家单位机构和个人发起的社会组织，包括各地非遗保护协会、非遗实践基地、高校非遗研究中心以及非遗传承人。非遗联盟促进了国内非遗保护工作的发展进程，建立了一个专业平台，集成了传承人社交、非遗产品销售、非遗企业孵化等功能，推动了中国非遗传承领域产学研一体化，并加强了非遗国际交流[①]，主要成绩如下（表2.11）。

表2.11　　　　中国非物质文化遗产保护联盟主要成绩

主要成绩	具体内容		
建立非遗联盟大数据中心	非遗联盟大数据中心于2017年5月14日成立，该中心旨在响应国家"一带一路"倡议，促进非遗文化的保护、传承与发展，创新非遗传承的发展路径		
搭建非遗文化创意园区	上海世界非遗文化小镇	园区主要有以下几个基本功能区：私人博物馆、少数民族艺术区、非遗教育区、健康文化区、美食客栈区等。园区内设有非遗传承数据中心，完整的记录了非遗项目档案，并定期进行更新	
	河南洛阳峰塔非遗文化产业园	为了"弘扬中原民族精神，传承保护非遗文化"，产业园采用大数据管理模式，游客的饮食、娱乐、学习等体验活动可以通过移动应用程序实现一次性付款，从而促进了洛阳非遗生产性保护的可持续发展，构建了特色商业区。产业园区涵盖了国家级和省级200多项非遗项目	
	泉州清源山非遗文化创意博览园	园区按照非遗体系构建主题公园，致力于将环境保护、产业化和市场化相结合，使游客在园内享受到丰富的文化内涵、优美的生态环境，从而推动优秀非遗文化的对外传播和交流	

---

① 刘中华、焦基鹏：《非物质文化遗产IP资源创新性推广途径与策略探究——以中国非物质文化遗产保护联盟为例》，《浙江艺术职业学院学报》2018年第1期。

非遗联盟创建了非遗保护平台，使用 RFID 技术，将非遗项目特征、生产技艺方法、文化产品销售过程等信息，以数字信息的形式存储于 RFID 数字标签之中，同时提供移动通信终端、计算机等多渠道查询功能，为查询监督、数据利用、互动交流等功能的实现奠定了基础。可见，实现非遗数字化保存和保护，其最终目的在于最大程度发挥非遗资源的价值，即在对非遗数字资源有效保存的基础上挖掘其内在联系，发挥价值，并为整个社会提供有效利用。如此，应利用信息组织、语义分析等技术，进一步挖掘非遗数字资源内在关联，实现深层联系，使得非遗数字化保护举措产生更大的经济价值和社会效益。

四　非遗建档知识传播

（一）国际层面

现阶段，实现当代散存于世的各种载体、各种形态的非遗资源最大限度地被收集、保存和共享的手段，就是建立非遗数据库。非遗数据库可以实现保护工程各项进程数据资源的整合与数据资源利用价值的最大化，可以实现当代已然存世或仍旧可被保存的非遗资源的数字形态整合以及资源利用价值的最大化[①]。在非遗建档知识传播方面，基于上述认知，国外也展开了实践探索，取得了一定的成绩（表 2.12）。

Europeana 项目是欧洲区域内跨机构、跨领域文化合作的产物，该项目的实施整合了欧洲丰富的文化遗产资源，实现了有效的资源保护与文化推广，面向社会公众开放利用也实现了文化遗产资源的可持续发展，为各国甚至世界文化遗产资源的整合提供了良好范例和经验，对世界文化遗产的保护也具有重大意义。2005 年，法国总统雅克·希拉克（Jacques Chirac）和其他五位国家元首签署了一封公开信，要求欧盟官员支持欧洲数字图书馆的发展，随后欧盟推出 Europeana 项目规划。2008 年 11 月，Europeana 项目正式对外开放。该项

---

① 杨红：《非物质文化遗产数字化研究》，社会科学文献出版社 2014 年版。

目实施的目标在于通过搭建统一的网络平台整合欧洲的文化遗产资源，实现欧洲文化遗产的广泛传播并增强欧洲人民的身份认同感，实现文化推动欧洲社会、经济发展的目的。2011年1月，欧盟委员会发布了"New Renaissance's report"，该报告将Europeana项目认可为"欧洲在线文化遗产的主要参考报告"；2015年5月，Europeana成为欧盟委员会的数字服务基础设施（DSI）之一，Europeana在DSI体系中使机构可以更轻松有效地在线共享馆藏，提高共享数据质量，并帮助文化遗产机构进行数字化转型。

表2.12　　　　　　　　　国外非遗建档知识传播案例

国家	项目名称	主要内容
欧盟	Europeana项目	欧洲区域内跨机构、跨领域文化合作的产物，实现了欧洲领域内文化遗产的整体保护和研究成果的有效交流
日本	贵重图书图像数据库	该库收集了日本江户时代所出版的日文和中文古籍近两百件、浮世绘五百余件的图像信息
日本	日本年历	有关日本历史和文化的介绍
俄罗斯	文化俄罗斯	提供了俄罗斯非物质文化遗产项目统一电子名录，附有丰富的解说材料（图片、音频、视频），并不断更新和补充目录
意大利	阿斯图里亚斯大区博物馆	收集、保护和传播地区口头文化遗产档案

截至2020年初，用户通过访问Europeana的官方网站（http://www.europeana.eu）可以在线获取来自33个欧洲国家约4000家文化机构的5800万种文化资源，包括书籍、地图、录音、图片、档案、艺术品展览等资料[①]（表2.13）。以博物馆为例，巴黎卢浮宫、阿姆

---

① Europeana pro, "ABOUT US", https://pro.europeana.eu/about-us/mission.

斯特丹国立博物馆等欧洲各大博物馆为 Europeana 提供各自藏品的数字版本，包括画作、艺术品等；以档案馆为例，法国国立视听资料馆为 Europeana 提供了 80000 套记录 20 世纪法国的广播节目；还有欧洲的图书馆提供了珍贵的文献资源①。

表 2.13　　　　Europeana 文化资源提供机构统计表②

数据提供机构	机构数量	数据数量
以国家和单位整合	34	12528959
以馆种类进行整合（图书馆、博物馆、档案馆）	4	94441012
EU 资助的项目	5	13097791
其他整合机构	37	935722
合计	113	36122766

Europeana Cloud 于 2013 年启用③。如图 2.6 所示，Europeana 云平台共有两个底层云，计算云与存储云。计算云分为两层，前端系统直接面向用户，向用户提供功能服务，包括数据处理验证、元数据及内容、数据注释、标识符服务、通知服务；后端系统面向管理员或供其它服务使用，主要功能为处理其他非功能性需求，如许可/授权服务等。存储云分为 NoSQL 数据库和分布式文件系统，为计算云的服务功能提供存储空间④。

---

① 佚名：《Europeana：欧洲数字图书馆》，《现代图书情报技术》2009 年第 2 期。
② 闫晓创：《欧洲文化遗产资源的在线整合实践研究》，《中国档案》2017 年第 4 期。
③ 陈劲松：《欧盟数字图书馆云计划 Europeana Cloud 研究》，《新世纪图书馆》2015 年第 10 期。
④ 周秀霞、刘万国、杨雨师：《基于云平台的数字资源保存联盟比较研究——以 Hathitrust 和 Europeana 为例》，《图书馆学研究》2018 年第 23 期。

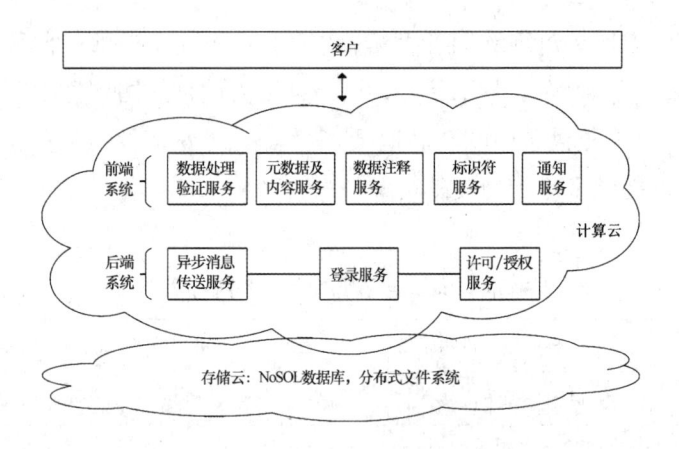

图 2.6　Europeana 云平台架构图[3]

Europeana 日前公布了名为"Europeana Initiative"的 2020—2025 年战略安排，重申了其作为欧洲在线数字文化遗产通用平台的地位和作用，旨在继续联合欧洲的文化遗产机构，帮助它们实现科技转型，超越文化和国家边界共享馆藏资源，成为欧洲故事的一部分。其中还规划了未来 5 年内的工作重点，如表 2.14 所示。

表 2.14　Europeana 项目 2020—2025 年工作计划与"Europeana Initiative"重点内容

工作重点	现实挑战	应对策略
加强基础设施	技术基础设施效率低下，机构很难有效地在线共享其馆藏	Europeana Initiative 将投资支持创新活动，以使基础架构与最新技术保持一致
提高数据质量	缺乏足够的高质量内容和元数据标准会严重影响数字内容的访问以及可见性和可复用性	欧洲倡议将在与元数据标准和内容改进的活动中投入资源。它将使用机器学习算法等新技术来丰富元数据标准和信息记录
能力建构	文化遗产机构的需求多种多样，因此很难实现整个行业数字输出和思维方式的一致性	欧洲倡议将支持机构进行数字化转型。它将如相关机构展示数字化的重要性和附加值，采用标准化和最佳实践通用方案解决问题

（二）国内层面

在相关非遗法规政策的指导下，我国非遗档案数据库建设也取得了令人瞩目的成就。按照宋丽华等学者的观点，我国已建设的非遗数据库主要分为三种，一是综合 Web 型数据库，典型代表为"中国非物质文化网·中国非物质文化遗产数字博物馆"；二是地方区域性的非遗保护数据库，如江苏省非物质文化遗产网、安徽省非物质文化遗产网等；三是"准研究型"数据库，如"非遗保护研究专题数据库"[①]。按照上述分类标准，笔者对现阶段我国非遗数据库（网站）建设情况进行调查，选取部分结果汇总于下表（表 2.15）。

表 2.15　　国内非物质文化遗产数据库（网站）内容调查表

数据库类型	网站名称、网址	网站内容板块
综合 web 型数据库	中国非物质文化遗产网·中国非物质文化遗产数字博物馆 http://www.ihchina.cn/index.html	网站主要收录法律法规，以及 509 个人类非物质文化遗产代表作名录、四批国家级名录、国家级非遗代表性项目代表性传承人名录的项目数据
	非遗大数据平台 http://www.diich.com/	网站主要收集人类非物质文化遗产代表作名录、以及传承人信息
地方区域性的非物质文化遗产保护数据库	湖北省非物质文化遗产网 http://www.ihhubei.com/	网站收录有非遗新闻报道、国家政策法规、省内非遗代表性项目和非遗传承人等相关信息
	江苏省非物质文化遗产 http://www.jsfybh.com/	网站内容主要包括非遗组织机构介绍、相关非遗新闻报道、政策法规、非遗代表性项目及传承人名录、研究成果及论文、非遗知识简介和非遗视频、音频、照片等

---

① 宋丽华、李万社、董涛：《非物质文化遗产数字化保护与知识整合平台建设》，《图书馆杂志》2015 年第 1 期。

续表

数据库类型	网站名称、网址	网站内容板块
	浙江省非物质文化遗产网 http://www.zjfeiyi.cn/	网站内容主要包括新闻报道、政策法规、学术论文和报告、热点专题研究、非遗代表性项目名录、传承人信息、图片资料和在线咨询内容
	安徽省非物质文化遗产网 http://www.anhuify.net	网站内容主要包括新闻动态、政策法规、非遗代表性项目和非遗传承人名录、非遗论坛
	山东省非物质文化遗产网 http://www.sdfeiyi.org	网站内容主要包括非遗资讯、非遗代表性项目及传承人名录、非遗图片资料、非遗生态保护区建设示范基地简介等
	福建省非物质文化遗产保护中心 http://www.fjfyw.net	网站内容主要包括非遗相关组织机构、政策法规、非遗代表性项目名录、传承人信息、文化生态保护区等信息的介绍、学术研究报告、申报指南等
	海南省非物质文化遗产网 http://www.hnsfy.org	网站内容主要包括非遗知识、学术理论研究、相关政策法规、非遗代表性项目及传承人名录、非遗图片及视频等
	云南省非物质文化遗产网 http://www.ynich.cn	网站内容主要包括组织机构介绍、非遗新闻、政策法规、非遗代表性项目名录、非遗传承人信息、非遗申报指南等
	贵州省非物质文化遗产保护中心 http://www.gzfwz.org.cn	网站内容主要包括工作机构简介、通知公告、新闻动态、政策法规、学术论坛、非遗代表性项目名录及非遗传承人介绍、非遗产品图文内容等
准研究型数据库	非遗保护研究专题数据库 http://fybh.cnki.net/	在按地区分类的基础上，按照研究方向对相关研究论文进行分类，直接链接到中国知网对应论文界面

除此之外，新媒体的出现，也为非遗赋予了新的表达方式，相较于网站，新媒体突破了传统的传播方式，能最大限度地调动各种资源，扩大受众面，提高互动性，传播的精准度和效率较传统方式大为提升。以 2017 年国家互联网信息办公室网络新闻信息传播局启动的

"文脉颂中华"非遗新媒体传播示范项目为例,项目开展以来,在国家互联网信息办公室网络新闻信息传播局、文化和旅游部非遗司的共同指导下,中国青年网着重发挥青年生力军作用,以"产品打造+多端分发"为抓手,以"重创意+强互动"为方向,通过广泛动员青年参与策划生产,推出了符合广大网友阅读偏好和移动化趋势的短视频、H5、VR、沙画、直播、数据图表、微端话题矩阵等系列"正能量爆款"内容及活动赛事。如2018年春节期间,中国青年网打造创意沙画视频《非遗看中国》,视频通过变化神奇的手法,展现了昆曲、狮舞、苏绣、古建筑技艺、春节等中华非遗的震撼之美,凸显了非遗的人文底蕴和时代传承。2018年11月,藏医药浴法——中国藏族有关生命健康和疾病防治的知识和实践正式列入联合国人类非物质文化遗产代表作名录。中国青年网同步制作推出了《这项来自雪域高原的"世界级非遗",你了解么》互动答题H5产品。网友在雪域风光的页面场景中进行趣味性的问答游戏体验,了解藏医药浴法的历史根脉、制作技艺等非遗知识,形成对该项非遗差异化的传播报道[①]。可见,信息技术的飞速发展及其广泛应用极大拓展了非遗资源共享途径,借助于新型互动形式,使得保护和传承非遗的价值观深植人们心中,不断探索出非遗传承的创新实践之路。

综上,各国非遗建档知识传播工作正取得长足发展,我国更利用数字化保护手段,通过搭建网络传播平台、互动交流平台、咨询服务平台等,为用户提供日益便利的利用与共享途径,在利用中延续非遗的生命力与活力。

第三节 非遗建档式保护机制的工作成绩

我国非遗保护发展历史较短,自加入《公约》后,我国才正式拉

---

① 杨红:《非物质文化遗产——从传承到传播》,清华大学出版社2019年版。

开非遗保护的序幕。经过了三十多年的发展，我国非遗建档式保护机制经历了从无到有的发展过程，对我国非遗建档式保护工作的发展起到重要推动作用，取得的主要成绩包括：

一　保护政策不断完善

制定非遗建档式保护的法规、政策，建立科学、完善、有效的非物质文化遗产保护制度，一直是中国非遗保护工作的重点。

自加入《公约》以来，我国非遗保护工作不断向规范化发展，先后出台一系列与非遗保护相关的政策。从 2005 年印发《国务院办公厅关于加强我国非物质文化遗产保护工作的意见》起，中国制定并颁布了一系列专门针对非遗保护的法规政策，如 2008 年的《国家级非物质文化遗产项目代表性传承人认定与管理暂行办法》、2010 年的《文化部关于加强国家级文化生态保护区建设的指导意见》、2011 年的《中华人民共和国非物质文化遗产法》、2018 年的《国家级文化生态保护区管理办法》、2019 年的《国家级非物质文化遗产代表性传承人认定与管理办法》及全国各省市颁布的非遗保护条例、办法等。这些规范化的政策条例均涉及到了非遗建档式保护的相关内容，以《中华人民共和国非物质文化遗产法》为例，其中明确规定了"国家对非物质文化遗产采取认定、记录、建档等措施予以保存"，有关部门进行非物质文化遗产调查中，应当建立健全调查信息共享机制，"对非物质文化遗产予以认定、记录、建档"，"文化主管部门应当全面了解非物质文化遗产有关情况，建立非物质文化遗产档案及相关数据库。除依法应当保密的外，非物质文化遗产档案及相关数据信息应当公开，便于公众查阅"。

随着保护政策的推陈出新，我国非遗建档式保护工作已经建立起了较为完善的政策规范体系，对我国非遗保护工作而言具有重要意义。

二 名录建设进展巨大

自 2005 年，国务院印发了《关于加强我国非物质文化遗产保护工作的意见》（简称《意见》）和《国家级非物质文化遗产代表作申报评定暂行办法》，正式提出了建立各级"非物质文化遗产代表作名录"的要求，规定了保护名录的内容，明确了相应的论证、审批程序。上述两项政策性文件首次将各类非遗代表性项目纳入保护名录，历经十余年发展，全国非遗名录建设取得了巨大了工作成绩。

2005 年 6 月，为落实国务院《意见》精神，文化部下发了《关于申报第一批国家级非物质文化遗产代表作的通知》，它标志着我国全面启动非遗名录制度建设工作，并对"国家级非物质文化遗产代表作名录"项目申报条件、申报材料、申报程序等进行规定[1]。截至 2021 年，中国列入人类非物质文化遗产代表作名录的项目共计 42 项，总数位居世界第一。此外，国务院先后于 2006 年、2008 年、2011 年、2014 年和 2021 年公布了五批国家级名录，共计 1557 个国家级非遗代表性项目，按照申报地区或单位进行逐一统计，共计 3330 个子项，涉及国家级非遗代表性项目的保护单位达三千余个。在此基础上，我国也逐步构建非遗项目代表作传承人名录。国家文化主管部门于 2007 年、2008 年、2009 年、2012 年、2018 年先后命名了五批国家级非遗代表性项目代表性传承人，共计 3068 人。上述非遗名录的建立有利于非遗的传承，有利于发动广大民众参与非遗保护工作，增强不同民族和个人的自豪感，在有限的资源条件下，对具有重要文化价值和有灭失风险的非遗给予重点保护。

三 保护技术不断进步

利用信息技术和新媒体技术记录非遗发展的全貌，已成为科学、

---

[1] 宋俊华主编：《中国非物质文化遗产保护发展报告（2018）》，社会科学文献出版社 2018 年版。

高效实现非遗保护与传承的有效途径①。随着非遗研究和保护工作的深入，非遗数字资源内容也在不断充实和完善，伴随相关基础性建设的不断升级，非遗数字资源在文化遗产的保存、管理、共享、教育等方面将发挥越来越重要的作用。与其他发达国家相比，我国在非遗数字化保护方面起步较晚，但发展迅速，取得了丰富的实践成果。

国务院颁布出台了《关于加强我国非物质文化遗产保护工作的意见》、《中华人民共和国非物质文化遗产法》等一系列的法律政策，为非遗建档数字化营造了良好的宏观环境。2003年，中国民间文化遗产抢救工程正式启动，历时10年，分两期进行，建立了中国民俗图文资料数据库；2005年，全国第一次非遗普查工作在文化部的组织下有序展开，留下了以文字、图片、录音、录像等多种手段记录的非遗档案资源。据统计，全国首次非遗普查的文字记录量近9亿字，图片材料408万张，录音录像记录材料超过20万小时②；2005年，中国艺术研究院启动中国非遗数据库建设工作；2006年，非遗数据库普查管理系统软件开始在全国推广使用；近年来，我国启动了"中国非物质文化遗产数字化保护工程"，收录了非遗项目名录、传承人等相关信息，制定了标准规范，旨在运用信息技术对非遗进行数字化保护。可以看出，我国日益重视非遗建档数字化保护工作，相关工作目标和内容也更加明确和具体。

四 保护举措实现创新

改革开放以来，我国在非遗保护领域内的管理机制、文化传承、保护方式等多方面积极展开实践探索，不断推动了我国非遗保护事业的拓新发展，为非遗的传播与传承打下良好的实践基础。其中，以设立文化生态保护区最为典型。

---

① 周亚、许鑫：《非物质文化遗产数字化研究述评》，《图书情报工作》2017年第2期。
② 聂云霞、龙家庆、周丽：《数字赋能视域下非遗档案资源的整合及保存：现状分析与策略探讨》，《档案学通讯》2019第6期。

国家级文化生态保护区的设立，既体现了政府对整体性、系统性等现代保护理念的践行，也是中国在非遗保护领域的一大创举。2005年，文化部提出"文化生态保护区"的概念，从2007年起先后批准了闽南、徽州、热贡、陕北、湘西、赣南等21个地区为"国家级文化生态保护区"，实验区遍布全国17个省市区①。文化生态保护区的设置能够突破传统碎片化的保护方式，既要保护具体非遗项目自身，也要保护与其密切相关的外在一定范围的空间。截至2020年，我国共设立国家级文化生态保护区28个，涉及省份17个。同时，我国非遗宣传机制也在不断地完善与创新，在尊重非遗发展规律的前提下，不断吸收新的理念、技术、手段来提高非遗宣传效率，促进非遗宣传的提供和发展②。如在2017—2018年，光明网非遗项目团队借助于斗鱼、咪咕等直播平台，开展百余场"致·非遗 敬·匠心"非遗系列直播，涵盖了传统音乐、传统戏剧、传统美术等多个非遗项目类别。直播结束后，为了满足不同用户的不同信息接收需求还制作相关传播产品，光明网综合利用移动直播、视频短片、纪录片等媒体手段，全方位、立体式地呈现非遗项目蕴含的文化内涵与精神价值。除此之外，"生产性保护"的理念也逐渐融入非遗保护实践，即通过生产、流通、销售等方式，将非遗项目及其资源转化为文化产品。文化部先后于2011年10月和2014年5月公布了两批国家级非遗生产性保护示范基地，其中包括传统技艺类基地57个、传统美术类基地36个、传统医药类基地6个，同时作为传统技艺和传统美术类基地的1个。从一方面来说，非遗生产性保护可以鼓励非遗相关群体大胆展开探索，思考传统文化如何更好地走向市场。从另一方面来说，非遗生产性保护可以在有效传承非遗技艺的前提下，创造合理的商业价值，

---

① 宋俊华主编：《中国非物质文化遗产保护发展报告（2018）》，社会科学文献出版社2018年版。
② 宋俊华主编：《中国非物质文化遗产保护发展报告（2016）》，社会科学文献出版社2016年版。

并以此反哺非遗保护事业。

第四节　非遗建档式保护机制的发展诉求

推动非遗建档式保护是目前我国非遗保护工作中实现非遗档案有效保护的重要基础，非遗建档水平的提升能够协调各职能部门在非遗档案建立、保存、利用的质量和水平，提高非遗档案管理与应用的系统化、规范化程度。但从文化与科技融合视角来看，受制于我国非遗保护和建档机制的水平和现状，我国非遗建档保护机制还存在如下诉求和问题。

一　非遗建档式保护机制的文化短板

其一，非遗档案利用难度大。非遗建档实践的过程性、区域性、部门性等特点决定了非物质文化遗产档案的分散性，在一定程度上影响了非遗档案的利用。此外，部分非遗项目含有国家秘密或商业机密，可能导致建档主体过于敏感，在实际工作中倾向于封锁与其相关的一切资料，完全禁止外部利用。此外，我国大部分地区虽建有非遗档案网站并提供信息，为跨部门、跨地区的利用提供便利，但由于不同地区信息化建设水平差异较大，许多地区的非遗档案网站仍存在内容不够丰富、分类不够科学、检索功能较差等问题，导致档案利用难度较大。

其二，非遗档案保存难度大。非遗发展历史悠久，多依靠口传心授流传至今、因而记录和反映非遗的档案数量很少。以传统曲艺为例，云南白族大本曲至今三分之一以上的曲目有曲名但没有曲本，甚至连曲名都没有流传下来的就更不可数了[①]，许多传承人档案，如实物、手稿、照片、作品等也未存留至今。此外，在调研中发现多地非

---

① 王晋：《白族大本曲非物质文化遗产建档保护研究》，博士学位论文，云南大学，2017年。

遗档案处于分散保存状态，由于年代久远，许多非遗档案面临着自然老化的问题。同时，各保存主体对非遗档案的重要性认识程度存在较大差异，档案保存状况参差不齐。

其三，非遗建档重要性被忽视。非遗是历史进程中人类口耳相传、言传身教的活态文化，它产生于民间，流传于民间；相应地，与其相关的非遗档案也产生于民间，保存于民间。在此过程中，许多珍贵档案资料在时代变迁和人们的忽视中被损坏、失传。直到21世纪初，人们才逐渐认识到非遗建档保护工作的重要性，然而许多人尤其是普通民众仍未产生非遗保护意识，许多非遗档案资料仍在不断消失，再加上大部分档案资料的分布具有分散性，被保存在多个主体的手中[①]，使开展非遗建档工作存在较大阻碍。

其四，非遗建档政策规划滞后。我国虽然从法律层面对"建档式保护"方法予以确认，全国各省、区、市也相继颁布并实施地方性非遗保护法规，但均未颁布具体的实施细则，使非遗建档在实施上存在一定困境。同时还缺乏健全的公众参与制度，容易将普通民众隔绝在非遗保护工作之外，造成非遗保护和宣传工作囿于专业圈子，发展活力不足。

其五，非遗建档主体难以协调。随着我国非遗保护事业的不断深化推进，我国各级行政主管部门和文化事业机构积累了大量的非遗资料和数据，此外，部分商业机构、研究机构、非遗传承人、社会人群等也保存了大量与非遗相关的档案资料。然而目前在国内，非遗建档保护的责任主体从法律上尚未进行限定，也没有对各自责任范围进行明确划定，从而导致了全国非遗档案多头管理、分散保管等问题，在实际工作中容易产生重复建档、资源浪费等弊端。

由此可见，当前我国非遗建档式保护机制还存在一定的短板，通过引入新兴技术和科技手段将有助于弥补上述缺憾，同时缩短与国际

---

① 史星辰：《我国非物质文化遗产档案管理研究》，硕士学位论文，安徽大学，2013年。

先进水平之间的差距。

二 非遗建档式保护机制的科技短板

其一，非遗建档数字化标准滞后。现阶段我国非遗档案数据资源尚未确定统一标准，各地数字化工作成果差异较大，不利于数字资源跨平台共享利用。例如，在国家级非遗代表作名录的分类体系中虽然规定了非遗代表性项目的主要类属名称，而在具体项目信息录入中既没有提供详细操作标准，也没有提供每一类属包含非遗代表性项目的详细命名规则、名称解释及判定依据，导致各地的非遗资源数据库对同类或者相近资源的描述存在很大的差异。

其二，非遗建档存在信息孤岛现象。由于非遗建档主体呈现多元化状态，因此在实践过程中，各主体依据自身的建档经验，开展非遗档案数字化工作。现阶段，随着对非遗数字化保护手段的普遍认知，我国部分省市已经开展了相关实践，构建了可用性强较的非遗专题数据库，然而我国非遗数字化保护工作整体水平滞后的现实状况仍不可忽视。与此同时，目前的非遗数字化保护工作缺乏统一的标准规范，各地构建的专题数据库标准各异，使跨地域、跨部门的数据整合存在较大阻碍，未来将导致数据库之间无法兼容和共享，最终使数据库各自沦为"信息孤岛"。

其三，非遗档案信息资源的分析和挖掘难度大。与国际先进实践成果相比，现阶段我国在非遗档案信息资源的分析和挖掘上还存在一定的短板，主要存在以下几点问题：首先，现阶段我国主要采用扫描、摄影、缩微等技术，初步完成了非遗档案资源的数字化保存工作，但尚未对档案内容进行处理，还未进入数据化处理阶段，因此难以借助于信息挖掘技术对档案内容进行识别和深度分析；其次，现有的非遗数字档案资源结构多样，包含了文本、图像、音视频等多种形式、多种格式、多种载体的各类信息，大量异构数据无疑增加了利用的难度；最后，非遗数字档案资源的整合程度不足，尚未形成全国性的非遗档案信息资源共享平台，地区之间和行业之间缺乏交流合作，难以实现非遗数字档案资源的整合与共享。

其四，社会公众未能通过社交媒体充分参与非遗保护。信息技术的发展催生了网络化传播和交流方式，现代科技推动传统纸媒、广播、电视等媒介形态不断发展，由此出现了新的传播形式和传播途径，网络论坛、微博、微信等新媒体层出不穷，相较于传统的传播方式，新媒体具有更强的互动性。反观现阶段我国非遗保护社会化水平，当前社会公众的自觉参与程度并不高——社会公众对非遗的关注度受节日、政策、活动等因素的影响较大，公众缺乏自觉关注度。此外，我国非遗和传播资源的分布极不平衡，许多地区蕴含丰富的遗产，同时也缺乏足够的媒介资源，当地的传播条件如果无从改善，将很难推动非遗的社会化保护。

由此可见，现有的非遗建档保护机制存在一定的科技短板。非遗保护领域内的文化与科技融合进程，既非非遗保护与新兴技术的简单堆砌，也不是文化活动和科技应用的相互覆盖，而是基于创新要素与融合机制之间的相互作用①。坚持"以文为体，以技为用"的文化与科技融合思路是破解上述短板的可行路径之一。

三　非遗建档式保护机制的融合短板

目前针对我国各级政府的权利范围与权利运行机制没有明确规定，且政府内部各职能部门之间的关系并未实现正规化与规范化，加上认识差异、地方保护主义等因素，使得行政管理工作中不时出现不同程度的条块分割、各自为政、点面断裂的不良现象导致非遗建档行政管理条块分割和管理难度增大。以非遗保护工作为例，条状结构上虽然我国已经形成了国家、省、市、县层级分明的保护管理体系，但地区之间、不同层级单位之间对非遗建档式保护的重视

---

① 周耀林、叶鹏：《我国非物质文化遗产的保护机制与实现路径——基于文化与科技融合的视角》，《学习与实践》2014 年第 7 期。

程度、建档保护效果均参差不齐；由于块状部门管理体系的存在，将上各职能部门的非遗建档保护工作划分成块，部门之间没有实行统一标准和制度，进而无法形成联动机制，更加大了非遗建档管理的难度。具体表现如下：

第一，非遗建档主体分工不明导致资源分散和保护难度大。我国非遗建档保护主体主要有各级政府、文化主管部门、非遗代表性项目代表性传承人、研究组织、传媒机构等，各主体根据自身职能在非遗保护工作中扮演了不同角色，发挥了不同作用，过程中自然也会出现职能交叉带来的管理冲突。如非遗代表性项目代表性传承人与非遗项目管理者在经济、行政管理上的矛盾，非遗管理方和非遗利用方在方式、策略和举措上的矛盾等。我国非遗分布广泛、非遗信息资源保管主体众多、非遗建档主题缺乏统一导致资源保管分散，同时各主体之间分工不明、标准不一，无法实现非遗档案的统一管理，导致非遗资源整合与利用困难。

第二，非遗建档现行技术手段和档案工作需求不匹配。一方面由于科技研发机构和非遗保护部门存在业务割裂现象，非遗保护部门在专业性方面受限，对非遗保护对象的价值特性了解程度不够，保护工作不到位；科技研发部门无从得知非遗保护工作的实际需求，研发成果无法满足实际需要，投入现实应用的效果不尽如人意。另一方面，随着技术更新速度加快和非遗档案保护需求逐渐明确，有效转化和充分应用新兴技术在非遗建档保护工作中的必要性不言而喻，在此过程中非遗档案式保护的质量与成效能够显著提高，我国非遗建档式保护机制也能够实现完善与创新。

第三，非遗建档信息资源的合理有效利用与国家档案局的要求差距较大。现阶段在非遗信息资源建设阶段，多围绕非遗资源的数字化、非遗专题数据库的构建等方面开展工作，而面对非遗建档保护的现实需求，特别是利用新兴技术和保护方法等方面仍需不断加强。由于我国非遗档案信息资源开发利用的方法和门径较为落后，导致非遗档案信息资源的利用水平有限,无法提供高效的社会化服务。可见,虽然我国已经在非遗建档信息资源建设中取得了长足发展,在建设过程中形成了多个非遗专题数据库,但数据库之间存在无法共享、标准不一的现象,至今我国仍然没有建成全国性非遗管理平台,在非遗档案资源的公开共享、广泛利用和深度开发上仍有欠缺,与国家档案局关于档案信息开发利用的要求差距较大。

第五节　文化与科技融合背景下非遗建档式保护机制的构建重点

通过对国内外非遗建档保护机制的调研、梳理和总结,在明确现阶段我国非遗建档保护机制的诉求与短板的基础上,笔者认为单独依靠文化建设或科技建设均不能有效推动我国非遗建档工作的发展,必须构建文化与科技相融合的非遗保护机制才能实现推动非遗建档工作持续发展的目标。

一　推动非遗建档式保护的文化进步

第一,深化非遗建档保护领域的理论研究。在非遗研究的角度上,国内学者的研究多以抽象问题的研究为主,如非遗的内涵、特征、价值等问题,在个案的研究、横向与纵向上非遗的比较研究、时代变迁背景下非遗的流变研究、多个视角下的非遗保护机制研究等方面存在欠缺。除此之外,目前我国也缺乏对基于文化与科技融合背景下的非遗保护机制的研究,大多将研究重点置于非遗主体与客体的认定、非遗名录体系的构建、非遗管理的探究等方面,还需研讨如何通过构建文化与科技融合的保护机制,推动我国非遗保护事业向系统化、科技化和社会化方向发展。

第二,拓展非遗保护领域的研究内容。在非遗保护研究内容上,广泛性是近十年来我国的非遗保护研究的重要特征,非遗保护与利用的诸多方面都有涉及，包括非遗的内涵、范畴、特征、价值、功能等基本要素以及非遗保护的现状、原则、措施、方法、作用等方面。即使如此，关于非遗保护领域的研究内容仍有遗漏，譬如基于文化与科技融合视角的我国非遗保护路径研究、我国非遗保护工作评价标准体系的构建研究、新兴技术在非遗保护工作中的应用研究等。由此可见，如果要应对以上非遗保护工作中亟需解决的问题，需要从顶层设计入手，借鉴国内外非遗保护的成功经验并引入新兴技术，为我国非遗保护机制注入活力，使我国的非遗保护工作具备文化与科技双重优势。

第三，推动非遗建档保护领域的深度研究。在非遗保护研究深度上，根据整理我国近十年来的非遗保护研究成果，不难发现国内外研究水平和应用层次尚存在一定差距。目前，国内研究成果大多聚焦于类型界定和比较研究层面，国外学者已经将目光置于新兴技术与非遗保护与利用的结合上，基于跨界研究的统筹眼光，试图以此推动以原真性、活态性为特征的非遗保护机制的研究和构建。此外，就研究成果来看，国内不少非遗论著多处于介绍性层面，一些理论研究成果存在杂糅的问题，具有普遍指导意义的非遗研究成果较少。基于文化与科技融合的角度，现阶段国内文化遗产研究多集中于物质文化遗产保护方面，非遗保护角度的研究还尚未出现。同时，已有的研究成果也仅注重于保护技术的研发，对各类保护技术的落地应用、文化与科技融合的实现路径等内容都还尚未涉及。现阶段各维度的非遗研究均未体现文化与科技融合的战略内容，尚未形成专门的基于文化与科技融合的非遗保护理论体系。

二 推动非遗建档式保护的科技发展

第一，推动非遗建档保护领域的继承创新。现阶段我国非遗保护部门和研究部门还存在两张皮的现象，即保护部门不了解非遗保护对象的价值特性，导致保护工作较为随意。科研机构不了解非遗保护工作的实际需求，导致研究成果与需求脱节。同时，尚未形成统一高效的全国性非遗保护平台，各类非遗数据库存在互不兼容、互不连通等问题，既浪费了大量时间进行重复性数据录入，又增加了非遗信息的利用难度，更不利于我国保护的全面开展。可见，提出文化与科技融合背景下的非遗保护机制是社会文化和科技发展的综合体现，它一方面体现了社会文化对科技发展的引领作用，即为满足我国不断深化、不断丰富的非遗保护需求，大量高新技术被逐步引入我国非遗保护领域，逐步提高非遗保护的效果和质量；另一方面也表现了科技发展对社会文化的推动作用，即为科技进步引发文化体制机制的不断创新和深刻改革，逐步创设适合我国非遗产保护事业发展的新体制、新平台和新方式。但就我国非遗保护机制的现状而言，社会文化和科技发展的集成方式还处于摸索之中，尚未形成完整的文化与科技集成的机制范式供我国非遗物质文化遗产保护事业参考。同时，我国现有研发体制和支撑体系也尚未完全适应文化与科技融合的历史趋势，条块分割、支撑不足等问题还将在一段时间内影响我国非遗保护机制的构建。

第二，推动非遗建档保护领域的机制创新。"文化与科技属于辩证统一关系，文化既为科技发展起到积极的推动作用，同时科学技术也是文化软实力的重要组成部分。"[1] 现阶段我国非遗保护工作还主要依赖政府主导、政府投入和政府监管，尚未有效推动我国非遗社会化保护和公众性保护的历史进程，进而导致非遗保护的公众参与度不高、理解度不够、资金来源单一、监管难度较大，与国外先进水平相比还存在较大差距。同时，受传统思路的影响，国内形成了重理轻文的惯性思维，并以此为基础形成了固有的科研架构和管理体制。这一固化体系不仅影响了我国文理研究区别对待、融合创新氛围不浓、综

---

[1] 孙梦莹：《科技与文化融合：文化繁荣发展必由之路——访上海交通大学校长张杰》，《光明日报》2012年3月15日第9版。

合实力较难提升的问题，而且上述体系也无法适应社会整体发展、科技整体突破和非遗保护的需求。可见，如不对我国非遗保护机制的推进体制和创新架构进行更新改善，将难以满足学科推进的研究需要和日新月异的社会需求。

三 推动非遗建档式保护的融合创新

第一，推动非遗建档保护领域的方法创新。在过去的十年中，我国非遗保护研究以定性分析为主，部分研究还停留在对非遗理论进行初步的、一般化的描述分析，所得结论也往往缺乏大规模的数据验证。随着学科边界的不断模糊，许多研究人员试图借用其他学科概念、理论和方法，整合信息以拓宽非遗理论研究的领域，但往往对跨学科知识认识不够深刻，所得研究成果存在一定的局限性。因此，在文化和科技融合的背景之下，研究人员应积极展开综合性研究，采取定性和定量相结合的研究方法，积极引用成熟的学科理论与成果，深化非遗保护研究成果。

第二，推动非遗建档保护领域的队伍整合。经过近十年的发展，我国非遗建档保护领域的研究队伍不断壮大。首先，以高校为代表的专业化研究组织增加，如华中师范大学、中山大学等高校都已成立非遗研究机构，部分专家学者逐渐走向了保护应用的前例，展开理论研究，为政府的有关保护工作出谋划策的同时，还培育了大量高素质的理论和实践工作者，为非遗建档式保护工作提供人才。此外，民间团体也是不可或缺的重要力量，相较于政府和高校而言，这一保护队伍人员构成更加深入民间，研究成果的实用性强。但在实际工作中，各个研究组织往往独立开展研究，合作较少，没有形成高效的研究团队。除此之外，专业化的研究组织与文化管理部门、科技部门、社会公众等社会化保护部门之间的关系尚不明确，容易造成非遗建档工作的多头管理和人力浪费。

第三，推动非遗建档保护领域的标准制定。目前从国家层面来看，关于非遗保护技术及其相关操作规程、实施规范等内容的文件还尚未出台，这已成为制约我国非遗保护向纵深化发展的重要障碍。以非遗数字化保护为例，由于非遗保护主体的工作标准和相关规范不明，导致现阶段非遗数字信息跨平台、跨阶段的收集、存储、利用等工作缺乏合作，进展较为缓慢。

第三章　文化与科技融合背景下非遗建档式保护机制的构建方式

通过国内外非遗建档式保护机制的形成与诉求的整体研判，本章以文化与科技融合为切入点，对我国非遗建档式保护机制的构建背景、构建原则、构建手段和构建路径进行分析，为研究、探索和形成适合我国非遗保护现状的建档式保护机制打下基础。上述构建路径应基于文化与科技融合的整体导向，以十九大报告提出的"创新、协调、绿色、开放、共享"[①]五大发展理念为核心，从"一条主线、两个目标、三大动力、四类举措"为内容的逻辑路径出发，以文化与科技融合为视角，以我国非遗建档式保护机制体系模型设计为切入点，从学理层面分析和阐释非遗建档式保护机制的创新与发展。

第一节　文化与科技融合背景下非遗建档式保护机制的构建背景

2019年8月，科技部、中宣部等六部门联合发布了《关于促进文化与科技深度融合的指导意见》，意见中提到至2025年，我国基本形成覆盖重点领域和关键环节的文化与科技融合创新体系，实现文化

---

① 新华社：《中共中央关于制定国民经济和社会发展第十三个五年规划的建议》，《人民日报》2015年11月4日第1版。

与科技的深度融合。意见还提到，虽然与互联网发展及数字化、网络化、智能化有关的建设正在积极有序推进，但还需注意到文化与科技深度融合不仅面临着许多新挑战，且科技对文化建设支撑作用的潜力还没有充分释放。上述《意见》坚持需求导向、问题导向、统筹融合的原则，从八个方面做出了重要部署：一是加强文化共性关键技术研发。二是完善文化科技创新体系建设。三是加快文化科技成果产业化推广。四是加强文化大数据体系建设。五是推动媒体融合纵深发展。六是促进内容生产和传播手段现代化。七是提升文化装备技术水平。八是强化文化技术标准研制与推广。伴随我国"建设社会主义文化强国、着力提高国家文化软实力"[①]战略部署的全面展开，以及文化与科技融合的不断深入，我国必将兴起社会主义文化大发展大繁荣的新高潮。在此背景下，文化供给滞后、价值阐释不足、有效供给不足已成为我国文化事业发展的突出障碍。为破解上述矛盾，推进我国文化与科技融合已成为我国政学两界的共识。

为整体描述和阐释我国文化与科技融合的全貌，笔者采用 CiteSpace 3.9 R9 对前文所述 903 篇相关文献进行信息整理与数据分析，形成"文化与科技融合"的中英文知识图谱（图 3.1、图 3.2）。该图谱的时间跨度为 2010—2019 年，时间切片值为 1 年，图谱修剪算法为"寻径网络算法"，节点阈值为每一时间段中出现频次最高的 30 个节点数据。此外，笔者运用局部语义聚类的语义重叠社区发现算法[②]，对"文化与科技融合"文献数据集及其中英文知识图谱进行关键词取样，获得了文化与科技融合的关键词语义（表 3.1）和关键词语义聚类（表 3.2）。

---

① 新华社：《建设社会主义文化强国 着力提高国家文化软实力》，《人民日报》2014年1月1日第1版。
② 辛宇、杨静、汤楚蘅、葛斯乔：《基于局部语义聚类的语义重叠社区发现算法》，《计算机研究与发展》2015年第7期。

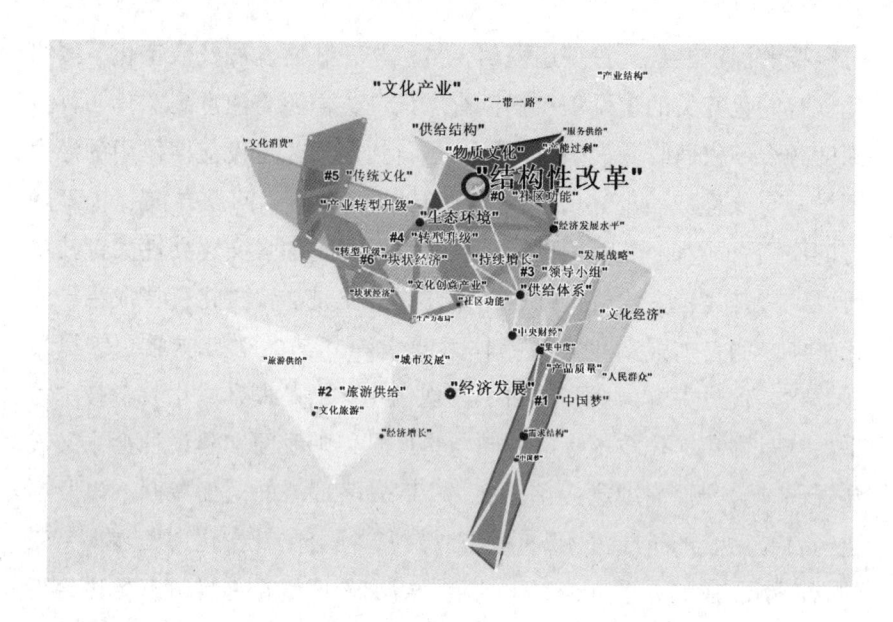

图 3.1 "文化与科技融合"中文知识图谱

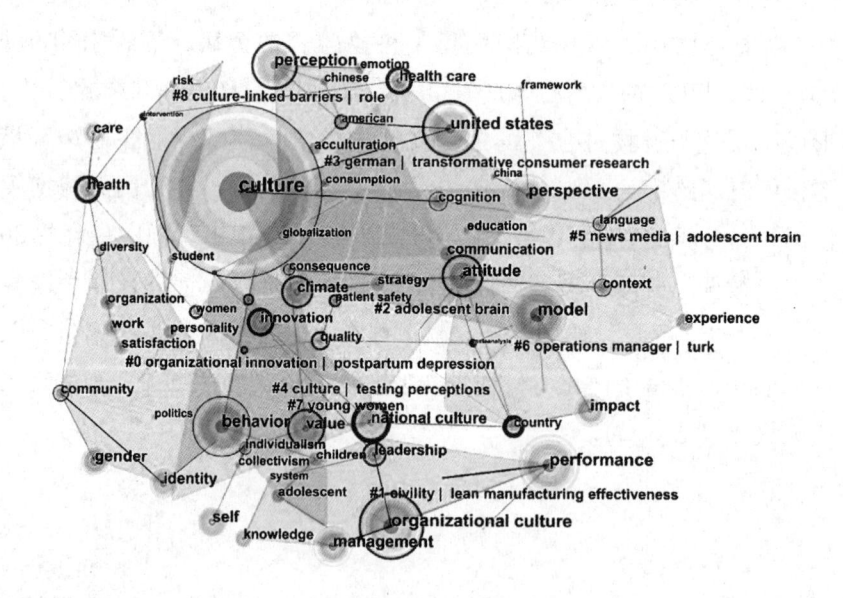

图 3.2 "文化与科技融合"英文知识图谱

表 3.1　　　　　　　　文化与科技融合的关键词语义

文化与科技融合			Culture			Cultural Development			Culture Reform			Supply and Demand		
关键词	数量	中心度	关键词	数量	中心度	关键词	数量	中心度	关键词	数量	中心度	关键词	数量	中心度
结构性改革	93	0.36	culture	552	0.14	culture	47	0.24	china	4	0.04	model	115	0.06
文化产业	15	0	performance	220	0.08	Development	29	0.13	management	4	0	management	69	0.11
文化与科技融合	13	0	organizational culture	215	0.27	organizational culture	14	0.17	culture	4	0.15	supply chain management	59	0.17
经济发展	13	0.21	model	207	0.09	City	14	0.09	race	3	0.02	policy	56	0.38
物质文化	11	0	behavior	199	0.16	China	11	0.08	education	3	0.03	coordination	46	0.04
生态环境	11	0.22	united states	177	0.28	economic development	11	0.11	power	3	0.03	system	42	0.02
供给结构	9	0	perspective	159	0.04	Growth	10	0.13	performance	3	0	decision	39	0.32
供给体系	9	0.35	perception	151	0.39	national culture	9	0.11	educational reform	2	0	uncertainty	38	0.26
产业转型升级	8	0.01	management	144	0.04	model	9	0.1	organizational culture	2	0	information	38	0.3
持续增长	7	0.04	attitude	135	0.22	Community	8	0.1	attitude	2	0.05	inventory	36	0.26
文化经济	7	0.04	value	129	0.32	Behavior	8	0.1	perspective	2	0.04	performance	36	0.22

续表

文化与科技融合			Culture			Cultural Development			Culture Reform			Supply and Demand		
关键词	数量	中心度	关键词	数量	中心度	关键词	数量	中心度	关键词	数量	中心度	关键词	数量	中心度
政府工作报告	7	0.04	self	123	0.04	Identity	8	0.16	policy	2	0	competition	35	0.27
供给侧	6	0	national culture	118	0.66	Value	8	0.02	democracy	2	0.03	supply chain	34	0
文化创意产业	5	0.01	identity	118	0.04	culture industry	7	0.03	bureaucracy	2	0	impact	34	0.16
产能过剩	5	0.08	gender	117	0	Strategy	7	0.21	Canada	2	0	price	32	0.24
产品质量	5	0.08	impact	116	0.03	Innovation	6	0.02	higher education	2	0	market	31	0.25
"一带一路"	5	0	climate	102	0.34	Adolescent	6	0.17	discourse	2	0.06	contract	28	0.26
城市发展	5	0	leadership	82	0.36	cultural value	5	0.14	migration	2	0	demand	25	0.02
发展战略	5	0	care	81	0	adolescence	5	0.04	curriculum reform	2	0	design	25	0.23
经济增长	4	0.19	innovation	79	0.51	attitude	5	0.05	cultural industry	2	0.01	cost	24	0.06

表 3.2　　　　　　　　文化与科技融合的关键词聚类

中文关键词聚类	英文关键词聚类
结构性改革	文化（Cultural）
领导小组	组织创新（Organization Innovation）
转型升级	新媒体（New Media）
中国梦	运营管理（Operations Manager）
文化产业	效率制造（Manufacturing Effectiveness）
传统文化	消费者变革研究（Transformative Consumer Research）
块状经济	文化联系障碍（Culture-linked Barriers）
社区功能	青少年大脑（Adolescent Brain）
旅游供给	礼节（Civility）

通过上述分析可知，推动文化与科技融合已成为世界各国提升科技竞争力和文化软实力的关键手段，推动文化发展已经成为体现国家核心竞争力的重要内容，创意和科技已成为文化竞争力的核心支撑。就我国非遗建档保护事业而言，通过文化与科技融合推动非遗建档事业的发展，为我国发展新型文化业态，促进传统产业转型升级提供支撑，已成为非遗建档式保护领域的重要课题。

第二节　文化与科技融合背景下非遗建档式保护机制的构建原则

一　规范化原则

为保证非遗资源的活态性和非遗信息的原真性，可引用计算机学科元数据研究的相关成果，同时结合档案学的常用方法，如实证研究、语义分析、跨学科研究等方法，借鉴社会学、情报学、文化遗产学等学科的知识与技术，吸收各相关学科的理论知识和技术，对非遗数字化信息的收集、整理、鉴定、保管、编目和检索提出指导性意见。其中，语义分析法是实现非遗资源本体构建的基础，包括非遗资源本体建模与知识表示，使用统一的语义描述建立本体驱动的非遗元数据模型；非遗资源本体概念关系识别，即建立领域本体来表示概念与特定领域概念之间的语义关系；以聚类和关联的领域知识为基础的语义描述，为非遗的检索、利用提供可识别的路径和方法。

二 平台化原则

以兼容性、普适性和开放性为前提，建立和规范非遗数字化保护的技术、标准和方式。综合运用物联网、云计算、大数据以及档案安全防护等新技术，构建与之相适应的融合保护平台，实现对非遗档案资源的集中建设与管理，并在文化与科技融合的视角下，保障非遗建档式保护机制各个组成部分的有效运行和成功对接，使之成为全国非遗保护机制的重要支撑。

三 集成化原则

结合全球数字化应用的发展趋势，以档案学理论为基础，选择并集成如数据管理与分发、虚拟现实等高新信息技术，将研究视野放大到非遗文化的结构系统、符号系统和价值系统，面向非遗保护机制的实现途径和应用方式进行创新，探索建立基于我国非遗特性的集成管理流程和集成技术标准。

四 社会化原则

非遗来源于社会生活，也依存于社会生活，由此应进一步鼓励社会力量参与非遗保护，培养全民共同参与意识，推动非遗保护的长远发展。针对现代社会条件下非遗个性化、多样化的发展趋势，非遗保护工作应充分结合各类非遗代表性项目的实际情况和文化类型，比如民俗、宗教、文物等方面，凝炼和构建符合社会化保护需求的非遗保护集成示范项目，使公众能通过图书馆、博物馆、文化馆等公共文化平台享受非遗建档式保护机制带来的成果。

第三节　文化与科技融合背景下非遗建档式保护机制的构建目标

在文化与科技相融合的时代趋势下，通过文化挖掘科技研发和技术迭代，非遗建档式保护的内涵日趋丰富，其以保护非遗为核心，使非遗有了物质载体；又以新型技术为手段，通过扫描、知识图谱、VR等新的技术方式记录、保存、再现非遗；还以推动社会化保护为目标，通过互联网技术和移动设备的普及以及人们文化素养、信息素养的提升，使得社会大众有了参与非遗保护的契机和动力；更以实现融合创新为关键，既深入解读非遗保护的文化内涵，也善用科技手段面向我国非遗保护事业助力形成立体、生动、全方位的保护态势。

一　以有效保护非遗为核心

非遗与档案都是社会记忆的表现形式，二者有着密不可分的关系。首先二者具有共同的文化属性，其次二者具有共同的记忆属性，最后二者可以相互转化。此外，由于非遗具有无形性、活态性和分散性的典型特征，其依赖口耳相传的传承环境已被现代社会逐步消解，这将导致非遗的快速消亡或逐步灭失。为此，我国文化行政管理部门提出了对非遗采用建档式保护，即"通过录像、录音、拍照等方式将其固化至一定载体，形成实物档案以供整理、保管和利用"[①]。

通过上述背景分析可知，档案工作对非遗保护具有深刻意义。一方面在于留存记忆，具体体现在非遗档案的建立上，由于非遗具有活态性的特点且不易在现代社会环境下沿用传统方式进行传承，如此需

---

① 叶鹏、周耀林：《非物质文化遗产建档式保护的现状、机制及对策》，《学习与实践》2015年第9期。

全面掌握各地非遗资源的现状、分布、数量、类别、已开展的保护和存在的问题，利用多媒体、文字、音视频等手段，通过收集和记录，建档、开发、利用、传播等方式建立和利用非遗档案和数据库。这样有利于保护社会记忆，保护民族文化，保护世界遗产。[①] 另一方面在于凭证参考。各级非遗代表性项目的申报均需要馆藏的档案史料来论证保护的必要性及其价值，且需要运用非遗建档使非遗的文化内容以物化形式呈现，由此档案就成为非遗文化传播的媒介和载体，有效展现了我国非遗丰富的文化内涵和民族特色。其三体现在科学管理，即档案工作能够为非遗保护提供经验和技术的支持，非遗建档式保护机制的完善可以参考档案整理分类的方法，以非遗资源的建档和统一保管为目标，更好地保护我国非遗赋存。

综上可知，有效保护非遗是非遗建档工作的核心。文化与科技融合的开展，扩大了新时期档案专业的学科阵地，赋予了新的档案事业使命，提高了社会公众对档案的认识。首先，非遗保护工作丰富了档案的种类，非遗档案的建立是一种从无形文化遗产到非遗档案的信息固化过程，这对档案工作人员提出了新的要求，为档案学研究提供了新的思维。其次，非遗建档使档案部门在参与非遗保护的过程中，与其他部门的配合变得更为密切，使档案部门与外界的联系日益加深，在发挥档案业务部门自身优势和作用上起到了积极的影响，助力实现我国非遗管理的标准化和规范化，增强档案部门的社会认可度。最后在申报非遗过程中，通过非遗档案的帮助，加强公众的档案意识，实现非遗传承、档案文化教育和宣传的目的。总体来讲非遗保护工作和非遗建档工作是相辅相成的关系，二者有着现实的基础和良好的前景。

---

① 滕春娥：《社会记忆视角下非物质文化遗产建档保护研究》，博士学位论文，吉林大学，2019 年。

二 以内化新兴技术为手段

非遗保护工作是一项借助现代化技术手段和方法，以传播和传承中国优秀传统文化为宗旨，以文化传承与记忆保护为目标的工作。在数字信息时代，档案保护的技术和方法都有了质的飞跃，并日异朝着多元化发展，手工操作逐渐被计算机软件、信息技术以及网络传播所取代，非遗信息通过检索、数字采集、存储、处理等技术方法转换到特定的物质载体上，再通过文化、知识、信息的再现将非遗信息还原为非遗资源供人们利用，上述方式既可以使非遗得到永续发展和安全保护，又在一定的程度上实现了非遗的重组、再生和利用。

新兴技术一词来源于英文"emerging technology"。Day（2000）将新兴技术定义为：有可能改造现有行业或者建立新行业的一种基于科学的创新[1]全球结构和标准工作组认为新兴技术虽然没有被广泛运用，但已经是可以成功实现的足够成熟的技术[2]。就国内而言，在目前已经开展的非遗数字化保护工作中，各地多采取建立名录库和普查数据库的数字化方式进行非遗信息化工作，非遗资源内容也多以静态文本库为主，音频、视频、图片等内容不多，由于这项工作尚处于起步阶段，各地建立起的非遗数据库尚无统一的标准和行业规范，导致各地区、各部门孤立建设非遗数据库的情况时有发生，也使得跨部门、跨地域、跨平台的非遗资源传播存在障碍，难以实现资源的共享和复用。可见非遗数据库的建设不应是传统意义上的数据简单堆积和罗列，而应是新时期在大数据背景下建立起非遗领域知识间的广泛联系，可以基于本体技术将异地存储的非遗资源实现逻辑层面的集成，依靠情报学知识组织中知识技术，实现跨系统、跨平台的多源、异构

---

[1] ［美］乔治·戴、保罗·休梅克：《沃顿论新兴技术管理》，石莹等译，华夏出版社2002年版。

[2] Global Infrastructure and Standards Working Group, eds., *Meeting Summary*, San Francisco, California, 2003.

非遗资源的组织和检索，助力推进非遗数字化保护工作的开展[①]。建档技术应该和数据挖掘、语义分析等信息技术加强联系，伴随当前档案信息利用意识不断增强的发展趋势，整合规划管理非遗档案资源，按非遗代表性项目建立数据关联，搭建非遗资源展示平台，提供更加高效益的非遗资源服务。

综上可知，推动信息技术不断向非遗建档式保护机制集中是文化与科技融合的应有之义，特别是通过非遗建档式保护的技术应用，能够实现非遗资源内部要素的内容揭示与知识关联，通过集成各种异构机构保存的资源，在复现非遗信息资源的同时，缩小系统内部数据之间的语义差距，促进非遗数据的交流、集成、可视、和语义搜索，最终建立规范、标准的非遗知识体系。

三 以推动社会化保护为目标

非遗的社会化保护有很多种形式，尤其是构建非遗文化空间、非遗社交媒体等。文化空间是民族活动和民族文化的集中体现，它将上述两个特征要素汇集在一个特定区域内，并在一个特定时间或时间段进行有规律的展示和表达[②]。在我国前不久颁布的《国家级非物质文化遗产代表作申报评定暂行办法》中提出"与非遗载体及其表现形式密切相关的'文化空间'是国家级非遗申报内容的重要组成部分"。同时，"文化空间"这一概念也是《世界遗产名录》和《公约》中非遗的重要组成部分，[③] 可见，我国非遗保护机制通过非遗文化空间来推行，是推动我国非遗保护深度发展、促进我国与国际接轨的一条重要路径。进入互联网时代，非遗传承离不开数字化和网络技

[①] 滕春娥：《社会记忆视角下非物质文化遗产建档保护研究》，博士学位论文，吉林大学，2019年。
[②] 乌丙安：《〈孟姜女传说〉口头遗产及其文化空间——国家级非物质文化遗产〈孟姜女传说〉评述》，《民俗研究》2009年第9期。
[③] 国务院：《国家级非物质文化遗产代表作申报评定暂行办法》，国办发［2005］18号，2012年12月21日。

术,过去单纯依靠语言、文字、照片、摄像等传统技术传承非遗已不再适应社会发展的整体趋势,而现在可以通过社交媒体、AR、短视频等新媒体技术加强传承的力度和效度。

如今非遗保护不再是过去文化部门的内部事务,而是一项由多行业共同参与的社会活动,例如旅游业、传媒业、教育业、电商、服务业以及其他新业态等。各行各业或多或少、或间接或直接地在参与非遗保护工作,这种现象对非遗保护产生了多样化的影响,但值得一提的是,上述影响让非遗保护与利用变得越来越社会化,非遗在社会公众心目中也变得更具有影响力和可见度,也更加充满活力和可持续性。第一,实现线下保护实践升级,保护实践的要素资源变为可流动,实施保护措施的分工变得精细化;第二,非遗保护机构在社交网络平台上能低成本发布相关信息,并能收集到措施建议、用户反馈、工作线索等有效信息,还可以吸引专业人才和各类社会力量来参与非遗保护实践;第三,非遗保护与利用向着社会主体多环节参与合作的方向发展,并建立了保护与利用的全链条,"互联网+非遗保护"的优势也能越来越明显的表现出来。目前,非遗展演、展示、传习、体验等线下实践活动的范围不断扩张,非遗社会活动已从随机性、偶然性参与发展为持续性、普及性参与,受众人群也已从行业内专业人员、非遗爱好者走向了更广阔的社会公众,这为各种非遗传承项目培养了稳定广泛的兴趣社群。在非遗实践中,普遍得到运用的方式有"线下实践活动+活动电子海报+机构自媒体二维码"、"线下实践活动+保护机构自媒体"等[1],推动着非遗社会化保护向科技化、社会化和融合化发展。

综上可知,非遗建档式保护不仅要实现对非遗档案的保护与管理,更重要的是还需对非遗活态保护和社会化保护提供有效支持,即通过新兴技术手段,综合运用多源引领、多元传播的方式,不断推动

---

[1] 杨红:《目的·方式·方向——中国非遗保护的当代传播实践》,《文化遗产》2019年第6期。

社会各界重视、关注和投入非遗建档保护工作,满足社会公众不断提升的社会文化需求。

四 以实现融合创新为关键

"人类物质文明和精神文明是两个相互促进的一体化领域,社会文化是提升全社会科技水平的土壤和基础。"① 在非遗建档保护中引入文化与科技融合的概念具有较大的创新价值,具体表现在科技的发展是文化进步的动力,改变着人类固有的思维模式,文化事业的进步是科技创新的基础,学科跨界融合是保护工作的迫切需要,现阶段个案式的孤立保护已经不满足非遗在标准、水平和技术上更高层次的现实需求,为此,运用文化与科技融合的研究思路,鼓励以数字化图谱、数字化保护、虚拟现实重建等为代表的多学科融合研究,使我国非遗保护的实践价值和应用范围得到更大拓展,进一步助力实现我国非遗保护领域的关键性突破。

非遗具有文化价值和经济价值,文化价值已经被我们熟知,经济价值也在逐渐被人们接受,2011年颁布的《中华人民共和国非物质文化遗产法》规定"国家鼓励和支持发挥非物质文化遗产资源的特殊优势,在有效保护的基础上,合理利用非物质文化遗产代表性项目开发具有地方、民族特色和市场潜力的文化产品和文化服务"。一年后,文化部进一步明确了"坚持把社会效益放在首位,社会效益和经济效益有机统一原则",并且正式提出了非遗"生产性保护"概念②。非遗文化产业概念也由此而产生,该理念以文化创意为核心,以非遗文化资源为基础,运用现代技术,围绕不同种类非遗文化产品的设计、生产和销售,形成具有一定规模的专门行业③。如上海世界非遗

---

① 王志刚:《在文化和科技融合座谈会上的发言》,《科技日报》2012年5月22日第1版。
② 刘鑫:《非物质文化遗产的经济价值及其合理利用模式》,《学习与实践》2017年第1期。
③ 黄璜:《湖南非遗文化产业发展情况调查报告》,《艺术研究》2019年第3期。

文化城打造了"非遗+"系列文化产品,即非遗+文旅、非遗+会展、非遗+教育、非遗+文创、非遗+互联网(电商)、非遗+峰会、非遗+金融等,上述产品通过创新和探索非遗文化融入现代生活新途径,促进非遗文化产业的升级发展。其中非遗+文旅,就是搭建线下展示和体验非遗文化平台,包括了中国民间皮影艺术馆、中国剪纸博物馆、中国钧瓷博物馆、中国古建博物馆、国际根雕奇石艺术馆、古代石雕博物馆、国粹馆、非遗文化主街等大型非遗文化场馆(街),让游客身临悠久的非遗文化之境,在参观中开阔视野、熏陶情操。同时结合枫泾古镇当地特色和地域优势,对接旅游服务和餐饮服务,让游客能够长久、舒适地驻留。通过"非遗+旅游",上海世界非遗文化城在提升非物质文化遗产的市场价值的同时,使得非遗在保护创新中与旅游市场有机结合,使文化传承和商业活动形成互利互惠、互生互助的良好态势,不仅使非遗生产性保护得以落实,而且运用了人民群众喜闻乐见的形式载体传承了中华优秀传统文化。

综上可知,融合创新是非遗建档式保护机制不断深化发展的关键内容,它通过文化与科技融合的互动过程,推动我国非遗建档式保护事业不断内化新兴技术,并日渐成为推动新兴技术向社会需求提供关键支持的桥梁和纽带。因此,在文化与科技融合背景下,研究、推动和构建非遗建档机制是推动我国非遗保护事业和建档保护事业的关键。

第四节 文化与科技融合背景下非物质文化遗产建档式保护机制的构建逻辑

习近平主席指出,"我国今天的国家治理体系,是在我国历史传承、文化传统、经济社会发展的基础上长期发展、渐进改进、内生性演化的结果。"[1] 可见,文化与科技融合既是顺应我国社会经济发展

---

[1] 新华社:《改进完善国家治理体系 我们有主张有定力》,《人民日报(海外版)》2014年2月18日第1版。

现状提出的指导思想,也是承接我国文化体制改革的顶层设计。我国非遗管理模式应基于文化与科技融合的整体导向,从"一条主线、两个目标、三大动力、四类举措"的运行逻辑着手,推动我国非遗建档式保护机制不断向纵深发展。

一 贯穿一条主线

马克思认为,"生产关系需要适应生产力的性质,生产方式也将随着生产关系的变化而发生变革。"① 上述原理的提出,对我国社会经济发展提出了客观要求,也成为了文化与科技融合的逻辑起点。

"客观来讲,各种错综复杂的因素和特定的历史条件共同促成了我国传统粗放式供给模式的形成以及产能过剩等问题的出现。随着我国经济发展步入新常态,供给侧又一次成为矛盾的主要方面。"② 就我国现行非遗建档式保护机制而言,因其在保护需求侧存在硬性约束,即政府无法对非遗保护工作实行资金的无限投入和项目的全部覆盖,难以在新常态环境下继续承载不断增长的非遗保护需要。从供给侧的角度看,传统的粗放式文化供给模式,不仅限制了文化领域内全要素生产率的提高,还制约了非遗的管理与传承,这种现象加重了中国传统文化生态的恶化,并且还加深了供给质量与供给总量两者间的矛盾。上述困难的存在,既是阻碍生产力进一步发展的原因,也是生产力与生产关系互相不适应的最终结果,更是暴露了当前非遗管理领域内生产关系与生产力之间的矛盾。

而解决上述矛盾的根本途径在于推动文化与科技融合下非遗建档式保护机制的深化与变革,即遵循马克思主义生产关系与生产力辩证统一的原理,通过改革生产关系来发展文化生产力。为此,文化与科技融合下非遗建档式保护机制需要在坚持"以公有制为主体、国有经

---

① 吴易风:《马克思的生产力——生产方式——生产关系原理》,《马克思主义研究》1997年第2期。
② 刘元春:《供给侧结构性改革的理论逻辑探析》,《国家治理》2016年第12期。

济为主导，多种所有制经济共同发展"①的前提下，贯穿以"政府主管、国企主导、市场补充、社会公众广泛参与"为内容的逻辑主线，调节和处理政府与市场之间的关系，在政府引导下发挥非遗管理的各项社会功用。

二 把握一个目标

从特性来看，非遗文化产品在经济属性之外，还兼具意识形态属性和公共产品属性。因此，文化与科技融合的本质既包含了理顺政府与市场之间的关系，又囊括了占领文化阵地、教育引导群众、提升群众素养、弘扬社会主义核心价值观的重要使命。

习近平总书记指出，"讲清楚中华文化积淀着中华民族最深沉的精神追求，是中华民族生生不息、发展壮大的丰厚滋养；讲清楚中华优秀传统文化是中华民族的突出优势，是我们最深厚的文化软实力。"②文化软实力具有丰富而深刻的思想内涵，是中国特色社会主义实践的独创性话语，它"不仅是讲文化的内部凝聚力，也是讲文化的国际吸引力，总的来说，是文化的内部凝聚力与外部吸引力的统一"③。从内容上看，中国的文化吸引力不仅源于以非遗为代表的各种文化载体，以及上述载体所传递的优秀中国传统文化与民族精神，而且还在于通过中国文化与世界各国文化的交流，推动中国文化走向世界，并为世界人民所了解、接受、认同和支持。中国的文化凝聚力是以社会主义核心价值观为核心，以中华优秀传统文化为载体的感召力、向心力和凝聚力，是推进中国社会主义事业的不断深化的生动展现。

可见，文化吸引力和文化凝聚力体现了中华民族"对生命和世界的现实感受与历史认知，也积累并沉淀着这个民族最深层的行为准则

---

① 陶惠敏：《破解"迷局"与凝聚"共识"——习近平国企改革观研究》，《理论与改革》2016年第5期。
② 倪光辉：《习近平在全国宣传思想工作会议上强调 胸怀大局把握大势着眼大事 努力把宣传思想工作做得更好 刘云山出席会议并讲话》，《人民日报》2013年8月21日第1版。
③ 骆郁廷：《文化软实力：基于中国实践的话语创新》，《中国社会科学》2013年第1期。

和精神追求"①。文化与科技融合背景下非遗建档式保护机制应以推动非遗社会化保护为目标，以形成"文化吸引力"和"文化凝聚力"为工作焦点，在保护我国非遗、传承中华民族优秀传统文化的基础上，延续中华文化血脉、维护国家文化安全、建设社会主义精神家园，推动我国文化软实力的深化构建和广泛传播。

三 形成三种动力

中国共产党第十八届中央委员会第五次全体会议强调，"实现'十三五'时期发展目标，厚植发展优势，破解发展难题，必须牢固树立并切实贯彻绿色、创新、共享、协调、开放的发展理念。"② 文化与科技融合下的非遗管理模式的发展深化，必须秉承上述"五大发展理念"，以创新发展方式、优化资源配置、释放文化需求、促进社会经济稳定协调和可持续发展。文化与科技融合具有较严密的内在逻辑结构。其中，"结构性"是对改革方式提出的内在要求，"文化供给侧"是推行改革的切入点，"改革"则是其核心命题。推动文化与科技融合下非遗管理模式的深化，主要包括行业层面、机制层面和要素层面这三个层面的内容，与之对应的三种改革动力分别是"行业转型、机制改革、要素优化"。

行业转型是文化与科技融合的基础。文化供给侧主要包括两方面，分别是质和量，我国非遗管理的诸多隐患大多来自以量为主导的传统粗放式供给模式，文化供给的质量与总量不匹配是其主要表现。在政府公共投入增加、居民收入差异扩大、区域经济发展不均衡等问题集中表现的新常态环境下，推动我国非遗管理向"政府整体管理、纳入国有资产、整合社会资源、推动社会保护"的方向转型，改变现行非遗管理模式中存在的多、小、散、乱现象。

---

① 中共中央文献研究室编：《十六大以来重要文件选编》（下），中央文献出版社2006年版，第431页。

② 新华社：《中国共产党第十八届中央委员会第五次全体会议公报》，《人民日报》2015年10月30日第1版。

要素优化是文化与科技融合的手段。文化与科技融合下非遗建档式保护机制包含多种要素禀赋，其中管理结构是我国现阶段非遗管理中的核心要素，而政府和市场则是管理结构中需要协调和处理的关键内容。处理好政府和市场的关系，就抓住了文化与科技融合在非遗社会化保护工作中的创新内涵。在非遗管理领域内，由于政府可动员和配置的资源有限，政府应对可能产生的产业升级、服务创新及其社会回报做出甄别，基于创新所需资本规模和风险评估结果来制定相应的产业政策和行业规范。在树立正确的意识形态和文化导向，更好地发挥政府作用，在最大限度地降低市场要素对非遗建档式保护不利影响的基础上，努力形成政府作用和市场作用的有机统一格局，指导和协助社会各界对非遗建档式保护事业进行创新和投入，持续推动非遗社会化保护的健康发展。

文化与科技融合以机制改革为保障。非遗建档式保护机制是"多个系统之间相互影响、相互作用、相互制约的要素集合，它是推动我国非遗保护的重要基础和不可或缺的内容方式。"[①] 从文化与科技融合的角度来看，我国非遗建档式保护机制是基于我国非遗保护的现状，在实施创新保护与跨界研究的基础上，以文化遗产学保护理论为依托，融合各类学科的研究成果与先进的科学技术理论、方法与手段的整体创新。从宏观层面来看，它将非遗的文化内涵、形式结构和历史信息，与我国文化与科技融合下产业政策与技术创新相结合，形成我国非遗建档式保护机制的新范式。在微观和中观层面，依据我国非遗保护的迫切需要，根据我国文化与科技融合发展的客观规律，采用政策组合、技术研发、系统构建等系列应用，是文化与科技融合下非遗建档式保护机制实施的有效保障。

四 推行四类举措

文化与科技融合是我国改革开放的重要支撑，更是中国特色社会

---

① 周耀林、叶鹏：《我国非物质文化遗产的保护机制与实施路径——基于文化与科技融合视角》，《学习与实践》2014 年第 7 期。

主义在文化领域的传承与发展。笔者认为，文化与科技融合下非遗建档式保护机制的成功实施，首先取决于在秉承社会主义核心价值观的前提下不断继承和弘扬以非遗为代表的中华优秀传统文化，其次要将中央精神与各地非遗建档式保护的实际相结合，对现行非遗管理模式的保护、继承、传播、结合等工作进行改革，以推动和实现文化与科技融合为契机对非遗建档式保护事业推行"加、减、乘、除"四类举措。

"加"是指通过实施非遗生产性保护和社会化保护，推动文化产业与非遗建档利用相结合，以增加非遗建档有效文化供给为内容，同步提升我国优秀传统文化产品的品质与数量，推动中华文化的发展繁荣。"减"是指做好非遗建档利用过程中的管理甄别工作，关闭和清理某些"以保护非物质文化遗产为名，行破坏优秀传统文化之实"的组织和企业，同时不断压缩无效的文化供给，化解文化产品的结构性过剩危机。"乘"是指通过以信息技术、互联网＋等为代表的技术创新和跨界融合，在不断优化我国非遗建档式保护机制的同时，实现非遗保护与利用的"乘数效应和加速效应"[1]。"除"是指从顶层设计的高度，实施非遗建档式保护机制改革，破除过去我国非遗建档工作中存在的行业壁垒和政策障碍，将我国非遗作为重要的文化资源和知识产权纳入国有资产的范畴，从而既保证了非遗的有效管理与利用，也消除了非遗被滥用的风险。

综上所述，在文化与科技融合的大环境下，我们要不断探索行之有效的改革路径，做到同步激发体制保障力和创新驱动力，把握"一条主线、两个目标、三大动力、四类举措"的运行逻辑，推进非遗建档式保护机制的深入发展，真正发挥社会主义核心价值观和公有制为主体在资源配置和文化导向中的决定性作用，促进我国非遗建档式保护机制的关键性改革。

---

[1] 杨武、王玲：《技术创新溢出的乘数效应与加速效应研究》，《科学学研究》2005年第3期。

第四章　文化与科技融合背景下非物质文化遗产建档式保护机制的模式构建

通过对文化与科技融合背景下非遗建档式保护机制的路径研究，本章从归纳和总结非遗建档式保护机制的范式演进出发，初步明晰了我国非遗保护工作的原则、目标以及路径与该机制的契合之处，对文化与科技融合背景下非遗建档式保护机制的要素、职能和体系进行梳理和总结，即提出本着"以有效保护非遗为基础，内化新兴技术为手段，推动社会化保护为目标，实现融合创新为关键"为核心内容的文化与科技融合背景下非遗建档式保护机制。

第一节　非物质文化遗产建档式保护机制的驱动范式

基于文化与科技融合背景下非遗建档式保护机制的模式构建，既源自非遗建档式保护事业在历史进程中的经验总结，也源于对建档式保护机制进行不断提炼和深化的发展进程。为此，从生命周期角度理解和阐释非遗建档式保护机制的驱动范式，是构建文化与科技融合背景下非遗建档式保护机制的基础。

马费成等指出生命周期的概念最初来自生物学领域，是指在生命演化过程中生物体的形态及功能发生阶段性改变的始末，更直观地来说是指一个生物体遍历出生、成长、衰退和死亡的各个阶段和整个过程。随后，这一概念的内涵不断丰富外延逐步扩展，至今生命周期理论已经成为了一类重要的研究方法，即将研究对象从出生到死亡的全过程进行划分，再对划分后得到的一系列具有周期性的阶段进行研究，目前这一研究方法已普遍应用于经济学、管理学等学科领域[①]。随着当前学术实践的不断拓展深入，研究对象特征千差万别，基于具体问题具体分析的原则，生命周期理论有了更具体的演绎和分化，如文件生命周期理论、家庭生命周期理论、生命周期评价理论等。

　　根据生命周期理论，在文化与科技融合背景下非遗建档式保护机制的运行过程中，存在着多元驱动力影响和推动了我国非遗建档式保护机制的阶段性演化。其中，核心动力是政策驱动力、文化驱动力、科技推动力以及社会促进力。政策驱动力能保障非遗建档式保护机制的运行环境稳定，同时引导各地文化机构、公众等主体投身非遗建档式保护工作；文化驱动力依托于我国非遗文化资源，通过文化挖掘和文化传播促进非遗建档工作的开展；科技驱动力主要表现为科技与文化融合，即将管理技术、保护技术和传播技术等新兴手段内化到保护工作中，实现非遗建档式保护水平的提档升级；社会促进力是通过鼓励非遗的社会化保护以及公众参与来推动非遗的发展和传承，从而更好地保护非遗资源。此外，其它关联动力主要是辅助非遗建档式保护机制的运行，例如环境吸引力、市场驱动力以及投资驱动力。随着这些动力渐次介入到非遗建档式保护机制中，出现了单一建档机制、多元建档机制等类型，相对应的非遗保护成效也各有不同，非遗建档保护呈现出从起步走向兴盛，又将走向复兴、稳定或者衰亡的生命周期。

　　由此，可将非遗建档式保护机制的范式演进分为了机制探索期、机制成型期、机制成熟期和机制变革期。

---

① 马费成、望俊成、张于涛：《国内生命周期理论研究知识图谱绘制》，《情报科学》2010年第3期。

第四章　文化与科技融合背景下非物质文化遗产建档式保护机制的模式构建 | 91

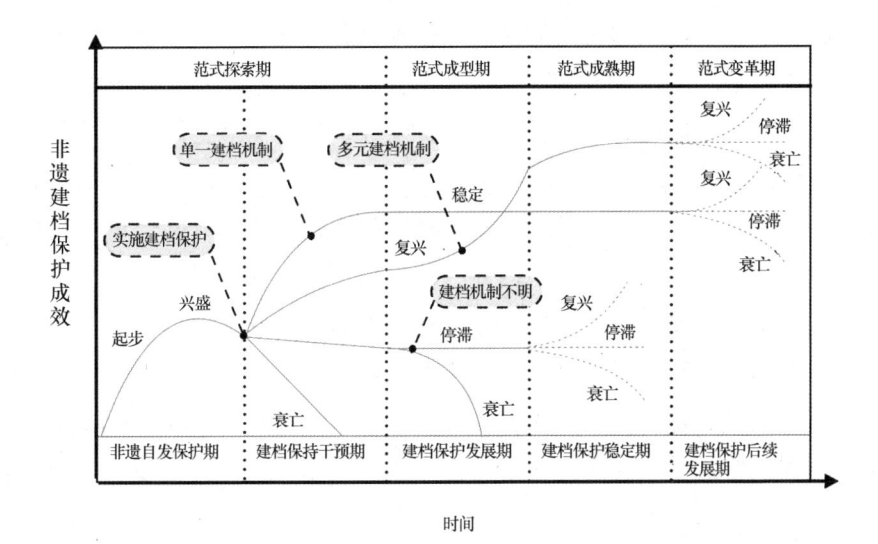

图4.1　非遗建档式保护机制的范式演进图

一　范式探索期

在此期间，复合形态的非遗保护机制还尚未成型，全国非遗建档式保护工作尚处于起步阶段。所有非遗保护工作全部由政府行政主管部门一手包办，但由于政府资源的有限性，难以对全国所有非遗赋存均质均量施加保护，一些非遗资源不可避免地逐步衰亡灭失。

在此期间，由于过分强调经济增长而忽视对非遗的保护，导致了传统文化生态环境遭受巨大冲击，同时人们的生产生活方式逐渐改变，兴趣发生转移，缺乏对传统文化进行保护的意识，更导致非遗的生存空间越来越小，在两者的共同影响下，非遗赋存的灭失速度不断加快、传承人断档的现象不断增多。如依照《乐器志》和《音乐辞典》等相关资料，我国的民族乐器至少存有五百余种，然而当前活跃在人们视野里频繁使用且具有知名度的却只有几十种，这意味着大部分古老民族乐器已然被人们所遗忘。又如在被称为"17世纪中国工艺学"巨著的《天工开物》中记载的传统工艺项目，20世纪80年代还有55%保留民间，而进入21世纪以来却几乎消失殆尽。以及1982

年我国有文字记载和演出活动的戏剧种类有近四百种,这些戏剧种类作为祖先传承下来的珍贵非遗,是我国文化软实力不可缺少的一部分,但当下能进行演出的只剩下二百余种,这其中有些剧种仅靠一个专业剧团艰难维持,作为中国"戏曲之乡"的河南省,地方戏曲剧种约65个,几经兴衰与蜕变,目前仅剩30余个剧种,除豫剧、曲剧和越调仍广泛流传外,其余剧种已濒临灭绝。河南的目连戏对我国戏剧的起源、发展以及变革等研究具有极大的借鉴价值,被誉为"中国戏剧的活化石"。目连戏没有剧本,没有曲谱,一切唱念全靠老人们的口口相传,曾在老百姓中红极一时,但因目连戏的演出成本太高,自民国末年的最后一次演出后,目连戏再也没有演出过,戏文唱腔几乎失传。中华人民共和国成立后,目连戏渐渐淡出人们的视野,小部分存在于乡野间,同时该戏剧的传承人年岁较大,以及保护力度不足和缺乏研究资金的支持,专业院团里优秀的年轻演员纷纷转行。伴随目连戏人才流失,大批宝贵的文字、录音以及录像资料逐渐消失破损,甚至还有资料被外国专家学者搜罗而去[①]。

二 范式成型期

在此期间,非遗建档式保护工作中逐步出现两种驱动范式,即以政府为唯一主体的单一驱动范式,和以政府驱动为核心,辅以科技保护驱动、公众保护驱动和文化产业驱动为内容的多元驱动范式。

多元驱动范式是以政府为核心,以文化与科技融合为桥梁,整合文化、科技、社会公众等多元要素,能够调动更多资源、发动更多人力、扩大更广宣传、产生更大效益,因而在保护过程中将逐步实现非遗的社会化保护,将非遗内化为保护地区经济社会生活的重要组成部分。如白族大本曲的建档式保护工作中,建档主体呈现出明显的多元化趋势,即由文化行政管理部门、档案馆、博物馆、图书馆、学术研

---

① 《河南省南乐县已濒于灭绝的剧种——目连戏》,http://blog.sina.com.cn/s/blog_70dc86ef0100r6f4.html,2020年4月30日。

究机构、传媒机构、文化旅游企业、非遗传承人等构成,上述不同性质和类型建档主体的建档目的、建档的方法和建档的重点各有不同。在白族大本曲建档式保护过程中,引入了社会公众参与和非遗保护非政府组织,充分发挥政府、民间组织和个人的优势,相互借鉴、互为补充,较好地达成了达到白族大本曲非遗建档式保护的目标。文化行政管理部门、档案馆、博物馆、图书馆、学术研究机构、传媒机构、文化旅游企业、非遗传承人等社会主体在参与白族大本曲非遗建档式保护中,形成了档案资源导向的"一核多元"式零散型合作建档关系,但这样的社会参与水平还不够广泛、不够深入且缺乏协同,尚处于各自为政的状态。因此在接下来的发展中,白族大本曲非遗建档式保护既要充分发挥政府部门的主导作用,还要积极引入社会参与机制,形成长效的协同机制,推动形成白族大本曲非遗建档式保护的社会协同参与模式,进一步推动白族大本曲非遗建档式保护工作的开展,形成"政府主导+社会协同"的新局面。白族大本曲非遗档案的现实状况也显示出,现有的档案资源导向的"一核多元"式零散型合作建档关系,给白族大本曲非遗建档带来了缺少统一建档规范、缺少档案信息资源共享途径、缺少稳定合作建档机制的问题[①]。此外二十四节气申遗成功也是一个构筑多元行动方的非遗保护机制的例子,其中多元行动方不仅涉及申报材料述及的10个社区、2个群体和9位传承人,还根据《公约》精神及其对保护的定义,将政府部门、大众传媒,乃至社会各界都纳入多元行动方,其中基层社区、年轻人和儿童更是保证遗产项目代际传承的重要力量。中国民俗学会根据文化部的部署和要求,从人力资源配置和制度安排上,在学会的二级机构和专家学者之间组建保护二十四节气的共同行动工作组,同时与中国农业博物馆和河南省登封市、内乡县,湖南省安仁县、花垣县,浙江省杭州市拱墅区、衢州市柯城区、九华乡妙源村、遂昌县、

---

① 王晋:《白族大本曲非物质文化遗产建档保护研究》,博士学位论文,云南大学,2017年。

三门县亭旁镇杨家村，贵州省石阡县，广西省天目县等相关地区一道积极探索，共同努力，围绕多元化行动方案构筑协同保护机制①，极大地丰富了非遗档案资源类别，形成社会化保护。

可见，由于多元驱动范式能够调动更多资源、发动更多人力、扩大更广宣传、产生更大效益，因而在保护过程中将逐步实现非遗的社会化保护，推动非遗逐步成为保护地区经济社会生活的重要组成部分。

三　范式成熟期

在此期间，两种不同的非遗建档式保护机制的驱动范式已呈现出不同的保护成效。在单一驱动范式条件下，由于政府资源的有限性和边际效用的递减性，其保护成果已不能呈现更好的发展态势。而在多元驱动范式条件下，特别是伴随着文化与科技融合的理念融合和工作推进，非遗社会化保护逐步成为非遗保护领域内的重要支撑，以政府为主导的非遗投入模式逐步转变为以社会投入为主、政府投入为辅的复合形式，政府的工作重心逐步向行政管理和市场监管转移。

在以文化与科技融合为特点的多元机制的调控下，由于社会化保护的深入开展和结合新兴科技成果，推动了非遗资源与地方文化产业的高度融合。在非遗保护工作中，为了增强非遗项目的造血功能，开展非遗生产性保护是一种较好的选择，即依托市场对非遗进行市场化开发。近年来，在国家推行非遗生产性保护和大力发展文化产业的背景下，各地积极探索将非遗保护传承与推动特色文化产业发展进行紧密结合，通过保护方式、内容和机制的创新，拓展文化产业发展的新领域和新途径。非遗以其丰富的项目资源、多样的生产形式和独特的传统技艺，被许多地方当作地方文化名片来打造，当作地方文化产业新增长点来发展，特别是那些适合生产性保护和产业开发的传统技艺、传统美术、中医药制作和饮食文化类非遗代表性项目，更是成为文化产业的新宠。它们将传

---

① 祝鹏程：《迎接新的驿程：构筑多元行动方的非遗保护机制——中国民俗学会学者畅谈二十四节气保护》，《民间文化论坛》2017年第1期。

统技艺和现代形式相融合,重新走进百姓现实生活,满足人们的物质产品和精神文化的需求,取得了良好的社会效益和经济效益,使优秀传统非遗项目在产业发展中焕发出新的生命力①。

此外,以政府为主导的多元驱动范式在实施过程中,逐步降低政府对非遗保护的资金投入,将工作重心逐步向行政管理和市场监管转移,以 2011 年《非遗法》的颁布实施为标杆,标志着我国非遗保护的法律体系不断完善,工作机制日趋规范,具体表现在全国已有二十余个省区市公布了非遗保护条例;很多地区都设立了专门的非遗处和非遗保护中心;国家层面也设立了非遗保护专项资金。从非遗的抢救保护到专门性规章制度的建立,在十几年的非遗保护实践中,我国所积累的经验也得到了国际社会的肯定和认同。近年来文化部各项非遗保护工作的开展都更加全面深入,从完善顶层设计出发,不断规范工作流程,将工作机制的建设重点放在对传承实践、传承能力以及传承环境的保护上。具体表现在完善了以代表性传承人认定与管理、专项资金管理、非遗代表性项目保护与管理、文化生态保护区建设管理为代表的制度规范;与此同时,踊跃探索并建立重点工作、重点工程和非遗保护项目的绩效评估制度;根据非遗类型的不同研究制定专门性的保护传承和振兴计划②,而且在非遗保护过程中政府起到了沟通与协调的作用,积极建立自上而下的"非遗保护协调组",采取跨部门合作的方式解决非遗保护过程需要调动多方面资源的问题,对各类非遗保护主体的任务做细化分解,在明确各自权责,提高办事效率的基础上促进社会各方的共同参与;不断完善监管评价工作,结合非遗建档的成果评价和保护传承非遗的效果评介结合,广大民众非遗利用的情况等内容进行综合测评,及时发现存在的问题和文化传承的趋势,使非遗

---

① 黄永林、纪明明:《论非物质文化遗产资源在文化产业中的创造性转化和创新性发展》,《华中师范大学学报》(人文社会科学版)2018 年第 3 期。
② 《开创非遗当代传承发展的生动局面——党的十八大以来我国非遗保护工作综述》,https://www.mct.gov.cn/preview/special/8323/8326/201710/t20171016_693139.htm,2020 年 4 月 30 日。

保护工作落到实处,做好文化传承与传播工作。在多元机制的共同努力下,目前初步建成了非遗生产性保护示范区和区域性非遗文化空间保护区,如文化部在2011年至2015年由中央财政支持打造了一百多个非遗综合性传习中心;2016年通过中央财政斥资两千多万元,用于支持近二十个国家级生态区及六十余个非遗传习中心的建设与运营工作,同时还花费两千多万元在生态区内增设近三百个非遗传习点;2017年相关部门将工作重心聚焦于支持生态区整体性保护和普及教育工作的开展。这些保护区的建立既有效保护了区域内民间文学、传统戏剧、传统音乐、传统美术、曲艺、手工技艺、民俗活动等非遗资源,又推动了古建筑、历史文化街区和村镇、民居、重要文物等相关物质文化遗产的保护,更能统筹区域内自然和文化生态环境的协调发展。

四 范式变革期

由于社会环境和政策环境的变化积累,文化社会生活的快速发展和信息技术、文化产业等领域的高速进步已逐步成为全球发展的常态。上述态势既促进了非遗保护多样化文化空间的形成,也刺激了非遗建档式保护领域内文化与科技融合进程的进一步深化。为适应新的发展态势和社会进步,非遗建档式保护机制的驱动范式应顺应发展需要,采取更加开放和创新的姿态对待文化的多种表达形式和文化功能实现,不断推动文化与科技融合背景下非遗建档式保护机制的进一步发展和深化。

2017年4月《文化部关于推动数字文化产业创新发展的指导意见》指出要促进数字化与优秀文化资源的结合,推行数字化与文化创新融合发展的工程,鼓励将数字化转化和开发应用于文物、工艺品以及非遗等文化资源,从而使优秀传统文化资源迈入创造与创新的新发展阶段[1]。在新时期,由于社会环境和政策环境的变化积累,社会文

---

[1] 《文化部关于推动数字文化产业创新发展的指导意见》,http://zwgk.mct.gov.cn/auto255/201704/t20170424_493319.html,2020年4月30日。

化和经济背景的不同促成了文化活动多样化的空间组合,刺激了各类群众进入文化领域,来自民俗学、人类学、档案学、计算机科学等学科的学者,从不同学科背景对非遗数字化保护展开了广泛的研究,涉及了非遗数字化伦理、非遗数字化技术、档案馆与非遗数字化等多个领域。与其同时,在信息化的经济模式下,文化产业出现了与计算机产业的聚合现象,现代计算机图形学、数字图像处理和虚拟现实等数字复原和再现技术日趋成熟,可以将传统的非遗资源进行数字化后,制作成可视化虚拟产品,进行更好地传承和保护。当前在现代科技的帮助下,传统非遗与文创紧密结合,将非遗资源注入到现代文化产业中,将传统工艺的价值以更加多元的形式传递到现代生活中,从而形成特色文化产业,这既保留了传统技艺的精髓,又更好地促进文化资源优势转变为经济优势。例如美国迪斯尼公司成功地将中国古代民间故事《花木兰》改编成商业动画片,影片采用了许多中国元素,从音乐到绘画,甚至到价值观都具有明显的中国特色,同时还运用了现代艺术创作手法和技术,把中国传统文化元素与现代科技结合,使之变成了一部全世界都可以接受的、对传播中华传统文化非常有价值的电影。国家非遗代表性项目皮影戏(泰山皮影戏)的国家级代表性传承人范正安联合山东师范大学,面向高校师生通过"网络众筹"等渠道,成立山东皮影保护发展基金会,组建"幕影春秋泰山皮影传播与推广系统"团队,还与腾讯游戏联合开发"泰山英雄传"手机游戏,皮影DIY、皮影微电影线上定制与展映,实现皮影与网络、微电影的三方跨界,整体带动了山东省地方皮影艺术的传承与发展[①]。

面对文化商品全球化和大众娱乐数字化的兴起,多元驱动范式应采用更加开放和创新的姿态对待文化的多元表达和功能实现,一方面推动非遗建档式保护机制通过全球化的资源配置,另一方面也推动文化发展与经济发展。我国高度重视非遗保护的国际交流,在香港顺利

---

① 黄永林、纪明明:《论非物质文化遗产资源在文化产业中的创造性转化和创新性发展》,《华中师范大学学报》(人文社会科学版)2018年第3期。

举办了保护非遗"亚洲合作论坛",在法国巴黎圆满举办了"中国非遗艺术节",在四川成都举办的连续四届"中国成都国际非遗节",其间发布了《成都倡议》、《成都宣言》、《成都共识》以及《成都展望》四项重要文件。除了这些论坛和艺术节,我国还与蒙古国联合将蒙古族长调民歌申报为"人类非遗代表作名录"项目,并主张共同开展蒙古族长调民歌的田野调查和保护工作。在联合国教科文组织的支持下,中国艺术研究院设立了"亚太地区非遗国际培训中心"[1],促进我国的非遗保护工作走向世界,提高国家文化软实力。

  在此期间数字人文正推动着人文学科在研究方法和研究范式上的转变和创新,非遗正是人文研究关注的重要热点。随着非遗数字化建设的推进,与非遗项目及其传承人相关的大量田野调查实录、口述历史资料、历史档案、古籍文献、地方志、民族志等信息资源将逐步实现数字化。为了充分挖掘其研究价值,亟须开展面向人文研究的非遗大数据研究和开发。通过对非遗数字资源的知识加工,在非遗知识内部的知识点之间建立跨域链接,通过数据关联、语义标注、语义出版等高级知识组织与大数据研发,将非遗数字资源转变为可供数字人文学者研究的智慧数据。这要求档案馆亟须拓宽视野,重塑用户理念、服务理念与竞争理念,以非遗档案资源库为基础,拓展非遗数字人文服务。以档案馆为主体,进行非遗档案数据化开发,对非结构化的文本资源、图片资源、视频资源等按照特定使用目的进行规范化标注,形成非遗数据集、语料库,并在数字档案馆中嵌入非遗数字人文服务平台,使数字人文学者能够在档案馆获得完备的、可直接用于人文研究的非遗数据资源。并依托馆藏资源与信息平台,广泛寻求社会各方面力量开展合作,将档案馆打造成非遗数字人文服务的核心场所[2]。

---

[1] 《文化部近年来非遗保护工作回顾》,http://www.gov.cn/xinwen/2014-03/11/content_2635879.htm,2020年4月30日。
[2] 赵跃:《新时期档案机构参与非遗保护的反思与再定位》,《档案学通讯》2020年第2期。

第二节 文化与科技融合背景下非物质文化遗产建档式保护机制的模型内涵

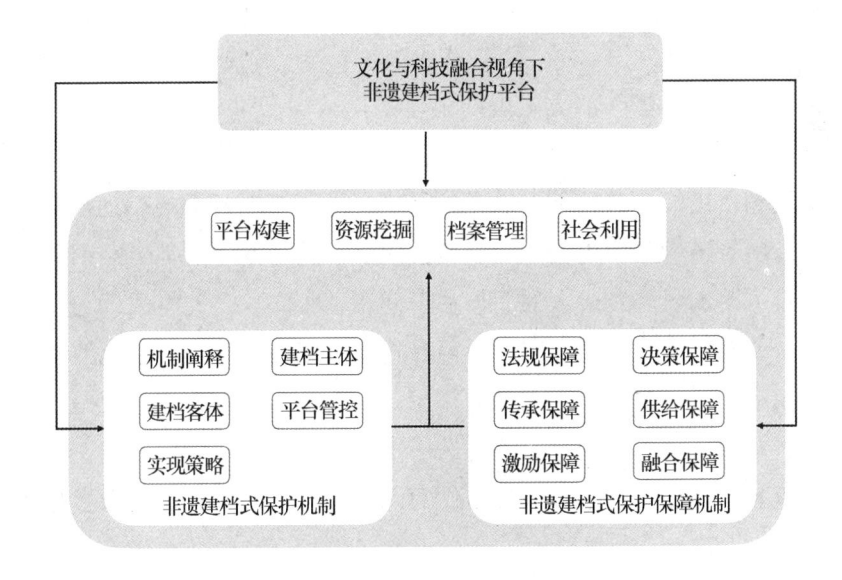

文化与科技融合背景下非遗建档式保护机制模型的内涵,实际上是通过践行文化与科技融合的技术手段,对非遗建档、非遗保护和非遗管理的内容与相关要素进行的"一站式"整合。具体来看,是在文化科技发展和顶层设计的战略高度,以技术创新、管理创新、制度创新和体制创新作为文化与科技融合的基础,采用较为成熟的创新集群理论为指导,推动非遗建档式保护机制、保障机制与数字化融合保护平台的集成创新,形成文化与科技融合背景下非遗建档式保护机制的结构模型。

从内涵角度来看,文化与科技融合背景下非遗建档式保护机制模型主要包括以下内容。

图 4.2 非遗建档式保护机制模型

一　技术创新是机制体系的实现基础

文化与科技融合背景下非遗建档式保护机制的科技创新，应以我国非遗的个性特点、所属类型和文化空间为基础，构建以保护为中心、以需求为驱动，以非遗传承与发展为内容构建技术平台，推动非遗建档式保护领域内的技术进步和应用创新，实现在最大限度不改变原生环境的条件下，助力我国非遗建档式保护工作的技术提升和效果提高。

伴随计算机和网络技术的飞速发展，非遗数字化保护在世界范围内越来越受重视，例如联合国教科文组织借助三星电子有限公司的科技力量，基于阿塞拜疆国家地毯博物馆的资源，开发了丝绸之路文化遗产数字化保护项目，欧盟利用 3D - MARULE 系统对酒神狄厄尼索斯像进行了重建，我国也基于 AR 技术针对非遗做了很多开发利用的数字化工作，比如通过增强现实技术让圆明园景观能以数字化的形式呈现①。自 2016 年起，武汉市档案馆、武汉市文化和旅游局、武汉广播电视台联合出版了《了不起的非遗》AR 影像图书，该书用"非遗+档案+融媒体"的方式展现了非遗抢救性记录建档的具体成果，其内容包含五百余分钟的视频实录，近五百张的图像档案，四十篇从国家级到市级的非遗传承人的专访文稿，还有四十万字的口述档案和记忆资料，还邀请国内十余位非遗文化学者进行专业点评。全书除收录大量一手资料外，最大的亮点在于使用 AR 技术完美将阅读与视听相结合，当用户在阅览文字时，可以扫描二维码观看与文字相匹配的高清视频，这样就满足了宝贵的非遗口述档案和影像档案同时呈现的需求，有利于加深用户对非遗的进一步理解。未来在做好非遗文化资源的抢救、挖掘、整理、保护工作的同时，可借助云计算、大数据为

---

① 赵双柱、包亚飞、潘思凡、张进雄、ZHANG Ting：《基于 AR 技术的非遗文化的保护与开发研究——以甘肃环县道情皮影戏为例》，《兰州文理学院学报》（自然科学版）2017 年第 6 期。

代表的先进技术建立融合文本、图片以及音视频等数据，涵盖不同文化领域的非遗资源数据库，建成包括口述史料、影音档案、集体文献和个人文献等在内的记忆资源库。

二 管理创新是机制体系的推进手段

文化与科技融合背景下非遗建档式保护机制的管理创新，是指运用一系列管理职能，实现对各类管理技术和方法的创新，从而进一步配置和整理非遗建档式保护机制中的人力、物力、财力以及各种信息和资源，旨在使非遗建档式保护机制大环境中文化与科技的融合进程不断加快。基于上述背景，通过管理要素的加速更新，机制体系内的组织结构、人力资源和研究范式日趋统一，互相之间更加契合，从而将文化知识吸收为创造性思想，同时围绕我国非遗建档式保护的前瞻性需求，将其最终转变为保护原则、保护技术、保护流程以及保护方法，使非遗保护机制的社会价值和经济价值得到开发和实现。

政府管理部门是文化与科技融合背景下非遗保护机制实现过程中不可或缺的角色，表现为文化行政管理部门参与全程管理，因此实现文化与科技融合背景下非遗建档式保护机制的管理创新，本质上就是要求各级文化行政管理部门进行管理创新。现阶段我国非遗建档式保护存在一些工作脱节现象，例如保护部门因为对保护对象的价值和特点不够了解，致使保护工作比较随意；科研机构对当前保护工作的实际需求不够清晰，导致研究成果难以以需求为导向顺利实现转化；全国统一的非遗建档式保护平台没有建成，各地区当前掌握的非遗信息资源还不能够实现相互兼容和相互联通[1]。为此，亟需在非遗建档式保护机制的管理过程中引入文化与科技融合的理念，改变管理思想，避免与实际发展脱轨；大力增强非遗文化教育，多途径宣传和推广非遗档案，利用计算机和互联网技术借助虚实结合、线上线下结合的特

---

[1] 叶鹏、周耀林：《非物质文化遗产建档式保护的现状、机制及对策》，《学习与实践》2015年第9期。

点，针对公众多样化的需求开展非遗建档利用；加强对非遗资金的管理和利用，扩大筹集资金的渠道，同时给予非遗代表性传承人必要的物质保障，科学划分非遗保护资金，有区分有重点地进行精准资助，避免一刀切；加强非遗保护专业人才培养，组织建立专业的管理团队、研究团队、开发团队、教育团队以及宣传团队，建立专职人才培养体系，充分肯定公共文化机构在非遗保护中的作用，鼓励并支持传承人举办传承活动，加强与新媒体的联系；在管理创新过程中还要提高非遗建档工作的能动性，档案工作者们要积极参与非遗档案资源的保护，发挥专业所长、积极转变观念，主动帮助非遗代表性传承人和相关主体进行非遗资源的收集。依照时代发展赋予已有非遗档案资源新的含义，将档案管理中整理和分类的知识和标准与非遗保护相结合，根据实际需要建立非遗档案卷宗、对形成的非遗档案实行专业的管理和保护。

三　制度创新是机制体系的实践保障

文化与科技融合背景下非遗建档式保护机制的制度创新是支配创新行为和融合关系的规则变更，是非遗建档式保护事业与其外部生态环境相互关系的变更。这种变化既包括努力创造优质、高效的研究环境，也包括进一步完善自主创新的综合服务体系，从而在执行好已出台的政策的基础上，制定和完善促进融合创新的政策措施，最终激发人们的创新活力，促使新技术、新资源的不断创造和合理配置，最终保障我国非遗建档式保护事业的发展动力和均衡发展。

非遗建档式保护机制将政府、企业和公众纳入了到非遗建档式保护体系之中，将我国非遗的文化内涵、形式结构和历史信息，与非遗建档式保护的新兴技术、研究成果和手段方式相结合，推动了我国非遗建档式保护范式的形成。现阶段已设立的相关制度法规对档案部门在非遗建档式保护中的职责与权限均未作界定，建议在《非物质文化遗产保护工作部际联席会议制度》基础上，由文化部非遗司和国家档案局业务部门牵头,建立非遗建档协调工作组,深化推进我国非遗建档式保护的统筹规划、整体部署、协调推进和指导监督等工作,其目的是为非遗建档式保护提供政策支持和专业支撑,解决档案部门在我国非遗建档式保护中的管理缺位问题。政府应借助公信力和行政权力推动政策引导、政策保障和行政机制改革,实现行政权力和社会资源的有效分配,保证非遗建档与非遗保护之间的需求衔接,在《非遗法》的基础上根据非遗类型的不同制定专门性法律法规,因地制宜扩充当前的法规内容体系。科技部门要维护好市场秩序,拟定行业规范,为非遗保护工作提供一个优良有序的科技创新环境,让行业企业在公平环境下展开竞争。在实施过程中,公共产品领域的科技创新,应以保证非遗社会服务为目标,由科技管理部门提供资金资助;私人领域的科技创新,先由科技管理部门鉴别其成果组成,再以知识产权制度保全其综合利益。制定相关法规制度,旨在规范并界定创新过程中的关键环节如规则、目标时限等,同时要厘清创新过程中各个合作方的权责利益关系以及创新成果的归属、利用与收益分配,在保证创新主体获得收益的同时,兼顾行业企业的社会收益和经济收益。在实施过程中,需以制度为基础、以共赢为目标、以互补为条件,通过财税激励、经济支持、政策引导等举措,推动非遗建档式保护成果不断转化。

四 体制创新是机制体系的根本支撑

基于文化与科技融合视角的非遗建档式保护机制的体制创新是发展非遗建档式保护机制形成的决定因素,它不仅关乎非遗建档式保护的整合流程及保护成果在文化领域内如何体现,同时更为深层次问题和现实矛盾的解决提供支撑。

非遗建档式保护机制是在我国非遗保护的资源禀赋、行业特点和政策背景下,采用政府主管、科技主导、公众参与的机制设计,运用政策调控、激励引导、监管仲裁等多种手段形成的实施体系。具体来说，首先科技管理部门应构建跨领域、跨学科、跨专业的合作机制，积极引导有利于融合发展的研究方法和工作体系，要意识到在非遗保护机制中，想要从根源上解决保护工作和科学技术分离、产品研发和实际应用脱离的问题，就要发挥高新技术企业的能动性，推进非遗建档式保护的社会化进程。其次要拓展非遗传承受众，依托社会团体、研究机构、大专院校等社会组织，通过互联网、平面媒体、广播电视等传播媒介，采用编写读本、设置网站、设置应用平台等沟通举措，使社会公众既成为非遗建档的服务受众，也成为非遗建档的信息来源，使我国非遗建档社会化工作步入良性循环。最后，还应构建公众参与体系，最大程度地保障社会公众对非遗建档式保护的知情权、参与权和监督权，这是文化行政管理部门和科技管理部门保证我国非遗建档工作能够圆满展开的重要一步。综上，应在文化行政管理部门的主导下构建基于公众参与的保障体系，一方面依托该体系广泛吸收社会公众的群体智慧，最大限度地降低相关政策的实施阻力；另一方面开展非遗建档式保护的群众监督和信息收集，保证我国非遗建档式保护的顺利推进。

无独有偶，联合国教科文组织发布的《公约》中也将非遗建档式保护环节划分为"确认、立档、研究、保存、保护、宣传、弘扬、传承（特别是通过正规和非正规教育）和振兴"，我国颁布的《非遗法》也指明"国家鼓励和支持公民、法人和其他组织参与非物质文化遗产保护工作"。可见，社会公众是我国非遗建档式保护的重要组成部分。为此，体制创新需要在提升国家非遗保护实力的基础上，利用科技、经济、行政等方法最大程度地调动不同主体参与非遗建档式保护的积极性，面向公众提供正确的文化导向和舆论引导，善于发动企业、社会组织以及公众的力量，通过推进非遗社会化保护刺激并鼓励各类主体进行创新活动，从而营造出一个具有优良政策体系、灵活激励制度、宽松环境氛围特点的文化和社会环境，让非遗建档保护的体制创新为我国建设创新型国家的战略添砖加瓦。

五　数字化保护平台是机制体系的实现载体

非遗建档式保护数字化保护平台的内涵是基于国家文化管理部门的统一指导和规划，利用现代信息技术研发构建的非遗档案数字化保护平台，旨在以自动化和网络化的形式管理、保护以及开发利用非遗档案资源[①]。第一，在平台构建过程中坚持宏观和微观相结合的原则，根据我国现行非遗管理体制确定系统功能和信息数据库；第二，纵向自上而下的管理信息系统和横向各个地区间的系统开发建设都要采用统一标准进行建设；平台构建过程中应充分考虑技术先进性和兼容性，在选择先进技术的同时尽量保证开发工具的兼容程度；第三，平台构建要具有可扩展、易维护的特点，能随着科技进步和需求变化对系统进行完善和改进，并降低后期管理和维护的成本。

从功能上看，非遗建档式数字化保护平台具有以下三个主要功能。一是对非遗信息进行数字化档案管理，已经归档的非遗档案在信息化过程中可进行整理和编辑；二是将传统形式的非遗信息进行数字化，在方便管理利用的同时利用信息技术增加馆藏资源的丰富性和趣味性，如在口述档案的建设上，档案馆把口述形式和动作形式的非遗资源转成以录音、影像为主的档案资源；三是运用信息技术对非遗信息资源进行管理、开发和利用，利用网络平台将数字化后的非遗档案进行共享，在非遗数据库的基础上依托网络舆情监控技术对非遗社会化保护和生产性保护进行监测和评估。

数字化平台在构建实施过程中将有效地提升非遗档案的社会利用水平。首先数字化平台的建立推动了非遗档案资源建设工作的进步，为非遗社会利用提供了信息支撑。具体表现在平台拓展了建档范围，除了政府机构以外，以非遗保护中心、博物馆、图书馆、文化馆、档案馆为代表的社会各界力量都投入到了非遗建档式保护工作中，通过

---

① 叶鹏：《基于文化与科技融合的我国非物质文化遗产保护机制及实现研究》，博士学位论文，武汉大学，2015年。

整合协调机制建设、目录体系构建等方式建成资源体系加强了资源共建，在此基础上形成非遗档案数据库，丰富了非遗社会利用的内容。其次通过平台建设，对非遗档案资源进行实物展览、影视传播以及网站展示，这是对非遗的一种形象性发掘利用，能让社会公众更加深入和近距离感受了解非遗文化，有利于有目的有重点地利用非遗档案资源。数字化非遗档案资源能够更加便捷地方便研究人员深入挖掘非遗档案的历史文化价值，对非遗档案的内容进行整理、分类、考证、挖掘等研究，使得其中所蕴含的历史文化价值和实用价值为人们所发现。最后，基于数字人文理念建成特色非遗档案资源数据库是平台实现社会化利用的关键载体，既可以基于木雕、版画及造纸等类型的传统手工艺为内容构建专题数据库，也可以基于非遗保护的项目和传承人为依托建设特色数据库，这种分类化、模块化的资源建设保留了非遗的特色，也保证了专题数据利用的便利性以及完整性，还利于教育培训等开发工作的开展。

随着建档式保护工作中文化和科技不断融合创新，为了非遗资源的长期保存，可以在平台中应用区块链技术，与时间戳、数字签名及数字摘要等技术相比，区块链技术因其具有的数据分块存储、智能合约、共识机制、加密保护等特点和优势，非常有利于数字档案真实性的维护，具体表现在具有非伪造、不可抵赖和抗篡改的特性上。尤其是区块链技术中的智能合约技术能够部署自动执行的代码型合约，如果能与非遗档案结合，则可改变在档案长期保存过程中耗费人力来移交接收、转换格式及检索的局面，从而推动相关管理工作的自动化[1]。

六 保护机制是机制体系的关键内容

非遗建档式保护机制体系的关键内容是保护机制，它主要由机制阐释、实现主体、实现客体和实现中介四个部分构成。

---

[1] 刘越男、吴云鹏：《基于区块链的数字档案长期保存：既有探索及未来发展》，《档案学通讯》2018 年第 6 期。

机制阐释是以文化与科技融合视角为出发点，立足于我国非遗建档式保护的现状和需求，从前瞻性角度对现行非遗建档式保护机制的提升与拓展，对我国非遗建档式保护有较大的理论意义和应用价值。目前已经有很多学者就非遗建档保护进行了研讨，主要对口述档案保护与开发理论、文件生命周期理论、文件横向运动理论等内容进行了研究，还没有研究涉及文化与科技融合的有关内容，本书所构建的保护机制是由文化行政管理部门、科技管理部门、行业企业、社会公众和运行制度构成的有机整体，重点突出在运用新兴技术推动非遗建档式保护的规范化进程，并以文化与科技融合为视角整合现有资源实现对非遗建档式保护实施一站式管理，推动实现非遗建档式保护的跨界研究。

实现主体是从文化与科技融合视角，对现有非遗建档式保护的主体进行梳理和分类，为理顺现行条块分割的建档机制打下良好基础。当前，非遗建档式保护的主体主要涉及文化机构、传承人、档案机构以及社会公众。政府和文化主管部门是非遗建档式保护工作的主导者，现有的政策框架下，政府和文化部门应对非遗建档式保护工作进行宏观规划，做好顶层设计，要引导好利用好多元主体如档案机构、传承人以及社会公众等多方面力量；非遗建档式保护离不开档案机构这个主要参与者，之所以列为主要参与者是因为其档案业务能力较高，掌握较为完善的物资储备，在非遗档案的收集、整理、鉴定、保管等工作上面很有优势，此外档案机构还可凭借专业知识来制定非遗档案保护的标准从而规范各方的档案工作。然而具体操作过程中非遗档案具有来源多样、形成复杂以及作用特殊等特点，所以档案机构应协同文化部门合作展开非遗档案保护工作；传承人是非遗建档式保护工作不可忽视的责任方，其作为非遗档案的直接形成者之一，理应参与到非遗档案资源的保护中；公众往往是该地非遗及非遗保护活动的直接见证者、参与者，对非遗往往有不同角度的认识，因此为了扫除政府机构在档案管理工作中的盲点，应该重视调动公众参与非遗档案管理的积极性。

实现客体是从文化与科技融合视角，对现有非遗建档式保护的客体进行梳理、分类和拓展，丰富了现行非遗建档式保护的对象和范畴，为提升保护效果、扩大保护成果和引入保护资金打下良好基础。可见，实现客体是指非遗建档形成的非遗档案，内容包括非遗本体档案、非遗代表性项目档案以及非遗代表性传承人档案。非遗本体档案是对非遗动态建档及活化传承的重要体现，主要是在非遗在产生和流变过程中形成的文字、图像和音视频等贴近真实情境的实物性资料；非遗代表性项目档案是指非遗代表性项目从开始申报到申报成功，再到申报结束这一系列过程中所伴随形成的文字材料，包括但不限于各种国家认定和批复的文件、后期保护及传承过程中形成的资料。以及这一过程中产生的非遗档案衍生品也可以认为是非遗档案。2019年的《国家级非物质文化遗产代表性传承人认定与管理办法》中提到建立国家级非遗代表性传承人档案的必要性，其档案内容包含传承人的基本信息以及举行传承活动、参加学习培训、参与社会公益性活动的情况等，并且要保持动态更新[1]。因此非遗代表性传承人档案的保护是非遗档案的重要组成部分，应得到妥善保护。

实现中介是从文化与科技融合视角，对现有非遗建档式保护的中介进行梳理和拓展，特别是基于我国非遗建档式保护的现实需要和前瞻需求，结合各类新兴技术研究、确立和推广非遗建档的关键应用，从而推动我国非遗建档式保护的整体进步和水平提升。非遗建档式数字化融合保护平台作为实现中介，能够很好地解决多元主体保护单类客体的问题，保护平台嵌入的数据挖掘技术、元数据技术、地理信息系统以及虚拟现实等新兴技术可实现长久保护非遗档案资源的目的，还有助于其发展传承。数字化保护平台还有助于非遗数据的获取、过滤从而发掘潜在的非遗资源，并建立分析模型，打破信息孤岛，通过关联数据实现资源的共享传输。

---

[1] 《国家级非物质文化遗产代表性传承人认定与管理办法》，https://baike.baidu.com/item，2020年4月30日。

七 保障机制是机制体系的有效支撑

非遗建档式保护工作具有复杂性、系统性、长期性的特点，其中涉及了国家、社会组织以及行业企业等不同层面，要想统筹协调各方力量保证非遗建档保护工作的顺利进行，实现科学建档和传承发展，就要动员任何能够依靠的力量，建立健全非遗建档式保护的机制。非遗建档式保障机制的核心聚焦于四个方面，即政策保障、制度保障、人才保障和行政保障。

从政策保障角度看，《公约》出台后，我国积极响应并开始制定和实行非遗保护政策，从国家到地方接连出台了不同层次的非遗保护政策，为我国非遗保护工作提供了标准和凭据，确立了今后发展的道路。2005年出台的《关于加强我国非物质文化遗产保护工作的意见》，2011年《中华人民共和国非物质文化遗产保护法》问世，2019年《国家级非物质文化遗产代表性传承人认定与管理办法》的通过都标志着我国非遗保护政策体系逐渐向精细化和全面化方向发展。这期间地方各省市也纷纷响应，以国家非遗保护政策为导向，云南省最先制定了《云南省民族民间传统文化保护条例》，随后贵州、福建、广西、江苏等省份都接连出台了非遗保护条例，2020年福建省紧跟国家步伐，发布了《福建省省级非物质文化遗产代表性传承人认定与管理办法》，上述政策在一定程度上约束和规范了当地的非遗保护工作，提高了我国非遗保护工作的整体发展水平。

从制度保障角度看，它从行业制度、工作规范、技术标准三个层次制定有关制度。由于非遗建档保护工作相较非遗保护而言起步较晚，国际社会上有关非遗建档的专门性标准的数量较少，内容覆盖面较窄，因此文化遗产领域的一些标准诸如《保护世界文化和自然遗产公约》、《实施世界遗产公约的操作指南》等被借鉴和吸收到非遗建档标准与制度的确立工作中，以期更好地引导和规范非遗建档工作。随后非遗数字化建档工作逐渐开展，所产生的非遗数字档案的数量和种类不断丰富，图书档案管理领域和博物馆考古领域的相关标准被吸收和内化到非遗建档领域内，用来不断推进非遗数字化建档进程，比如美国国会图书馆联邦机构数字化准则行动系列标准中的《文化遗产的图像数字化技术指南》，美国国会图书馆和美国视觉资源协会合作发表的用于描述艺术可视化资源和数字资源扫描 VRA Core（视觉资源核心类目），盖迪基金会联合 AITF 艺术信息工作组制订的元数据标准——艺术作品描述目录，以及国际博物馆协会制订的用于文化遗产领域的概念参考模型等标准均源于其它学科的知识支持和技术内化。

从人才保障制度角度来看，它是从技术人才、理论人才、实务人才三个层次，通过行业企业、研究机构、培训机构和学校面向非遗建档保护需求制定和进行人才培养、提升、引进等工作的综合办法。非遗保护工作是一项长期事业，具有工作量大、涉及面宽、专业性强的特点，因此除了要建立专门的工作机构之外，还要有一支业务水平高、管理能力强且较稳定的专业队伍。因此一是应转变观念，拓宽传承人培养途径，多设立各类培训班、传承基地以及传习所，加大技术型人才的培养力度；二是划分层次，完善非遗教育体系，由于非遗的跨学科性，高校可以加强学科间的合作，调配相关资源，根据各自专业特长合作培养相关专业人员，推动理论性人才全面发展；三是促进非遗人才交流，提高人才培养成效。四是完善人才培养制度[①]，从政策、制度以及经费等方面为高层次人才的培养保驾护航。

从行政保障制度角度来看，它包括行政管理、行政调控、行政执法三个层次，主要目标在于推动和保障非遗建档式保护机制的实施。目前非遗建档式保护由多部门多头管理，科技部门尚未介入，不利于我国非遗保护与社会利用工作的全面开展。因此首先要建立多元主体参与的非遗档案管理体制，具体表现为文化管理部门统筹主管、档案

---

① 钱益汇、黄琏：《试论非物质文化遗产人才现状与培养机制》，《南京艺术学院学报》（美术与设计版）2013年第5期。

行政部门负责业务指导、公众广泛参与其中[①]。此外，在上述基础上要考虑非遗建档管理体制中各主体间如何协调及平衡的问题，明晰档案机构在管理体制中踊跃参与、密切配合的角色定位。例如，王晓灵提出要统一协调好非遗档案管理和保护工作，确立条理清晰的领导机制，坚持监督检查制度和联席会议制度并行。最后，还需发挥博物馆、图书馆及档案馆等公共文化机构的积极作用，配合开展展览、咨询和保护工作[②]，为了防止非遗传承人的合法权益不受侵害，应明确规定行政复议和行政诉讼的救济途径，建立公益诉讼制度。

第三节 文化与科技融合背景下非物质文化遗产建档式保护机制的模式价值

一 易于集聚社会各界力量

通过非遗保护机制的革新与变化，能够调动各方积极性，集聚社会力量。完善不同层级非遗保护的法律法规，将非遗保护与知识产权相结合，更新非遗生产性保护的内容；构建非遗行政保障机制，完善政府引导职能，制定非遗专题规划等举措；加大公共财政的非遗投入保护，拓宽非遗资金投入渠道，丰富资金筹措方式实现社会融资；应用新技术，尤其是更新非遗保护的存储、传播、利用方式；加大非遗传承培训力度，立足于文化与科技融合下非遗保护机制研究和推广非遗社会化保护方式等，通过上述举措将政策、技术、资金以及人员等资源聚集到非遗建档式保护领域内，从而加快我国非遗建档式保护工作的进程。

保护非遗是一个庞大的文化项目，需要社会各界充分参与其中，

---

① 周耀林、程齐凯：《论基于群体智慧的非物质文化遗产档案管理体制的创新》，《信息资源管理学报》2011年第2期。

② 陈建、高宁：《我国非物质文化遗产建档保护研究回顾与前瞻》，《档案学研究》2013年第5期。

其中构建非遗文化空间是保护非遗的重要环节，其需要富集社会各界力量实现非遗区域性保护。非遗保护的建设队伍应包括政府机构、高等院校、科研机构、社会团体、地方文化人士以及传承人与区域公众六类主体。其中，政府机构包括国家、省、市、县各级非遗管理部门与保护中心；高等院校主要是相关学科的知识与非遗保护研究相结合的专业院系，如民俗学、艺术学和民间文学等学院；科研机构是指类似北京师范大学民俗学与文化人类学研究所、中山大学中国非物质文化遗产研究中心等专门性研究机构；社会团体涵盖非遗保护促进会、民间文艺家协会和民俗学会等这样的官方或非官方的组织；地方文化人士主要是指长期致力区域文化搜集整理和研究的文化工作者；传承人与区域公众是非遗传承人和生活在非遗项目保护区域内的普通民众①。通过上述六类主体的协调和互动，可以进一步推动非遗保护工作。具体表现为，各级政府是非遗的管理者和受益方，也是非遗保护的组织者和监督者，要利用手中所掌握的资源，发挥自身优势，推动非遗的保护和发展，同时还要起到监督和组织的作用，在非遗保护的进程中指引并协调社会各界力量参与。非遗研究机构通常是公益性的组织，具有很大的专业优势，应发挥所长将文化与科技相融合，做好非遗项目的管理、展示、研究和开发工作，输送符合时代要求的新型专业人才，令非遗保护工作更具合理性和科学性。非遗传承人和其区域内民众通常是与非遗资源最接近的，应该保护好非遗传承人，培养民众的非遗保护意识，主动参与非遗的保护和传播工作，在与政府和机构进行通力合作的基础上进行与非遗有关的产品开发，项目展示等活动。

二　推动文化与科技融合进步

文化与科技融合和非遗建档式保护在政策、研发、运行和保障上

---

① 段友文、郑月：《"后申遗时代"非物质文化遗产保护的社会参与》，《文化遗产》2015年第5期。

均是相辅相成、互相促进的关系，文化与科技融合的思想指导非遗建档式保护的工作，非遗建档式保护机制为文化与科技的融合提供必需的融合环境和产业基础，从而推动了不同工作主体如管理人员、技术人员、行业企业，与非遗保护对象之间的互生互动关系，营造出互相信任和团结协作的环境，进而提升和创新速度和进步水平。

具体表现在以下几个方面：其一建档的记录载体发生变化。非遗资源要想长久地保存就需要运用数字化技术对传统纸质档案进行数字转化，即通过数字化建档的方式记录非遗的流变，使其内容和信息具象化，更有利于传播民族文化和传承集体记忆。而非遗档案的记录形式随着科技的发展也从纸张变为音像、影像等形式，这些文件类型的出现丰富了档案的记录形式，使档案内容的呈现更加形象具体，在易于维护的前提下保证了内容的真实性和原始性。其二建档保存的网络化。计算机和网络的普及，带来了档案记录载体的变革和创新，产生出电子文档、数字档案。即新的科技能够结合文化和科技，造就新的行业发展契机，即在满足文化传承的同时也迎合时代发展的需要。同时记录载体的革新丰富了非遗档案的物质载体类型，从过去依靠磁带、磁盘和光盘发展为依靠阵列库、云储存和互联网，保障了非遗档案记录和存储的原始性和真实性，也实现了人类社会记忆的共享和文化的传承。除此以外非遗的保护手段更加高级，非遗建档过程中，科学技术的应用很大程度提升了非遗档案的保管能力。比如将领域内最新的科技应用于口述档案的采集和保护，实现非遗的数字化保护等，还有学者提出"触感识别"技术应用于非遗数字化互动过程，用"主题图"技术组织非遗信息资源等。借助现代多媒体及时、虚拟现实技术以及人工智能技术等先进技术，基于计算机与网络环境开发各种软件辅助管理和保护系统以及数据库，将非遗相关的文字、图像、声音、视频利用三维立体技术提供数字化存储，并最终建立虚拟的博物馆、展览馆等，实现信息共建和共享，有利于非遗的保护和传播。其三非遗展演方式更加直观。非遗的传播和传承不能影响其文化本真性，因此展演要尽最大可能保持其原貌，进而对展演活动的开展提出了很高的要求。随着信息科学技术的发展，非遗档案资源可以实现数字化存储和网络化传播，数字资源建设和传播平台提高了我国非遗展览的效率和效果，通过利用元数据、数据仿真、资源图谱等技术，实现了对非遗档案资源进行重新整合和形成开放的数据库。这些数据通过APP、微博、微信等平台，不断扩大非遗信息资源传播的范围，提升非遗档案信息资源的社会传播效率。另一方面，通过应用VR、AR等虚拟现实技术，将非遗数据库中的信息资源进行虚拟仿真形成非遗展演产品，将有效提升非遗文化传播的水平和距离，更加符合现代公众的体验方式和学习模式，推动我国文化软实力的提升。综上所述，科学技术同非遗文化的融合过程，一方面使非遗保护有了新的传播媒介和保护手段，另一方面还促进了科技发展借鉴文化领域的知识进行改革创新。

三　促进保护集群的相互合作

由于当前非遗保护工作还面临着环境需求模糊、政府投入过多、文化产业项目风险较高等困难，要解决以上问题，要利用好开放与合作的大背景，构建文化与科技融合背景下非遗建档式保护机制，围绕理顺市场关系、分担资本投入、制定长期决策开展工作。协同建档与共同利用需要一个互相信任和理解的环境，设立非遗建档保护集群能够平衡各方力量形成较为稳定的关系链接、保障多方互动，从而建立信任、增进交流，使协同合作更加深远。

非遗建档式保护工作具有系统性，需要政府和其他机构协同合作。由于当前出台的相关法规政策仅从原则上规定了非遗的协同保护的工作要求，并没有涉及如何厘清非遗建档主体和保管主体，以及确立具体的协同机制和操作程序的具体工作。因此在非遗档案保护的实践中要依据收集、整理、归类以及开发利用等一系列过程中产生的职能关系和工作流程，建立部门间的共享系统和协同机制，鼓励并引导相关部门之间紧密配合，形成文化行政管理部门负责主管，文化馆或者非遗保护中心和档案馆进行主导，各公共文化机构担负传播和展览的非遗建档式保护的协同工作体系。各参与者在传承人建档式保护工作中扮演着不同的角色，彼此之间有不同形式的交互和联系，其中涉及形成主体、建档主体、管理主体、指导者和监督者等角色。

通常由于非遗资源的种类不同，其保存现状、保存方式也存在很大差别，因此非遗建档式保护过程中要注意维系人与区域间的地缘关系，即因地制宜根据非遗档案资源呈现的不同条件选择适合的保存方式。工作上鼓励多元主体参与非遗档案保存工作，构建多方参与，内外协同、上下联动的非遗档案保存方式，推动实现协作、共生、共赢的非遗工作方式。在数字环境下，要借助科技的力量为非遗档案的资源整合和保存方式赋能，实现科技发展和非遗档案保存工作水平不断提高的双赢局面，比如档案部门和非遗管理中心、图情档科研机构交流合作，通过对非遗档案的知识挖掘和语义关联，开展可视化非遗活动的情景再现。

四 有助形成活态保护文化空间

在非遗保护工作的实践中，我国政府行动的重心逐渐从政府主导偏向政府包揽，这种偏移使得非遗保护的管理权都握在政府手中，而官方以外的力量难以充分介入其中。随着社会性保护需求的不断增涨，要实现非遗保护的可持续发展，政府需要简政放权营造一个多方交流、协同参与的环境。如此基于非遗的特征提出通过构筑文化空间保护非遗，文化空间是文化持有者在所属自然空间内发挥主观能动和创新创造形成的人化产物，体现了人类的本我意识。由于上述空间能满足多元主体共同参与、协同保护的需求，是各参与方都可以自由行使自身权利并保留立场，因此参与各方都要对自我身份有一个明确的定位，对他方身份存在一份认同，从而为化解彼此之间的矛盾，合力推动非遗保护的进程奠定良好的环境基础①。

---

① 刘国臣：《文化空间：非物质文化遗产活态性保护的实践》，《汉字文化》2019年第22期。

习近平总书记于 2013 年在中共中央政治局第十二次集体学习中着重指出"要系统梳理传统文化资源，让收藏在禁宫里的文物、陈列在广阔大地上的遗产、书写在古籍里的文字都活起来"①，文化部、国家发展改革委、财政部、国家文物局等部门于 2016 年联合出台的《关于推动文化文物单位文化创意产品开发的若干意见》中指出通过"推动体制机制创新，在开发模式、激励机制等方面进行探索，鼓励和引导社会力量参与，充分运用创意和科技手段，深入发掘文化文物单位馆藏文化资源，推动文化创意产品开发，弘扬中华优秀传统文化，传承中华文明，推进经济社会协调发展"②。十九大报告强调："加快构建把社会效益放在首位、社会效益和经济效益相统一的体制机制。加强文物保护利用和文化遗产保护传承。健全现代文化产业体系和市场体系，创新生产经营机制，完善文化经济政策，培育新型文化业态"③。"上述系列政策强调了非遗保护走向社会化的必要性，创新体制机制的可行性，文化与科技融合背景下非遗建档式保护机制恰能在一定程度上响应社会需求。以"文化与科技融合"为内容的非遗建档式保护机制通过信息技术和保护平台，将政府、企业、研究机构和社会公众进行有机整合，形成良好的管控体系和更好的协作基础，赢得了各类公共机构如媒体开发代理商、出口促销代理商以及培训组织的支持来辅助非遗文化集群的生存发展。同时，上述集群通过不断增加集群内的非遗文化产品，开展各种有当地特色的活动、吸引志同道合的观众、鼓励厂商间进行合作销售，不断提高非遗建档代保护的声誉。

---

① 《喜迎十九大·文脉颂中华，这五年，习近平这样谈文化遗产保护》，http://news.youth.cn/tbxw/201709/t20170915_10721201.htm，2020 年 4 月 30 日。
② 《关于推动文化文物单位文化创意产品开发的若干意见》，http://www.gov.cn/zhengce/content/2016-05/16/content_5073722.htm，2020 年 4 月 30 日。
③ 习近平：《决胜全面建成小康社会 夺取新时代中国特色社会主义伟大胜利——在中国共产党第十九次全国代表大会上的报告》，http://www.cnr.cn/news/20171028/t20171028_524003729.shtml，2020 年 4 月 30 日。

第五章 文化与科技融合背景下非物质文化遗产建档式保护机制的实现策略

在文化与科技融合背景下，以构建非遗建档式保护机制模型建构为基础，围绕"以文化行政管理部门为主管、以科技管理部门为主导、以档案管理部门为支撑、以高新技术企业为主体、以群体智慧为载体"为主要内容构建上述机制的实现策略，上述策略将进一步推动我国非遗保护事业向更深层次发展，通过多部门、多主体的协同参与使得非遗建档式保护工作中的政府管理、科技推动、市场需求和社会传承结合在一起，形成一个生生不息、紧密联系的有机整体。

第一节 面向主体的非物质文化遗产建档式保护机制实现策略

一 文化行政管理部门为主管

（一）内涵

文化行政部门为主管是指我国非遗保护工作，必须在文化行政管理部门的管辖之下，依赖其较高的行政能力及行政权力，从而实现非遗保护事业在政治、经济、文化等多方面的发展与进步。在我国，文化行政管理部门主要是指各级文化局、文化旅游局等组织。

文化行政管理部门参与非遗建档式保护主要依靠其法律赋予的行

政权力和其自身的行政能力来实现。行政权力作为公共文化事业的一部分，保护非遗是文化行政管理部门的基本职能之一，而《非遗法》也明确规定了文化部门对非遗保护具有不可推卸的责任。行政能力是指"基于社会机能和社会需求发展出的一套完整体系，政府通过政治、经济、文化、习俗、教育等手段对社会进行调整和管理的能力，是一种实际执行的效果的综合体现"[①]。在非遗建档式保护的过程中，文化行政管理部门的作用体现在对非遗进行整体管理、统筹规划，积极协调、完善相关法规政策、调动各方资源等方面，为非遗保护构筑适宜的宏观环境，从而促进非遗的社会公共价值和文化价值的实现。

（二）职能

第一，制定法规政策。非遗保护工作是一项长期性和系统性的工作，制定非遗保护的相关法律法规和办法条例是政府部门开展非遗保护的一项重要职能。截至2020年5月1日，在司法部法律法规数据库中，以"非物质文化遗产"为关键字进行标题检索，共有59个结果，其中1部专门法律《中华人民共和国非物质文化遗产法》（2011），该法律总体上规定了非物质文化遗产的定义、传承与传播、建立非物质文化遗产保护名录等方面的内容；两个国务院部门规章，《国家级非物质文化遗产项目代表性传承人认定与管理暂行办法》（2008）、《国家级非物质文化遗产保护与管理暂行办法》（2006）；48个地方性法规和8个地方政府规章，《昆明市非物质文化遗产保护条例》（2018）、《吉林省非物质文化遗产保护条例》（2017）、《山东省非物质文化遗产条例》（2015）等。此外，为了丰富非遗保护的模式，文化部还出台了《关于加强非物质文化遗产生产性保护的指导意见》（2012）、《关于加强国家级文化生态保护实验区建设的指导意见》（2010）等。国务院于2005年正式颁布了《关于我国非物质文化遗产保护工作的意见》，要求各级博物馆、图书馆、文化馆、科技

---

① 王沪宁：《英国反对美国》，上海文艺出版社1999年版，第128—129页。

馆等要积极传播、展示非遗①。其一，通过法律确定非遗的地位，拟定了非遗保护的相关细则。2005年12月，国务院印发《关于加强文化遗产保护工作的通知》，将非遗与文物放在同等重要的位置，确定了我国文化遗产保护的两大体系。这两个文件是我国非遗保护工作的奠基性文件，为《中华人民共和国非物质文化遗产法》打下基础②。通过一系列的政策法规，明确了非遗的定义、特点、保护流程、保护方法、主管单位等内容，有利于非遗建档式保护的实现。

第二，开展宣传教育。宣传教育是文化行政管理部门的核心工作，也是立足文化与科技融合开展非遗建档式保护的基础，具体举措包括普及非遗文化知识、培育提升科学素养、提升公民保护意识、改善社会文化环境等。近年来，在非遗保护中，文化行政主管部门通过三个渠道来开展宣传教育工作：一是，通过传承带动保护普及。传承非遗是社会实践的过程中通过社区内部、传承人等渠道使得非遗得以延续、发展的主要方法，通过传承水平的提高，能进一步增强非遗的活力和吸引力，在传承过程中拓展非遗的生存与发展空间，使更多人了解非遗相关的基础信息、发展过程、传承现状，鼓励和吸引了更多的社会公众积极投身传承队伍和传承活动，提升全社会对非遗的普遍认知，实现非遗保护的可持续发展。二是，助力非遗走进千家万户的生活。非遗在社会历史中自然产生的，以人为核心得以代代延续，非遗在生活中的合理利用，既是非遗的活态保护手段，也能提升民众对非遗认知的方法，政府鼓励和支持非遗项目开发具有地方特色的文化产品和服务，实行生产性保护，是促进非遗更好融入现代生活，使得非遗在保留文化特质、不失其本的基础上，让非遗在千家万户的日常生活中得到传承的一种有效方法。三是，以生态保护理念优化和改善非遗保护环境。在文化行政主管部门的领导下，会对非遗代表性项目

---

① 杨术：《文化馆在非物质文化遗产保护与传承工作中的作用》，《大众文艺》2017年第13期。
② 周和平：《我国保护非物质文化遗产的实践与探索》，《艺术教育》2018年第17期。

和非遗产生的相关建筑环境、生活环境开展统一保护。通过对原住民、原建筑的保护，优化了非遗传承、保护的载体和环境，强化了社区公众对非遗的情感联系和内容认知，既避免传统村落、老街变成只有建筑和商铺而没有原住民的空心遗址，也避免非遗失去传承环境和土壤①。

第三，整合社会资源。在文化行政管理部门的参与非遗建档式保护的过程中，要对充分调动、组合各类人力、物力、财力资源，对资源要素进行分类、整合，使得资源发挥最大化功效。文化行政管理部门主管的本质是运用权力配置资源，遵循市场规律、追求长远效益、实现可持续增长②，为此既要整合行政体系内的如政治领袖、地方官员、中央和地方的权力分配体制也要整合业务体系内的如博物馆、档案馆图书馆等文化机构，还要整合行政体制之外的公益组织、企业、传承人、高校等主，使其在非遗建档式保护的过程中发挥各自资金、人才、技术方面的优势。党的十八大以来，我国非遗保护工作经历了深入纵深、成绩斐然的发展历程。习近平总书记发表关于传承发展中华优秀传统文化一系列重要讲话，各级文化行政部门积极执行中央办公厅、国务院办公厅印发的《关于实施中华优秀传统文化传承发展工程的意见》有关要求，2019年文化和旅游部发布了新的《国家级非物质文化遗产代表性传承人认定与管理办法》，该办法自2020年3月开始实施，进一步加大了对非遗传承人提供财力和教育资源的支持的力度，通过中央财政给予国家级非遗代表性项目代表性传承人的传习补助由每人每年1万元提升到2万元，用以支持国家级非遗代表性项目代表性传承人开展传习活动，支持传承人参加学习、培训、公益性活动。

（三）难点

文化行政管理部门在推动文化与科技融合背景下非遗建档式保护

---

① 《党的十八大以来我国非遗保护工作综述》，http://www.gov.cn/zhuanti/2017-10/17/content_5232430.htm，2020年4月30日。

② 叶鹏：《基于文化与科技融合的我国非物质文化遗产保护机制及实现研究》，博士学位论文，武汉大学，2015年。

工作过程中遇到的问题主要体现在如下三个方面：重申报，轻传承；体制滞后；机制掣肘。具体而言：

其一，"重申报，轻传承"。在实际的工作过程中，文化行政主管部门常常为了自身政绩需要积极申报非遗项目，只为在各级非遗代表性项目名录中占有一席之地，而忽略申报工作本质目的是为了保护和传承。不管是"立档保存"、"活态保护"还是"生产性拓展"，非遗保护最终要依靠传承才能长久存续，否则就只能是固化的文献、录音、录像，而失去生命力。目前绝大多数的非遗代表性项目都是农耕文明、乡土文明的产物，而城市化、工业化的高速发展加速剥离、改变了非遗产生、发展、传承的土壤。非遗更多依靠传承人的师徒传承、家族传承的方式进行，不少传承人因为年事已高、甚至记忆不全进一步导致了传承困难，而更多非遗代表性项目因为环境闭塞、发展滞后，难以适应现代工业文明节奏，传承人收入微薄，对新一代的年轻人缺乏吸引力，不足以养家糊口，经济压力进一步桎梏了非遗传承的能力。因此，除了申报项目以外，在经济方面，文化行政主管部门要通过财政补贴，开发非遗文创产品提升传承人收入，如可以利用扎染技艺制作的衣服、围裙等产品，将非遗融入旅游演艺项目、通过文旅结合焕发非遗活力，通过上述举措能多渠道地开拓非遗项目、非遗传承人的收入渠道，改善非遗传承的经济环境。在传承方面，通过建设非遗传承院非遗进校园等活动促进非遗在年轻一代的认可，可以在博物馆专门为非遗项目辟出展示空间，通过定期的非遗现场展示、非遗小课堂、多媒体互动等手段提升普通公众对非遗的认识。

其二，体制滞后。政府具有加强社会宏观管理、提供公共服务、促进各项社会事业建设和发展的重要职能。非遗保护工作是文化建设的重要内容，是社会事业的组成部分，保护非遗既符合国家经济社会发展和文化建设的总体规划，也是各级政府尤其是文化主管部门的重要责任。国务院先后下发文件，确立了非遗保护工作中"政府主导、社会参与、明确职责、形成合力"的方针和原则。在实践层面，目前负责中国遗保护工作的领导机构，是非遗保护工作部际联席会议，该机构由文化部与牵头，由文化部与国家发展改革委员会、教育部、国家民委、财政部、建设部、国家旅游局、国家宗教局、国家文物局等9部委共同组成。此外，文化部设立非遗司，成立了中国非遗保护中心，全国31个省（区、市）均成立了省级非遗保护中心，21个省（区、市）文化厅（局）单独设立了非遗处（室），许多市、县成立了非遗保护工作机构①。从上述机构设置不难看出，在政府内部，涉及非遗建档式保护的部门就多达数十个，其权责界线较为模糊，例如，档案馆、群艺馆都分别向社会公众征集非遗相关线索、资料，这种管理权责的交叉导致了重复工作、资源浪费、效率低下等系列问题。上述问题导致了我国非遗建档式保护的过程中，行政主管部门缺乏对资源的合理配置，在具体实践中消耗大量时间和资源，而宏观层面则力度不足，影响了我国非遗保护成效的提升。

其三，机制桎梏。由于非遗保护主管部门在非遗保护工作的管理上没有引入积极的市场因素，不利于提升相关人员的积极性，同时增加了文化行政部门的经济和工作负担，不利于提升非遗建档式保护的水平；而社会性、公益性的非遗保护机构数量较少，面对较多政策和资源的限制，导致了非遗保护尤其是非遗建档式保护在实际上受政府"一元主导"模式的管理。在非遗的保护工作中，中央和地方政府是其重要的资金来源，但吴光义等人在2018年的调研中发现，黔东南州非遗保护工作并未设立专门的非遗保护经费，使得当地众多非遗面临消失的风险，文化生态环境也在城市改造中被破坏严重，示范性基地建设困难，其中黄平县因为资金紧张更是制约了其对苗族古歌等非遗的普查工作的开展②。综上，在非遗建档式保护中，仅有文化主管部门的参与是不够的，文化行政主管部门应该讲求"有所为、有所不

---

① 周和平：《我国保护非物质文化遗产的实践与探索》，《艺术教育》2018年第17期。
② 吴光义：《黔东南州非物质文化遗产保护政策的实施研究》，硕士学位论文，中南民族大学，2018年。

为"，政府主导需要责任的规制①，从实现文化与科技融合基础上的非遗建档式保护的角度来看，需要推动行政体制改革，进一步明确各行政主体的权责清单，文化主管部门要适当放权，鼓励社会力量参与非遗建档式保护。

（四）策略

其一，转变政府职能。我国现行由文化部门和行政部门联合形成的管理方式，容易形成非遗建档式保护的管理与实施形成"两张皮"的状况，存在着政府对公共文化服务职能的不明确，文化体制不清晰情况，可能出现政府职能的"缺位"、"越位"和"错位"②，已不能完全适应文化领域的发展，为此，应推动政府转变职能，向服务型、法制型转变。过去，文化更多是政府掌握的一种资源，是用来展现国家意识形态和开展教育的手段，随着我国政府向服务型政府转变和经济社会发展，文化的"社会属性"、"服务属性"、"商品属性"更加突出，政府从管理者角色转变为服务者，通过图书馆、档案馆、博物馆等公共文化场所向大众提供非遗相关服务，积极释放市场因素，通过政策扶持等手段推动文化产业的发展，加快非遗的产业化进程，支持非遗在现代文化和经济社会发展中发挥积极作用。

其二，转变工作方式。随着我国社会经济高速发展，尤其是互联网、信息技术、多媒体技术的高速发展，非遗的生存环境、传播环境都发生了翻天覆地的变化，文化主管部门在提供公共文化服务的过程中，也要积极顺应这种时代潮流，转变其服务方式，提升服务水平，变被动服务为主动服务，发挥市场的积极因素来推动非遗保护，即通过市场配置非遗保护的相关资源。文化部作为政策制定和执行部门，加强对非遗保护制度的总体设计，从普查、四级名录体系建设、传承

---

① 牟延林、吴安新：《非物质文化遗产保护中的政府主导与政府责任》，《现代法学》2008年第1期。

② 汤华：《基层政府公共文化服务的职能定位研究》，硕士学位论文，华东理工大学，2014年。

人保护、文化生态保护区建设、宣传展示、表彰奖励、国际交流合作等方面构建一整套的工作机制，全面监督各项工作的开展。各地文化部门按照文化部的统一部署，积极组织开展普查、非遗代表性项目及代表性传承人申报保护、"文化遗产日"活动等各项具体工作[①]，与社会力量共同合作推动非遗保护。如在北京记忆网站上，开设了专门的市民档案征集板块，市民可以上传 PDF 格式的数字档案资源，档案部门对上传的资源进行审查、筛选、标引等处理后将单独建立市民档案数据库加以存储和管理，并向社会公开。

其三，理顺政企关系。对非遗建档式保护而言，政府承担着非遗建档式保护的众多职责，涉及到非遗的普查、收集、立档、保存、整理、分类、数字化、利用等业务内容管理职责，政府内部要对各部门的工作流程进行再确认、再梳理，对工作职责再划分，要积极主动放权，不该政府管的事情不要管，从而发挥企业主体的积极作用，如此不仅能够降低政府的工作负担，还能进一步推动非遗与市场接轨，有利于非遗的保护、传承和价值实现。具体来说，过去因为政府的干预，文化企业被限定在特定的区域和产品内，狭小的生存空间抑制了其整体功能的发挥，一些初创型文化企业，可能因为面临严格的政策许可制度和审批程序，最后造成企业的活力明显不足。因此，政府可以开放一些政策限制，通过适当的政策倾斜如税收折扣，政府宣传背书等举措，鼓励、吸纳、引导企业参与到非遗保护事业中来。

其四，提升法制能力。加快各地区、各层次的非遗建档式保护立法，在提高非遗建档式保护的法制化水平的同时，进一步落实辖区管理原则、强化监督管理、提高行政效率，确保非遗文化领域的正常秩序。保护非遗是一项长期而艰巨的任务，需要一代一代做下去，更需要法律、科技、行政和财政各项措施环环相扣、持续不断进行规范和支撑。在国家层面，我国积极推进非遗保护的立法工作。经过文化部

---

① 周和平：《我国保护非物质文化遗产的实践与探索》，《艺术教育》2018 年第 17 期。

和相关部门的共同努力,在社会各界的强烈呼吁和热切期盼下,2011年,经全国人大常委会审议通过,《非物质文化遗产法》于当年6月1日正式颁布施行。《非物质文化遗产法》是继《文物保护法》颁布近30年来,文化领域的第二部重要法律,在文化建设立法中具有里程碑的意义。《非物质文化遗产法》的出台为非遗保护政策的长期实施和有效运行提供了法律保障,为非遗保护事业的发展奠定了坚实的基础[1]。

二 以科技管理部门为主导

(一) 内涵

科技管理部门主导是指其综合运用经济手段、法律手段、行政手段等系统性方法,不断完善自身主导能力、鼓励非遗科技的持续创新、营造良好的非遗研究环境,进而调动社会各方的科技创新积极性,增强我国非遗保护科技创新的整体实力。

文化与科技融合作为文化与科技的结合体,具有明显的公共性特征,这一特征也昭示着在创新过程中可能会出现研发失灵的状况。这一问题的存在直接导致了社会主体创新积极性的弱化,以及全社会科技资源配置的低效。可见,科技管理部门的主导作用对文化与科技背景下非遗保护机制的发展有着重要影响[2]。在我国文化与科技融合发展的新时期,非遗科技创新不仅关系到基于文化与科技融合下非遗保护机制的实现,更关系到创新型国家战略目标的实现成败。为了推动科技创新的全面开展,急需建立一套行之有效的运行机制,在科技部门的主导下推动各种非遗创新要素向非遗创新主体集中,从而激发其科技创新的积极性,加速非遗创新的实现。为了达到上述目标,科技管理部门应综合采用市场经济和计划控制两种手段,在充分发挥前者

---

[1] 周和平:《我国保护非物质文化遗产的实践与探索》,《艺术教育》2018年第17期。
[2] 叶鹏:《基于文化与科技融合的我国非物质文化遗产保护机制及实现研究》,博士学位论文,武汉大学,2015年。

优势的基础上，根据行政管理的原则和市场经济发展的方向，面对非遗保护需求找到科技引导的定位和方向，同时克服完全市场化带来的问题和弊端，防止过度行政管理导致阻碍非遗创新的情况出现。可见，科技管理部门主管的职能定位的主要内容是克服市场失灵和矫正政府失灵[1]。

（二）职能

其一，保证非遗建档式保护成果的公共产品性。公共产品是"一种效用扩展于他人的成本为零，同时也就无法排除与他人共享的一种特殊产品"[2]，它们包括公共设施、科学教育、环境保护、国防、外交等社会活动。同时，公共产品具有受益非排他性，即"产品生产完成后，生产者无法完全决定其最终归宿和分配方式"[3]，这将逐步导致社会公共产品的生产成本日益提高，即越来越少的人愿意提供公共产品。由于非遗本身所具有的公共文化属性，通过科技创新开发的非遗产品也不可避免地具有公共产品性质，但是科技研发往往要投入高额的资金，一方面不是所有的科研机构都有这样的经济实力，另一方面在投入与产出因为"公共文化"这一属性而面临高不确定性时，在纯粹市场条件下相关市场主体可能会通过技术引进而非自主创新来对现有非遗保护科技进行提升，而当所有非遗市场主体都选择这种策略时，就会导致非遗科技创新的停滞不前，缺乏活力。因此，为平衡非遗建档式保护科技创新主体的利益，科技管理部门对非遗建档保护领域的适当干预和扶持则非常必要。

其二，降低非遗建档式保护创新的外部性。非遗建档式保护科技创新的外部性是指"企业或个人向非遗保护科技研发之外的其他人所

---

[1] 叶鹏：《基于文化与科技融合的我国非物质文化遗产保护机制及实现研究》，博士学位论文，武汉大学，2015年。

[2] Paul A Samuelson, "The Pure Theory of Public Expenditure" *Review of Economics and Statistics*, Vol. 36, No. 4, 1954, pp. 387 - 389.

[3] 陶学荣：《公共行政管理学》，清华大学出版社2010年版，第70页。

强加的成本或利益"①，这种强加的成本和利益，很难通过单纯的市场调节来控制，需要借助行政管理手段来进行平衡。在文化与科技融合背景下，非遗建档式保护科技创新所表现出来的外部性主要体现为非排他性，即在产品创新的过程中，非遗建档式保护主体为了获得直接的、长期的经济回报而从事科研投入，受公共产品"非排他性"的影响，导致最终成果可能不能独占；另一方面，非遗建档式保护主体投入大量资金、人力进行研发，但是随着技术的快速发展，该主体的新产品、新技术可能短时间内就被其他竞争主体复制、甚至抄袭。因此，必须依赖科技管理部门来调节控制上述不确定性因素，如通过专利保护等手段保证创新主体的可持续收益，不断对创新主体施加正面引导和利益强化，使科技创新得以不断发展和进步。

其三，推动非遗建档式保护技术发展的科学引导。一方面由于受到计划经济体制影响，市场机制无法有效发挥其在非遗科技资源配置中的应有作用，另一方面则由于市场本身存在缺陷，其难以克服非遗科技创新的不确定性所导致的问题。可见，为避免市场失灵对我国经济社会发展的不利影响，继续深化经济体制改革和服务型政府转型，应对非遗建档式保护技术的发展开展科学引导，优先确保市场机制在非遗科技资源中的合理配置。因此，必须依赖科技管理部门对非遗建档式创新的外部效应模式和效应方向进行修正和改变，保证非遗科技创新的可持续发展与可持续收益，对非遗创新主体施加正面引导和利益强化，使非遗科技创新得以不断发展和进步。

（三）难点

从文化与科技融合视角看，科技管理部门在非遗建档式保护工作过程中遇到的问题主要体现在机制不明和过度干预两个方面。

第一，主导机制不明。我国政府在优化非遗建档式保护的科技创新环境改善、提高非遗科技创新整体实力、促进高新技术转化应用等

---

① Paul A Samuelson and William Nordhaus,"Economics：An Introductory Analysis" *McGraw - Hill*：36.

方面均发挥了巨大的作用，但也受到了现有行政体制的限制，例如部分领域权责重复，部分领域无人负责的现象也时有发生。综合来看，上述现象产生的原因主要表现在两个方面：一是没有与市场形成良性互动，由于我国市场经济体制改革尚未完成，存在较为严重的资源与市场脱节现象。文化和科技资源大多掌握在国有企事业单位中，受体制影响文化和科技部门从业人员对于经济效益缺乏足够追求动力，导致大量资源闲置，资源难以实现产业化转化。而企业希望与文化、科技资源结合的时候，往往会因为体制障碍难以获得相关资源而困难重重，这也是下一步文化和科技体制改革中需要着力解决的问题[①]。二是缺乏与其他部门的协调配合。对科技部门来说，不太关心科技发展怎样推动文化产业和文化市场发展，也太不关心文化部门对科技会有什么需求。同时，科技部门对文化建设了解不足，对于我国社会变迁导致的文化产业发展，以及由此带来的对科技界的冲击，缺乏相应的应对措施和前瞻思考，使得我国科技创新文化存在较多问题，科技发展的速度也受到了一定影响[②]。

从实践来看，文化科技融合中"两张皮"现象仍然严重。目前文化科技融合更多的只是对"文化+科技"进行简单倡导，科技主管部门受体制和职能的制约，缺乏对社会文化和文化市场的整体把握判断和精准，从实践来看，由于我国尚未建立起有效的协同创新模型，更多的是依赖决策部门的单一探索。此外，文化科技融合中角色定位不清晰。由于起步晚，我国的非遗文化产业仍处于小、散、弱、差的发展阶段，尚未涌现出足够数量的品牌化、规模化企业，大多非遗文化企业仍停留在通过外观设计来改善体验的层面，非遗文化企业投入科技研发的自觉与实力总体不足，尚不能适应现代文化产业发展的要

[①] 周城雄：《推动科技创新与文化产业融合发展的思考》，《中国科学院院刊》2014年第4期。

[②] 周城雄：《推动科技创新与文化产业融合发展的思考》，《中国科学院院刊》2014年第4期。

求,而且缺乏科技开发研究的管理经验和合作经验,对于高风险的科技研发并不积极。虽然在文化科技融合的初期,有部门的引导、扶持,但是在非遗文化企业的创新主体地位没有建立前,文化产业和科技创新的融合还难以满足市场的需要,也难以满足文化产业和科技自身的发展要求。只有某一融合方向的路径、风险、市场前景足够清晰之后,科技和文化产业的融合在我国才会出现。融合上的滞后,使得我国非遗文化企业只能对先进国家进行跟踪模仿,缺乏领先的原创性产品,制约了我国文化产业竞争力的提升[1]。

第二,科技过度干预。科技主管部门对非遗建档保护过度干预,会对其他主体形成"挤出效应"和"替代效应",影响非遗保护和创新活动。"挤出效应"是指科技管理部门通过增加公共类非遗研究的经费支出,该类项目将降低以人力资源为代表的边际效用和社会收益,排挤以个人为代表的非遗科技创新活动;"替代效应"则是指在政府职能转换期,由于市场竞争,知识产权保护等因素的影响,导致非遗科技创新的支出比重在科技管理部门内较一般时期更高,从而替代了一部分非遗科技创新主体的研究支出,从机制角度上扭曲了以市场为代表的非遗科技创新资源配置方式。

非遗保护是一项系统繁杂的工程,需要社会各界的参与支持。科技管理部门作为非遗保护的主体,由于干预范围过于宽泛,科技管理部门行为的权责不清成为了非遗保护的一大难题。以舟山为例,政府组织相关部门编纂《非物质文化遗大观》丛书,而这套共六册的丛书,在短短两年的时间里就编辑出版了,但有关专家表示,书中有些概念表述不准,经不起仔细的推敲。如书中对渔民画发展的描述就出现了表述不准的问题[2]。这种现象的出现并不是偶然的,它是我国长

---

[1] 周城雄:《推动科技创新与文化产业融合发展的思考》,《中国科学院院刊》2014年第4期。

[2] 于思文:《区域性非物质文化遗产的传承与保护策略研究》,硕士学位论文,哈尔滨师范大学,2014年。

期以来形成的社会一元体制，导致科技管理部门在很多方面的"包办"现象，科技管理部门应该明确自己的权责范围，踏实做好支持工作。

（四）策略

第一，调和公共产品与私人产品之间的矛盾。在科技管理部门的主管下，对非遗建档式科技创新依据其产品性质进行分类管理。即，属公共产品领域的非遗科技创新，应由科技管理部门直接主导，充分保证社会供给；属公共产品和私人产品之间的混合产品或者私人产品，科技管理部门应通过知识产权保护其正当利益，保护创新主体参与市场竞争的公平地位，和工商管理等部门共同维护市场秩序，或者对此类主体提供一定的技术支持，提升非遗创新的环境和主体积极性。如 2020 年，山东省非遗保护中心紧紧围绕"传承多彩非遗、创享美好生活"的主题，组织开展了"讲好黄河故事 传承历史文脉"、"2020 年山东省非物质文化遗产月文艺演出、冬游齐鲁·首届山东省非遗年货大集"等 4 项活动，在启动仪式上，现场 1000 余名观众观看了演出，中国文化网络电视同步直播，200 万观众在线同步观看演出，在非遗年货大集，赏非遗、购年礼、逛大集，糖葫芦、糖画儿、吹糖人、黄家烤肉、小磨香油、胶东花饽饽、德州扒鸡、周村烧饼等山东省非遗产品点亮集市①，通过官方提供的技术支持，非遗产品走进人们的生活。

第二，推动创新成果由外部性向内部性转化。首先，科技管理部门通过直接的法律手段如知识产权保护来保护非遗创新主体的正当利益，对非遗产品提供专利认定，并设置一定的保护期限，既能保障创新主体的利益，也能在一定时间后使得技术在社会共享，促进全行业的技术升级和进步，在保证创新主体获得收益的同时，兼顾非遗创新的社会收益，逐步让社会成员享受到非遗科技创新带来的好处。其

---

① 山东省非物质文化遗产保护中心：《2020 年山东省非物质文化遗产月活动亮点纷呈》，2020 年 4 月 7 日，http：//www.sdfeiyi.org/document/333.html。

次，科技管理部门可通过各类行政手段，例如税收减免、财政补贴、政策引导等系列举措，改善创新环境，提振创新主体对市场的信心。再者，加强研究机构与高校、企业、传承人之间的合作，发挥各自的优势，共同推动非遗保护的科技创新。如香港长春社是香港历史最悠久的非遗保护团体之一，该组织多次得到香港赛马会慈善信托资金的捐助，此外通过开展非遗保护活动和非遗课堂向参加者收取一定的费用[1]，缓解了非遗创新过程中的资金困难。又如鄂州市群艺馆为了加强非遗传承人利用新媒体开展非遗传播的能力提升，为相关非遗传承人提供"非遗新媒体传播在线培训班"[2]通过网络直播的方式，采用线上教学的办法将非遗传承和网络直播相结合，收到了较好的社会效益和经济效益。在合作过程中，要明确各方各自的权力和义务关系，并对目标、期限、规则等关键要素进行界定和规范，在发挥科技管理部门主导地位的同时，确保非遗保护主体的地位和参与权力，通过提供良好的保护制度、环境及激励机制，实现合作治理保护。

第三，推动资源的有效配置。科技管理部门在对非遗建档式科技创新的管控过程中，应尽量减少行政干预、增强经济引导，将政策引导内化于财政政策、货币政策等经济手段之中，运用市场机制或利益驱动机制实现政府的政策目标，从而实现文化管理部门从"直接干预"向"间接干预"转变，由"干预行为"向"干预质量"转变。此外，科技管理部门在自身建设中亦可引入竞争机制，打破条块分割的官僚体系对公共产品的垄断供给，将公共产品类的非遗建档式科技创新工作交给社会企业或私人来承担，使科技管理部门从公共产品的唯一生产者，转变为公共产品的协调者和组织者。这一角色的转变，不仅可促使科技管理部门提升工作质量，同时还可以大幅降低政府对

---

[1] 中国民俗学网：《粤港民间组织的非遗保护实践》，2016年2月24日，https://www.chinesefolklore.org.cn/web/index.php?NewsID=14065。

[2] 鄂州市人民政府：《市群艺馆组织传承人参加非遗新媒体传播在线培训》，http://www.ezhou.gov.cn/sy/bmdt/202005/t20200501_336005.htm，2020年5月1日。

非遗建档式科技创新的投入总量。2017年佛山市提出建立"党建引领、文群共建",在整合各成员单位场馆资源的基础上,根据资源情况和社会需求态势,创设新的服务品牌。例如,举办"产业工人文化节",整合市、区、镇街各系统活动资源,集中推出宣传思想文化进企业、移动智能图书馆进企业、"筑梦佛山"文化艺术公益夏令营、职工大讲堂、职工文化展、职工公益培训课堂,以及禅城区玫瑰有约、佛高区最强音、顺德文化艺术进园区、高明圆梦计划、三水产业工人文化暖心工程等系列活动,实现"月月有活动,一区一品牌",其中"产业工人文化节"等品牌项目有效推动资源的有效配置。佛山市的此类做法,非遗领域也可借鉴[1]。

第四,健全非遗建档式创新体系。创新体系的建立将有效推动全社会科技资源的合理配置与高效转化,促进非遗建档式科技创新在理论和实践之间的互动过程,有效防范和克服市场失灵和政府失灵。首先,它通过强调市场主体在非遗建档式科技创新中的主体地位,从而克服科技管理部门的过度干预或错误干预对非遗建档式科技创新活动的干扰;其次,它为科技管理部门干预非遗建档式科技创新提供了一套系统的行为原则和分析框架;再者,它通过非遗建档式创新活动将政府、大学、研究机构和企业等非遗创新主体有机结合成一个非遗创新链。在该创新链上,各非遗建档式创新主体为寻求一系列共同目标而相互作用、优势互补,从而最大限度地避免了非遗创新的外部性,有效推动了非遗建档式科技创新活动的发展。科学技术部、文化部、国家文物局联合发布《国家"十三五"文化遗产保护与公共文化服务科技创新规划》,以增强整体创新能力为战略目标,以提升自主创新能力为战略重点,以培育科学创新能力为战略储备,以整合科技资源、优化创新服务为战略支撑,以实施若干重点科技攻关为战略突破,整体提升文化遗产保护利用、公共文化服务的能力,推动我国从

---

[1] 柯静:《公共文化设施联盟:党建引领文群共建》,《图书馆论坛》2018年第6期。

第五章　文化与科技融合背景下非物质文化遗产建档式保护机制的实现策略 | 133

文化遗产保护与公共文化服务大国向强国的历史性转变①。

三　以档案管理部门为支撑

（一）内涵

《非物质文化遗产法》第三十五条规定："图书馆、文化馆、博物馆、科技馆等公共文化机构和非物质文化遗产学术研究机构、保护机构……应当根据各自业务范围，开展非物质文化遗产的整理、研究、学术交流和非物质文化遗产代表性项目的宣传、展示。"不难发现，档案馆是承担本地区的非遗档案管理工作的主要责任人，综合性档案馆可以发挥自身成熟的档案管理模式和技能的优势，构建非遗及传承人建档的新型管理机制和模式，用物质载体来体现非遗的非物质文化特征，用一种可见可认知的形式来帮助人们重新思考自己的传统。在保留非遗特性、不破坏非遗原生态的基础上，实现对非遗的保护和传承。这是对综合性档案馆专业职能的有力拓展，也是对非遗保护工作的重大贡献②。

从内容上看，档案管理部门的对文化与科技融合背景下非遗建档式保护工作的支撑主要体现在以下三个方面。其一，提供建档理论。档案理论的发展较为成熟，研究体系建构完整，能为我国非遗保护提供有效支撑。其二，提供业务架构。档案保护体系和工作体系较为严整，为推动我国非遗建档式保护的工作开展提供重要支撑。其三，提供建档技术。档案业务部门具有成熟、可靠的工作办法和流程标准，能够为我国非遗保护，特别是非遗建档式保护提供借鉴。以西藏非遗为例，档案部门参与西藏非遗档案化保护的支撑意义在于，以档案学基本理论为指导，通过规范非遗建档、管理非遗档案、开发非遗档

---

① 本刊编辑部：《科技部、文化部、国家文物局联合印发〈国家"十三五"文化遗产保护与公共文化服务科技创新规划〉》，《河南科技》2017年第1期。

② 王云庆：《山东非物质文化遗产项目及传承人立档保护研究》，博士学位论文，山东大学，2017年。

案。从业务角度来看，在降低建档成本的同时，档案管理部门的业务指导和政策引导可增强建档力量，提升建档标准化水平，推进非遗规范化建档工作的开展。通过不断丰富档案馆（室）档案资源建设，充分发挥西藏档案部门在保护场所、管理制度与保护技术等方面的优势，开发西藏非遗档案资源，创新利用方式，拓宽非遗传播范围与空间，更好地弘扬西藏优秀民族文化遗产[①]。

（二）职能

其一，技术支撑。即从档案业务流程、建档技术、档案行政管理等角度出发，为非遗建档式保护机制的实现提供技术支撑。在档案的保管方面，以非遗声像档案为例，随着数字技术日新月异的发展，声像档案可以不断地利用新的技术，例如4K摄像、云存储、虚拟现实等，这些新技术一方面可以使声像档案高度还原非遗项目，保证能够完整且全面地收集历史记忆；另一方面可使声像档案在更少的空间内储存都多的信息，更利于档案的保管。相比纸质档案，运用影像技术对非遗项目制作声像档案，建立非遗项目的声像档案库。以广西边境非遗的局际档案数据库为例，广西边境非遗的跨部门非遗档案数据库是在该地区各县市文化馆、档案馆的技术和人员支持下共同建立。边境各县市文化馆的工作人员首先接受区档案馆组织的培训，然后将各自馆藏数据库中的资料向档案馆整理鉴定后提交。为规范上述工作，区档案馆法规处专门制定了一套《广西中越边境非遗数据库建设指导意见》，用以专门明确各级别分别承担自己的工作和职责。广西非遗保护中心有专人对数据库和技术人员进行管理。跨部门非遗数据库资源在边境地区的非遗展览、宣传、研究等保护工作中发挥重要作用，这些资源也供社会各群体在线查看。

其二，管理支撑。即非遗建档式保护的成果——非遗档案将保存在各级各类档案馆，因此档案管理部门对建档式保护的成果负有管理

---

① 华林、段睿辉、杨励苑：《西藏民族文化遗产保护视域下档案部门参与非遗保护问题研究》，《西藏民族大学学报》（哲学社会科学版）2019年第6期。

职责。档案化（式）保护就是对非遗项目、传承人和与之相关信息进行收集、整理、立档、保管和提供利用服务等工作的总称①，其理念是将档案管理思维融入非遗建档，利用档案管理理论和方法管理非遗档案②。2010年10月施行的《西藏实施〈档案法〉办法》第18条规定："综合档案馆负责收集管理历史档案和本级机关、社会团体、事业组织、国有企业所形成的各种门类的档案"③。非遗档案已为学界、业界所认可，将其纳入档案管理范围，不但可丰富档案馆（室）档案资源建设，还将充分发挥西藏档案部门在保护场所、管理制度与保护技术等方面的优势。档案部门参与非遗的管理支撑，具体表现为：一是非遗规范化建档。非遗建档的规范化涉及非遗材料接收征集、有序管理和数字化建设等环节。档案部门参与非遗建档，可依据国家或西藏地方非遗建档标准，以及档案归档制度、质量规范、分类编目、价值鉴定和信息化技术标准等进行建档，保证录音、录像及数字化信息的标准化采集，及其记录内容的真实完整性，以全面记录与传承文化遗产。二是非遗档案价值鉴定。关于非遗档案鉴定，覃美娟认为，应建立由非遗相关专家组成的鉴定小组，建立科学评价标准，筛选非遗材料中有价值的原始材料建档④。根据李昂等学者的研究，材料鉴定、辨明真伪是档案馆在非遗申报工作中的一项重要工作⑤。就非遗普查或名录申报等形成的材料看，都还只是非遗资料。因此，档案人员可参与由相关非遗领导、传承人、保护专家等组成的鉴定小组，共同对非遗资料进行价值鉴定，将能够真实记录非遗活动的原始

---

① 胡郑丽：《"互联网+"时代非物质文化遗产"档案式保护"的重构与阐释》，《浙江档案》2017年第1期。

② 陈智慧：《基于档案多元理念的非物质文化遗产档案化管理研究》，《中国档案》2018年第7期。

③ 《西藏实施〈中华人民共和国档案法〉办法》，http：//da.zgxzqw.gov.cn/dayw/fzjs/201712/t20171221_72023.html，2020年5月12日。

④ 覃美娟：《浅论非物质文化遗产的档案式保护》，《档案管理》2007年第5期。

⑤ 李昂、史江：《档案馆在保护非物质文化遗产中的作用初探》，《兰台世界》2008年第10期。

材料，转化为非遗档案，移交到档案馆（室）进行科学保管，以长久保护留存档案文献遗产。此外，可以依据档案馆的资源分类体系，对非遗设置类目，从而对非遗进行管理。第一，设置非遗信息资源的一级类目与编号；第二，以"依项建档"、"依人建档"为基础，根据档案的"全宗理论"、"来源原则"设置二级类目与编号；第三，在一个全宗内，档案可按照日期、保管期限、载体、问题、责任者等设置类目，对一个非遗项目或一个非遗传承人的非遗档案进行更进一步的类别划分，设置三级、四级类目与编号①，实现非遗档案的有序管理②。

其三，利用支撑。即采用和借鉴档案管理部门成熟的解决方案，为全社会提供非遗建档式保护的成果利用。档案部门长期开展档案资源发掘利用工作，在档案查询服务、展览、编研，网站开发和新媒体档案信息推送服务等方面，都积累了丰富的经验。依托档案部门开发非遗档案资源，可创新利用方式，拓宽非遗传播范围与空间，更好地弘扬这一优秀民族文化遗产③。在编研工作方面，档案部门长期开展编研工作，档案部门可利用馆藏档案资源，提供非遗档案史料，促进非遗编研工作的开展。在参与展览宣传方面，档案部门保存有部分非遗档案，例如西藏自治区档案馆珍藏有记载佛祖、高僧、学者的著作及艺术品的木质档案；拉萨市档案馆收藏有百岁老人档案、俊巴村渔文化档案和古老筹算文化档案等④。档案部门可利用上述馆藏非遗档案参与非遗展览，不仅可挖掘馆藏非遗档案补充展示材料的不足，还可利用长期举办档案展览的经验，从展览设计、展示材料、音像效果

---

① 李姗姗、周耀林、戴旸：《非物质文化遗产信息资源档案式管理的瓶颈与突破》，《信息资源管理学报》2011年第3期。
② 华林、段睿辉、杨励苑：《西藏民族文化遗产保护视域下档案部门参与非遗保护问题研究》，《西藏民族大学学报》（哲学社会科学版）2019年第6期。
③ 华林、段睿辉、杨励苑：《西藏民族文化遗产保护视域下档案部门参与非遗保护问题研究》，《西藏民族大学学报》（哲学社会科学版）2019年第6期。
④ 黄文霞：《五十载雪域迎巨变，半世纪高原换新颜》，《中国档案报》2015年9月7日。

等方面提出建议，提升展示效果。在档案网站开发方面，一是线上查询服务。可在网站公布非遗档案开放目录，通过线上查询服务，提供利用非遗档案。二是举办虚拟展览。可以和非遗保护中心、博物馆等合作，利用虚拟现实技术，制作网上虚拟展览，拓展传播宣传范围。三是提供专题数据库。建议和非遗保护中心合作，利用非遗数据库资源，提供非遗保护名录、传统手工艺等专题数据库。此外，还可利用社交媒体、手机移动终端等推送非遗档案信息，实现非遗档案信息资源的社会共享[①]。

（三）难点

档案管理部门在文化与科技融合背景下非遗建档式保护工作过程中遇到的问题主要表现在以下四个方面：非遗建档资源较为分散、建档标准体系滞后、建档主体协调困难和档案管理部门责权有限。

其一，非遗建档资源比较分散。由于我国非遗资源分布广泛且分散，在一定程度上导致了我国采集非遗资源的难度较大，使非遗资源进行建档和管理的难度也同步增加。目前，我们大量的非遗面临着消亡的危险，因为非遗分布分散，难以集中统一管理，且非遗建档需要多种技术手段的支撑，因此非遗抢救、非遗建档需要更多的人力和物力支持。当前由档案馆管控的非遗档案数量较少，具有重要价值的核心档案资源较为稀缺，尚未形成形成有规模的全国性非遗档案资源体系[②]。尽管有些非遗保护机构主动或通过协议方式将非遗档案移交给档案馆，但总体上看，档案部门管控的非遗档案数量有限、价值不高、种类单一、完整性较差[③]。

其二，建档标准体系滞后。目前我国非遗建档的分类原则是按照

---

① 华林、段睿辉、杨励苑：《西藏民族文化遗产保护视域下档案部门参与非遗保护问题研究》，《西藏民族大学学报》（哲学社会科学版）2019 年第 6 期。

② 赵跃：《新时期档案机构参与非遗保护的反思与再定位》，《档案学通讯》2020 年第 2 期。

③ 赵跃：《新时期档案机构参与非遗保护的反思与再定位》，《档案学通讯》2020 年第 2 期。

项目和传承人为依据，但由于没有规范标准对项目和传承人之下的非遗档案进行规定，使得一个全宗内的非遗档案的类别划分比较混乱。此外，我国还未开始非遗建档标准方面的工作，面对非遗资料收集存在的范围模糊、收集标准不同、固化技术不一、存储介质混乱、整理方式不同以及保管模式繁杂等问题，非遗资源建设和管理工作的开展面临着巨大的挑战。因此，我国档案管理部门须加快非遗建档标准体系的建立，使非遗建档机关的整理、鉴定、保管、移交工作有章可循，档案馆的接收、保管及提供利用服务都有可以依据的规范[1]。

其三，建档主体协调困难。目前，政府文化部门、各级档案馆、公共文化组织、私人组织和非遗传承人等都是我国非遗建档的主体。在目前法律制度下，我国非遗建档由政府文化部门牵头，多主体共同参与的局面已经形成。但是因为政府和文化行政部门管控范围较大、政府职能较杂，接管了许多本来属于社会主体的工作，从而降低了社会主体参与非遗建档的积极性。由于协调管理的缺失，非遗建档的多元主体各行其是、缺乏交流协作，使得我国非遗建档呈现出组织管理和实际工作上的无序状态，导致非遗建档各个主体的优势很难得以发挥。随着信息社会的不断形成和深入，面对数字档案资源存取与开发需求的不断增长，处于数字转型当中的档案馆在信息技术、人才结构等方面的局限性逐渐暴露出来。尤其是在多主体参与的非遗数字化保护与传承中，档案馆在非遗信息资源深度开发、非遗数字资源库建设、非遗文化传播与服务平台建设等领域的"竞争劣势"被放大。在技术实力、人力资源明显不足的情况下，即使档案馆积极履行社会职能，争取到参与非遗保护的主体地位，也很难胜任非遗数字化保护与传承的相关工作。因此，很多地方档案馆基于对自身实力的认识，尚未参与到当地非遗保护工作当中。而已经参与到非遗保护、传承传播工作中的地方档案馆，其参与层度十分有限，多停留在收集、征

---

[1] 赵跃：《新时期档案机构参与非遗保护的反思与再定位》，《档案学通讯》2020年第2期。

集、建档等基础性工作上,参与深度与创新力度较为缺乏,难以达到理想的参与效果①。

其四,档案管理部门责权有限。在现行国际国内的非遗法律法规中,档案馆(室)的主体作用被极大地忽略了,导致档案部门的设施优势、经验优势、专业人才优势都没有得到法律法规的保障,因此也就无法在实践中发挥很大的作用。现阶段,我国档案机构参与非遗保护工作呈现出小规模与自发性特点,上述特点是因为非遗保护并未明确档案机构的参与角色,加上很长一段时间内档案机构也未将非遗纳入工作范畴。因此,参与非遗保护更多是档案机构的"自发"行动②。档案机构参与非遗保护采取最多的方式是非遗档案的收集,例如清远市档案馆将市文广新局等单位移交的非遗档案接收进馆。其次是采集建档,例如晋江市档案馆采集非遗传承人口述档案。

(四)策略

其一,推动非遗建档政策的制定。通过从国家级、省市级相关非遗建档式保护法律法规的制定,落实《非物质文化遗产法》的规定,即"文化主管部门和其他有关部门进行非遗调查,应当对非遗予以认定、记录、建档,建立健全调查信息共享机制"③。在地方政策层面,贵州、广西、云南等省市自21世纪初已相继颁布了保护当地传统民俗和文化的规定和条例,宁夏、陕西、浙江、安徽、江苏、新疆等地也先后出台了非遗保护条例与暂行办法保护当地非遗的传承,由此可见,制定并颁布非遗法规政策已逐步得到我国各省市的重视。据统计,截至2020年福州市现有155项市级以上非遗项目(含国家级15项、省级73项),非遗保护单位159个,非遗传承保护基地69个。

---

① 赵跃:《新时期档案机构参与非遗保护的反思与再定位》,《档案学通讯》2020年第2期。

② 赵跃:《新时期档案机构参与非遗保护的反思与再定位》,《档案学通讯》2020年第2期。

③ 中央人民政府:《中华人民共和国非物质文化遗产法》,http://www.gov.cn/flfg/2011-02/25/content_ 1857449. htm,2020年5月12日。

然而，随着城镇化的快速发展，部分非遗赖以生存的生态逐步消失，一些传统文化、民俗、技艺面临后继乏人的危险，为推动全市非遗保护工作，目前福州市非遗保护法规已提交市人大初审，非遗保护法规草案主要内容包括适用范围及非遗类型，非遗保护管理体制，非遗调查和数字化保护，非遗代表性项目、代表性传承人、保护单位的认定与管理，非遗的传承传播，非遗社会化保护及法律责任等[①]。《广州市非物质文化遗产保护办法》在2020年5月1日正式实施。按照该办法，市级、区级非遗代表性项目申报应当"在本地传承一百年以上"，市级、区级非遗代表性传承人的传承谱系也"不得少于三代"。该办法制定主要依据《中华人民共和国非物质文化遗产法》、《广东省非物质文化遗产条例》，从广州的实际出发，重点突出市、区级项目的历史传承、生命力和保护价值[②]。宁夏为加大非遗保护传承力度，建立非遗代表性传承人资助激励机制，宁夏出台了《宁夏回族自治区非物质文化遗产保护管理暂行办法》，涉及宁夏非遗的保护、传承、利用和管理等方面。该办法规定，非遗采取分级保护管理与属地保护管理相结合的办法实施保护管理，推进保护管理的法制化、规范化、长效化。在非遗代表性名录项目方面，宁夏对各名录申报的责任单位给予一次性奖励；在保护传承基地方面，该办法规定传承基地应具备固定场所和传习空间；在非遗代表性项目代表性传承人方面，宁夏建立了非遗代表性传承人资助激励机制，分期分批安排代表性传承人走出去，支持代表性传承人开展对外展览演示和宣传推介活动[③]。

其二，推动非遗建档式保护专项规划的实施。一方面是在国家或

[①] 闽南网福州：《聚焦活化项目福州市非遗保护法规提交市人大初审》，https://baijiahao.baidu.com/s?id=1665301492590882547&wfr=spider&for=pc，2020年5月12日。

[②] 广州日报：《要成"非遗"传承人谱系不能少于三代!》，https://baijiahao.baidu.com/s?id=1665436606147491431&wfr=spider&for=pc，2020年5月12日。

[③] 中国小康网：《宁夏出台〈宁夏回族自治区非物质文化遗产保护管理暂行办法〉》，https://baijiahao.baidu.com/s?id=1663186627792557543&wfr=spider&for=pc，2020年5月12日。

地区的文化改革发展规划中纳入非遗保护的相关内容,对非遗建档的规划和要求进行说明。例如《文化部"十二五"时期文化改革发展规划》在"加强非物质文化遗产保护"规划中指出"完成非物质文化遗产普查资料的整理、编目、存档,加强非物质文化遗产普查资料的研究和利用"[①];另一方面在省市级的非遗保护规划中阐释具体的非遗建档要求。在省一级,如《海南省非物质文化遗产保护规划(2012~2015年)》中将"建立系统全面的非物质文化遗产档案和数据库"作为主要任务之一,具体要求"通过普查和专题调查,运用文字、录音、数字化等各种方式,对全省非物质文化遗产进行真实、系统和全面的认定记录,制定建档规范,分级建立市县及全省非物质文化遗产档案"[②]。依照《北京市非物质文化遗产条例》的规定,市区文化和旅游主管部门应当调查本区域的非遗情况,包括非遗数量、分布、种类、保护现状等问题,在调查的基础上对非遗资源进行认定、记录并建档。对于本区域代表性项目的组成部分,如建筑物、遗迹、场所及其附属物等,市区人民政府应当加强保护,并设置保护标志,建立相关的档案[③]。《广州市非物质文化遗产保护办法》规定:对已丧失传承人、客观存续条件已消失或者基本消失的非遗代表性项目实施记忆性保护,通过收集文字、图片、音像等相关资料和实物,建立档案库[④]。《浙江省非物质文化遗产保护发展"十三五"规划(2016—2020年)》名录项目保护行动重点工作中提到"继续实施和完善省级以上非物质文化遗产项目'八个一'保护措施,一项一策:一个保护方案、一个专家指导组、一个工作班子、一个传承基地、一

---

① 文化部:《文化部"十二五"时期文化改革发展规划》,http://culture.people.com.cn/GB/87423/17857491.html,2020年5月12日。
② 海南省文化广电出版体育厅:《海南省非物质文化遗产保护规划》,http://www.hainan.gov.cn/hn/zwgk/jhzj/hyzygh/201211/t20121120_798701.html,2020年5月12日。
③ 中央人民政府:《北京市非物质文化遗产条例》,http://www.gov.cn/xinwen/2019-02/13/content_5365365.htm,2020年5月12日。
④ 广州市人民政府:《广州市非物质文化遗产保护办法》,http://www.gz.gov.cn/zwgk/fggw/zfgz/content/post_5672678.html,2020年5月12日。

个展示平台、一套完备的档案、一册普及读物、一系列保护政策。一抓到底，务求成效，力促成果，'八个一'覆盖率达到100%"①。在市级层面，《常州市非物质文化遗产保护办法》重视对非遗真实性、系统性和全面性的保护，该办法规定应当运用文字、录音录像、数字媒体等多种方式对非遗进行调查，在此基础上建立非遗档案数据库；非遗代表性项目的保护单位必须履行全面收集项目的资料、实物，并登记、整理、建档的义务②。

其三，推动非遗建档式保护数据库建设。以档案馆为主导的非遗数据库建设，主要是档案馆将收集到的非遗档案资源进行数字化，建立档案数据库数字化信息进行储存和利用，以满足自身的资源建设需要。数据库技术使得数据库中的数字存储冗余得以减少，并且可以实现数据共享、保障数据安全、高效检索和处理数据等功能，从而帮助计算机解决了信息处理中大量数据有效地组织和存储的问题。面对迅猛增长的非遗普查、建档等信息组织和存储等信息需求，运用数据库技术建立非遗数据库是提升我国非遗建档保护技术水平和服务能力的最佳解决方式，也是推动我国非遗资源信息化的重要手段。从非遗信息资源的特征来看，"活化"的非物质载体和"固化"的物质载体是非遗记忆构建不可或缺的两个组成部分。目前，非遗的"活态"传承面临着困境，因此将非遗通过"固化"的载体来记录、选择并保存，是揭示、发现和重构非遗记忆的重要方式。然而，通过工具、场所、制成品以及物质载体的记录，仅仅完成了记忆的"固化"，而无法实现记忆的系统建构。因此，有必要面向记忆建构开展非遗数字档案资源库建设，围绕全方位、多角度的建构非遗记忆，运用虚拟化、网络化的方式组织与展示非遗③。档案馆作为人类"记忆库"，是建

---

① 浙江省文化厅办公室：《浙江省文化厅关于印发浙江省非物质文化遗产保护发展"十三五"规划的通知》，http://www.zjfeiyi.cn/xiazai/detail/1-203.html，2020年5月12日。

② 常州市人民政府：《常州市非物质文化遗产保护办法》，https://www.sohu.com/a/213364241_777333，2020年5月12日。

③ 徐拥军：《建设"中国记忆"数字资源库的构想》，《档案学通讯》2012年第3期。

第五章　文化与科技融合背景下非物质文化遗产建档式保护机制的实现策略 | 143

设非遗档案资源库，成为非遗记忆典藏中心的首选。首先，加大非遗档案资源建设范围和力度，解决档案馆馆藏非遗资源不足的局限。国家档案局可主动与文化部门取得联系，制定《非遗档案移交、接收与管理办法》，确定非遗档案的专门档案地位，以及移交和接收的时间与管理办法。另外，各地档案馆也应积极行动，在接收入馆的"存量"非遗档案资源基础上，围绕非遗代表性项目与代表性传承人开展有选择、有目的的"补充性"采集工作，最终在全国范围内形成结构、形式较为完整的非遗档案资源体系[①]。其次，对非遗档案进行处理、加工与组织，优化现有非遗数字档案资源库，解决非遗档案资源的长期保存、有序组织与检索利用问题。档案部门要充分利用档案行业在数字化加工及数字档案馆建设领域的优势，重点打造地方与国家非遗档案资源库，同时也要善于借助非遗档案资源库的建设契机，提升数字档案馆"面向公众"的社会服务功能[②]。

其四，推动非遗建档式保护成果的社会共享。档案管理部门是推动档案编研成果社会利用的主体，也是推动档案信息资源共建共享的核心。推动非遗建档式保护成果的社会利用和知识分享，既是传承中华优秀传统文化的重要手段，更是在国际上增强我国文化软实力的重要支撑。2006年，党的十六届五中全会首次提出建设公共文化服务体系，这也成为我国发布政策来部署公共文化服务体系建设的开端。2016年12月通过的《公共文化服务保障法》强调国家统筹规划公共数字文化建设，构建标准统一、互联互通的公共数字文化服务网络，建设公共文化信息资源库，实现基层网络服务共建共享。非遗作为公共文化信息资源的重要组成部分，将其纳入公共文化服务领域已成为全球共识。因此，公共文化服务工程将为非遗信息资源的整合共享提

---

① 金玲娟：《我国图书馆数字人文服务现状、障碍与对策研究》，《图书馆工作与研究》2018年第9期。
② 赵跃：《新时期档案机构参与非遗保护的反思与再定位》，《档案学通讯》2020年第2期。

供资源和平台，非遗信息资源作为公共文化信息资源的组成部分，可以为公共文化服务提供极大的帮助，例如准确的信息支撑、丰富的文化资源和多样的开发服务手段[①]。此外，在新时期档案馆不仅要坚守"为党管档、为国守史"的使命，还应与国家文化主管部门加强联系，主动寻求参与公共文化服务的角色和定位，积极参与到文化共享工程中，以非遗资源为本，遵循文化共享工程资源建设与发布的标准与规范，加强"专题型"非遗档案资源的整合，促进非遗档案资源的共享[②]。

四 高新技术企业为主体

（一）内涵

"以企业为研发主体、以市场需求为研发导向，逐步建立以生产、学习、研究、开发和引进为一体的研发系统，推动各级各类企事业单位成为技术研究的主体和技术收益的主体，让企业享受到科技研发和技术进步带来的超额效益。"[③] 上述政策的提出是高新技术企业在非遗保护中得到重视的标志，在文化与科技不断融合的背景下，科技与保护分离、研发与应用脱节的局面必须得到根本的改变，使高新技术企业的优势在非遗保护中充分发挥出来。企业的经营环境是由一系列相互制约、相互影响、不断变化的发展要素组合起来的一个系统，是那些影响企业的生产经营、管理决策等要素的集合[④]。任何一个企业或组织的发展都不会独立于环境之外。高新技术企业融入非遗保护环节，发挥高新技术企业在非遗保护中的主体作用。

---

① 周耀林、赵跃、孙晶琼：《非物质文化遗产信息资源组织与检索研究路径——基于本体方法的考察与设计》，《情报杂志》2017年第8期。
② 赵跃：《新时期档案机构参与非遗保护的反思与再定位》，《档案学通讯》2020年第2期。
③ 中央人民政府：《国家中长期科学和技术发展规划纲要》，http://www.gov.cn/jrzg/2006-02/09/content_183787.htm，2020年5月12日。
④ 伍梦月：《民族地区乡村旅游企业经营与非物质文化遗产保护互动关系研究》，硕士学位论文，昆明理工大学，2019年。

第五章　文化与科技融合背景下非物质文化遗产建档式保护机制的实现策略 | 145

以高新企业为主体作为切入点，文化科技融合视角下非遗建档式保护机制的主体特征有如下内容。其一，创新决策主体。要拥有对非遗保护技术及其应用的敏锐洞察力，对市场需求做出最快速的反应，就要求高新技术企业必须处于市场竞争的最前沿，以技术战略和市场分析为基础，对自身已有成果和发展方向进行有效筛选，从而确定适宜的非遗科技创新决策。其二，研究开发主体。面向非遗保护需求和市场竞争态势，在现有非遗研究机制和管理机制的条件下，确立高新技术企业是非遗研发核心，积极推动产学研一条龙联合，建立文化与科技融合下非遗建档式保护的产学研链条。其三，创新投入主体。在文化与科技融合下，高新技术企业要成为非遗建档式保护的创新投入主体，需要多方合作与支持。首先，文化行政和科技管理部门要在金融、财税等多方面，通过市场机制和政策引导，使政策性经费向高新技术企业转移。其次，高新技术企业需根据自身情况，结合非遗保护需要，多方筹措研发资金，降低企业对政府资金投入的依赖，逐步使自身成为非遗建档式科技研发的主要投入者。其四，成果转化主体。文化与科技融合的关系中，文化处于融合的上游，它向科技提出需求，重点在于应用科技成果，科技则处于融合的下游，它向文化提供服务，重点在于不断研发和新的技术方法从而满足不断产生和增长的社会文化需要[①]。

（二）职能

其一，建档式保护的实施主体。在文化与科技融合的背景下，高新技术企业成为非遗建档式保护的实施主体，不仅是我国经济体制改革的必然结果，也是非遗保护科技化、现代化的现实需求，更是高新企业应对市场环境的现实选择。济南市莱芜高新区鹏泉街道办事处郭家沟村的一家国家高新技术企业——山东山歌食品有限公司。该公司独有的"糊香花生油制作技艺"被列为山东省唯一花生油类省级非

[①] 郑洁：《创意产业视角下的非遗保护与利用研究》，硕士学位论文，武汉科技大学，2019年。

遗，而采用此独特技艺生产的"糊香花生油"被评为山东省老字号产品①。2015年，酷狗音乐与广东粤剧院等机构进行版权合作，启动"传统地方戏曲的数据库建设及数字化传播"工程，将10种地方戏曲、近200位表演艺术家、10000余个曲目，进行数字化建档，将地方戏曲用数字技术的方式进行呈现。此外，酷狗推出《非遗大师课》和《国乐大师课》等节目，并参加到"全国非遗曲艺周"等活动，以直播为传统文化搭建起和"Z世代"交流的桥梁，实现传统文化在互联网的广泛传播和"圈层"突破②。作为一家以互联网为基础的"科技+文化"公司，腾讯用数字化手段推动非遗的传承发展与创新，企业从"创造型传承、互动性传承、数字化传承"三个维度，打造腾讯的数字非遗传承方案，将非遗传承与精准扶贫相结合，借助数字化手段和互联网技术，将散落在全国各地的非遗人群与社会大众连接，让他们可以通过自身的非遗技艺实现原地脱贫，从而带动延续传承非遗文化。

其二，体制改革的发展结果。首先，非遗保护的实施主体必须保持敏感，根据市场原则确定融合方向方能产生效益，并满足非遗建档式保护的需求；其次，非遗建档式保护的实施主体应具备研发、生产、销售和服务等能力，使非遗建档式研发成果能够顺利转化和长期运行；最后，非遗建档式保护的实施主体应该有一定的资金实力和融资能力，逐渐降低对国家投入的依赖，能自主承担可能面临的风险。综上，随着我国体制改革进程的不断加快，作为市场主体的高新技术企业在我国非遗建档式保护过程中的地位日益提升。在文化与科技融合背景下的非遗建档式保护过程中，企业特别是高新技术企业拥有对市场需求敏感度高，研发、生产、销售能力强，有着资金和金融实力

---

① 农村大众报：《省级非遗技艺留在现代化流水线上》，http://paper.dzwww.com/ncdz/content/20191219/Articel01003MT.htm，2020年5月12日。
② 消费日报网综合：《酷狗打造"科技+文化"双引擎，助力广州"出新出彩"》，http://www.cnr.cn/rdzx/cxxhl/zxxx/20191113/t20191113_524856864.shtml，2020年5月12日。

不断加强等优势。因此，随着我国体制改革的推进，高新技术企业在非遗建档式保护中发挥着日益重要的作用。

其三，市场竞争的迫切要求。在经济全球化时代，经济竞争已取代政治交锋成为国际竞争的重点，而科学技术的进步则是经济实力提升的前提。因此，推动文化和科技融合，必须大力发展市场经济，通过完善体制结构、转变发展方式来推动科技的不断进步。以光华制药为例，由于不断推进非遗技术创新，已有百年历史的光华制药现已成为广药集团的支柱企业之一，同时也是白云山股份公司的骨干成员企业。2019年上半年，光华制药的销售收入近5亿元，预计全年将实现较高的增幅[①]。无独有偶，茅台集团作为贵州省的龙头企业、支柱产业，也是非遗生产性保护比较具有代表性的企业。茅台酒能够享誉中外，除了得益于得天独厚的自然环境、地理环境及人文环境外，最重要的是集团长期坚守传统工艺成就了茅台酒的优良品质[②]。

（三）难点

高新技术企业在文化与科技融合背景下非遗建档式保护工作过程中遇到的问题主要集中在两个方面。

一是，技术水平相较国际先进水平仍显落后。二是，非遗建档式技术的转化较为困难。就目前的现状来看，我国高新技术企业非遗保护产品在科技含量、技术水平和竞争实力等方面与国际先进水平存在一定差距。这主要是因为我国高新技术企业的创新能力较弱，同文化产业的融合度较低，从而使得社会要素、生产水平、资源环境都对其产出成果造成了制约，高新技术企业无法生产出具备国际竞争力的产品，在国际竞争中无法取得主动权和优势。目前，高等院校和科研机构是我国非遗建档式保护研究的主体，政府的投入、管理和实施思路

---

① 中国经营报：《光华制药：传承非遗、匠心做药的百年老字号》，https://baijiahao.baidu.com/s?id=1643204290032365408&wfr=spider&for=pc，2020年5月12日。

② 王英：《论企业在非物质文化遗产保护中的作用——以贵州茅台集团为例》，《楚雄师范学院学报》2018年第1期。

是非遗建档式保护研究的主要依据，在这种模式下，企事业单位作为非遗建档式保护的单纯实施单元，其参与非遗建档式保护研究的积极性不高，企业参与非遗建档式保护是被动的，是完全按照政府的政策指令发生和进行的。这就使得我国非遗建档式保护和研究的错位，非遗建档式保护研究成果不能充分转化。

（四）策略

其一，树立融合创新文化。在计划经济体制下，企业的生产和经营严重依赖政府，缺乏自身的创新意识和冲动。现阶段我国的社会主义市场经济体制使得市场机制成为高新技术企业进行各项创新的体制主导，成为文化与科技融合的实现基础。"融合创新"应成为我国高新技术企业在非遗建档保护工作中的核心价值，通过加强以创新为内涵的企业文化建设来应对国际竞争和文化保护提出的挑战。以天津达仁堂为例，悠久的企业文化是达仁堂传统国药文化和蜜丸制作技艺等先后被列为国家级、天津市市级非遗名录的重要原因。达仁堂注重传统医药文化的传承发展。单就"达仁堂"字面上看，本身就有"通达"、"仁爱"的传统思想。1914年达仁堂建立之初，乐达仁以自己的名字命名，并提出"达则兼善世多寿，仁者爱人春可回"的制药理念。一百多年的经营发展中，企业始终坚持该理念，积极参加公益活动关注社会弱势群体[①]。

其二，坚持需求导向原则。实用性、通用性、易用性等特性良好是一项非遗保护技术及其产品占领市场所必不可少的原则。因此，在文化与科技融合进程中，高新技术企业须以科技为导向、以我国非遗建档式保护需求为引领，推动高新技术企业的创新、融合和进步。从内容上看，企业是生产性主体，必须要以市场经济发展规律和市场需求不断完善企业的发展方向和模式，将公司经营与公益宣传相结合；

---

① 韩竹：《传统医药类"非遗"产业化经营战略思考——以天津"达仁堂"企业为例》，《学习贯彻党的十九大精神推进"五个现代化天津"建设——天津市社会科学界第十三届学术年会优秀论文集》（下），天津市社会科学界联合会，2017年，第254—259页。

企业还要根据当地独特的文化和地域特色,加大与政府部门和非遗代表性传承人的交流,使产业化投资与生产、消费等各个环节相互配合,将文化资源转化为文化产品和文化市场。例如,上文提到的达仁堂拥有包括乐仁堂、京万红等在内的6个驰名商标,这些品牌作为老字号,具有独特的品牌优势[①]。

其三,完善现代企业制度。按照现代企业制度的有关规范,逐步构建与世界接轨、与市场适应的经营方式和管理模式,通过建立和完善各项规章制度,深入推进企业内部管理的制度化、规范化和现代化,使企业能够满足非遗保护需求,形成法人实体和竞争主体。在文化与科技融合背景下,高新技术企业建立现代企业制度也是其参与非遗建档式保护的重要内容之一。以达仁堂为例,现代企业制度和领先的生产基地是达仁堂能够不断提升生产技术和创新能力的基础。达仁堂的9个研发中心研发了300多项专利和1000多件专利申请。截至2016年底,达仁堂共有研发人员300余名,是员工总数的7%左右。该公司用于产品研发的资金高达9500余万元[②]。

第二节 面向客体的非物质文化遗产建档式保护机制实现策略

一 非物质文化遗产建档式保护机制的融合策略

(一)内涵

非遗档案资源包括非遗普查档案、申遗档案、项目档案、传承人档案,是国家档案资源体系的重要组成部分。非遗档案内容主题十分

---

① 韩竹:《传统医药类"非遗"产业化经营战略思考——以天津"达仁堂"企业为例》,《学习贯彻党的十九大精神 推进"五个现代化天津"建设——天津市社会科学界第十三届学术年会优秀论文集》(下),天津市社会科学界联合会,2017年,第254—259页。

② 韩竹:《传统医药类"非遗"产业化经营战略思考——以天津"达仁堂"企业为例》,《学习贯彻党的十九大精神 推进"五个现代化天津"建设——天津市社会科学界第十三届学术年会优秀论文集》(下),天津市社会科学界联合会,2017年,第254—259页。

丰富，涉及音乐、舞蹈、美术、书法、文字等多种类型的艺术形式。因其档案资源来源不同，现阶段颁布于各大博物馆、美术馆、文化馆、民俗馆、图书馆、档案馆等公共文化机构之内，也存在于民间组织和个人手中，例如私人博物馆、私人收藏。可见非遗档案资源来源广泛而分散，而要非遗档案资源融合更是一个涉及各个文化机构和组织的工作。通过对上述相关概念的剖析和对比，笔者对"非遗档案资源融合"定义如下：非遗档案资源融合是指通过现代化的整理与组合方式，将分散在全国各地、各个部门的非遗档案资源进行集中整合，以开放利用档案资源为出发点，对非遗档案资源进行整理加工和优化配置，围绕建成统一的服务利用平台，形成有价值、可利用、便于共享的非遗档案资源体系的过程。

就"档案资源融合"而言，学者周耀林、常大伟提出"国家重点档案信息资源"是指"在一定的规则约束下，借助信息融合技术对国家重点档案信息资源进行综合处理与协同利用，从而生成新的信息空间和知识架构的过程"，其中需要对非遗档案信息进行抓取、预处理、特征识别等初步处理流程，并需要进行信息重构、知识发现和实践应用等建设过程，主要包括数据级、信息级和知识级这三个层次的档案资源融合[①]，需利用多种信息融合技术和方法。刘晓英、文庭孝认为主要从时间和空间两个维度定义"数字资源融合"，即要从时间维度上融合已经形成的、正在形成的以及将要形成的数据资源，从空间维度上要从不同的行业领域和地区融合数字资源，将其融合为一个整体并进行开发利用，从而发挥其最大的价值[②]。张莹、姚蔚迅认为"数字档案资源融合服务就是将不同档案机构、不同类型的数字档案资源进行类聚、整合，形成一个集成化的、方便公众快速查找和高

[①] 周耀林、常大伟：《国家重点档案信息资源融合及其实现策略研究》，《档案学研究》2018年第2期。

[②] 刘晓英、文庭孝：《大数据时代的数字资源融合研究》，《图书馆》2015年第2期。

效利用的数字档案资源服务平台。"① 由此可见，档案资源融合是对各类档案信息资源进行综合处理，从而形成一个完整的有机整体，以便于开发利用的过程。

（二）目标

明确非遗档案资源融合的目标，有利于持续推进非遗档案资源融合工作总体规划的制定，为有序开展非遗档案资源融合提供保障。非遗档案资源融合的目标主要包括以下三个方面：

其一，促进非遗档案资源管理平台的构建。当前，非遗档案资源分散保存在全国各地的文化机构之中，部分非遗档案仍保存在个人收藏家手中。这种分散保存的状态，形成了大量的非遗档案资源"孤岛"，阻碍了各地、各机构之间的信息交流和沟通，极不利于非遗档案资源的规范化和标准化管理，也使得公众难以获取和利用相关的档案信息。随着大数据时代的到来，各个机构在上级管理部门和相关法规的要求下不断提高对非遗档案资源管理的要求，同时社会大众对各类非遗档案资源的需求也在不断提升，为应对上述挑战推进非遗档案资源融合，构建非遗档案资源管理平台已迫在眉睫。为此构建一个纵向贯通、横向集成的非遗档案资源管理平台，促使全国各地、各个部门的非遗档案资源能够自由聚集在一起，由此可不断提升我国各类非遗档案资源的管理水平，促进非遗建档式保护机制的形成，从而形成一个种类多样、内容丰富、覆盖全国、互联互通的非遗档案数据库和信息网络，能够有效加强非遗档案资源的管理，推进非遗建档式保护机制的形成，促进全国各地非遗档案资源的保护。

其二，提升非遗档案资源保护的效能。2018年2月，《中共中央关于深化党和国家机构改革的决定》通过，我国新一轮机构改革启动。全国各地档案机构设置也进行了调整，具体来说即由"局馆合一"变为"局馆分设"，在档案管理之上实现了管办分离，档案局和

---

① 张莹、姚蔚迅：《我国数字档案资源融合服务实现路径探析》，《兰台世界》2017年第9期。

档案馆的职能定位更为清晰明确。然而受以前"局馆合一"、条块分割的档案管理体制的影响，我国各个档案管理部门之间、档案馆与其他文化机构之间尚存在较为明显的沟通壁垒，较少进行交流合作。在当前机构改革的背景下，通过档案局和档案馆的通力合作，不断推进非遗档案资源的融合，加强各级各类文化管理机构之间的衔接、沟通、配合、协调，打破档案资源管理的障碍，改进和提升非遗档案资源管理的手段，制定统一的非遗档案资源分类体系和分类方法，能够有效提高非遗档案资源管理和服务工作的效率和质量，避免档案资源低水平、低层次的重复建设。

其三，拓展非遗档案资源的应用。非遗是我国珍贵的传统文化资源，包含美术、音乐、舞蹈、书画等众多传统艺术。习近平总书记在十九大报告中对我国文化事业建设提出的要求——"推动中华优秀传统文化创造性转化、创新性发展"[1]，也为我国非遗保护工作指明了方向。非遗是中华优秀传统文化的代表，促进非遗存续条件的改善，实现非遗可持续发展，是当前非遗工作的重点。不断推进非遗档案资源的融合，为非遗申报、非遗利用、非遗保护和传承提供方便，加强对非遗档案资源的开发和利用，深入挖掘非遗档案资源的内在价值。同时，搭建非遗档案资源共享平台，实现非遗档案资源的统筹管理和社会共享，以拓展非遗档案资源利用应用的广度。

综上，非遗档案资源的融合，既是非遗建档式保护的目标也是手段，通过全国各地非遗档案资源的集成和整合，建设起非遗档案资源管理平台，以促进非遗档案资源的交流和共享。通过非遗档案资源管理方式方法的改进，打破非遗档案资源互通互助的壁垒，不断提高非遗档案资源保护效能，拓展非遗档案资源应用的深度和广度，以推进非遗建档式保护机制的形成，促进非遗档案资源利用水平的提升，从

---

[1] 习近平：《决胜全面建成小康社会 夺取新时代中国特色社会主义伟大胜利——在中国共产党第十九次全国代表大会上的报告》，http://www.12371.cn/2017/10/27/ARTI1509103656574313.shtml，2020年4月22日。

而加强我国非遗保护和传承。

(三) 原则

非遗档案资源融合涉及多个部门，是一项复杂的系统性工程，需要多方协助配合。在组织非遗档案资源融合时，要遵循以下原则：

第一，整体性原则。不论是非遗档案资源融合的过程，还是非遗档案资源本身，都可看作是一个完整的业务系统。而系统则是一个整体，以整体应对和适应外部环境的变化，调节和控制内部的各个环节，可见整体性是系统的基本属性。首先是非遗档案资源融合工作实施的整体性，非遗档案资源融合是一项系统性工作，需要各个机构的协调和配合；其次在开展非遗档案资源融合工作过程中，需要对整个工作进行整体规划，考虑影响工作开展的各个因素，优化各类资源的配置和整合，使得工作高效、有序开展。第三是非遗档案资源的整体性，既要实现各类非遗档案资源之间的无缝衔接，注意厘清资源之间的内在联系，而非生硬的裁剪拼接；同时要求融合后的非遗档案资源能够以文本、图像、视频等多种形式存在，不仅能够平面化地呈现非遗档案信息，还能使非遗档案信息立体化、可视化。

第二，互补性原则。"互补"从字面上理解，即为不同事物之间互相补充，以使得效益最大化。互补性原则要求非遗档案资源融合应在全面调查分析非遗档案资源现状的基础上进行，既需要调查当前非遗档案的种类、分布、数量等档案实体的基本情况，还需要了解非遗档案的主题、信息关联等档案信息的情况，同时还要掌握非遗档案工作的实际情况，包括非遗档案工作流程、专门制度规范、非遗档案保存机构等。只有全面掌握非遗档案资源保护的现状，才能防止为追求资源融合而导致盲目收集、征集、接收、交换等情况的出现，从而避免增加档案库房的资源存储压力和资源的重复建设；才能有序、高效推进非遗档案资源融合的开展，使得融合后的非遗档案资源不论在内容、数量上，还是在体系上都是对各自馆藏资源的补充，真正实现非遗档案资源融合的目标，促进非遗建档式保护机制的建立健全。

第三，统一性原则。非遗档案资源融合的目的在于调整并配置各方的资源，组建合理的资源体系结构，形成档案资源统一配置的组织形式，最终便于公众利用。非遗档案资源融合的统一性原则，包括两个方面的内容：其一是目标统一，即涉及非遗档案资源融合的各个机构、组织的资源融合目标应协调统一，按照同一目标展开资源融合工作；同时制定非遗档案资源融合规划时，在设计各个子流程、子任务时，也应要求其与非遗档案资源融合的总体目标相统一。其二是标准统一，即要求在各个部门实施具体操作时，使用每一种资源融合方法时，应按照统一的标准进行，包括统一的分类方法、技术标准、操作标准等，以便融合后的非遗档案资源能够在各个数据库、共享平台之间有序流动，不受数据格式、数据载体的限制，使得非遗档案资源共享平台建设有序开展，并可持续地提供利用。

第四，特色化原则。特色化原则是指在进行非遗档案资源融合时，应注意结合各地区、各民族非遗档案资源的特点。首先，非遗种类繁多，根据《非物质文化遗产法》，非遗可分为以下6类："（一）传统口头文学以及作为其载体的语言；（二）传统美术、书法、音乐、舞蹈、戏剧、曲艺和杂技；（三）传统技艺、医药和历法；（四）传统礼仪、节庆等民俗；（五）传统体育和游艺；（六）其他非物质文化遗产"[1]；由此形成的非遗档案种类较多，内容更是丰富，在进行非遗档案资源融合时则应注意保留其档案内容特色。其次，非遗档案具有文化特异性[2]，各个地区、民族因文化传承、宗教信仰、风俗习惯、语言生活等的差异，其非遗具有鲜明的地域、民族特色，由此形成的非遗档案也具有很强的文化特异性，能够反映某个地区、某个民族的文化生活特征，在进行非遗档案资源融合时更是不能忽视这种文化特色。

---

[1] 中国人大网：《中华人民共和国非物质文化遗产法》，http://www.npc.gov.cn/zgrdw/huiyi/lfzt/fwzwhycbhf/2011-05/10/content_1729844.htm，2020年5月29日。

[2] 李英：《非物质文化遗产档案的特点和建档原则》，《档案管理》2012年第1期。

第五，公共需求原则。《全国档案事业发展"十三五"规划纲要》① 中提出档案事业发展应坚持"以人为本、服务为先。把以人为本作为档案工作的核心，努力满足社会各方面对档案信息的利用需求，更好地为党和国家各项事业发展服务"，且要"提高档案公共服务能力"。非遗档案工作作为全国档案事业的组成部分，应始终坚持这一基本原则。在进行非遗档案资源融合时，应坚持公共需求原则，结合各地区非遗档案资源的内容特点和形式特征，根据公众对非遗档案资源的需求特点进行资源融合，构建非遗档案资源开放共享平台，拓展非遗档案资源的应用空间，以公众需求带动非遗档案资源融合的有效性，从而更好地为公众提供服务。

（四）实体融合策略

非遗档案资源实体主要指承载非遗档案信息的各类载体，包括纸张、胶片、磁带、光盘等多种载体类型。非遗档案资源的实体融合则是指将分散保存在不同部门的某一主题或全部非遗档案实体，系统化、有序化地保存在一个机构之中，再由该机构对非遗档案资源实体进行综合管理的融合形式。通过对非遗档案资源的实体融合，可以从组织体制上改变原有非遗档案"条块分割"和"孤岛"现象，实现多种类型非遗档案资源实体的科学有序存储与利用。而要对实体非遗档案资源进行融合，则需要从档案流向调整融合、档案目录融合和档案展览融合三个方面入手。

其一，档案流向调整融合。在进行非遗档案资源实体融合时，可以通过合理调控非遗档案的归属和流向实现实体资源的融合。我国非遗档案资源建设具有主体多元的特征，即因来源的分散性，非遗档案大多集中在非遗的传承主体②。例如，福建莆田妈祖信俗档案

---

① 国家档案局：《国家档案局印发〈全国档案事业发展"十三五"规划纲要〉》，http://www.saac.gov.cn/daj/xxgk/201604/4596bddd364641129d7c878a80d0f800.shtml，2020年4月22日。

② 聂云霞、龙家庆、周丽：《数字赋能视域下非遗档案资源的整合及保存：现状分析与策略探讨》，《档案学通讯》2019年第6期。

主要产生并保存在妈祖宫庙之中，其中湄洲妈祖祖庙保存最多，而当地档案馆也保存有少量的相关档案。这种多元主体的非遗档案资源建设，造成非遗档案建设与管理主体的相对分离，致使管理职责模糊，从而导致大量非遗档案缺少系统性整理和保存，乃至处于濒危状态。因此，要对非遗档案流向进行控制，推动非遗档案从多头管理、分散保管转向某一机构集中统一管理，在众多非遗档案资源建设主体中确定一个档案保存的主导机构。具体而言，在非遗档案产生后，由各个主体按照统一的规范、标准进行收集、整理，再在规定时间内移交给主导保存机构，由主导保存机构进行统筹管理和实现资源融合。一方面，非遗档案资源在空间上具有分散性，广泛分布于各个地区，由主导机构进行集中管理，可以优化非遗档案资源的配置，同时也需注意出台相应规范加强对保存在私人主体中的档案资源的管理；另一方面，主导机构负责开展对各个主体移交的非遗档案进行整理、鉴定等工作，可以监督其档案管理是否合法合规，及时解决其中存在的问题和困难，提高各级各类非遗档案资源建设主体的档案管理质量和水平。

其二，档案目录融合。档案目录的融合，实际上是推动图书馆、档案馆、博物馆、文化馆等机构保存的非遗藏品、文献、档案资源数据进行融合，建立起完整的非遗档案实体目录和清单。这要求所有非遗档案资源保存机构按照统一的目录体系框架、技术要求、元数据标准、分类标识、管理要求等规范进行非遗档案资源目录建设，做好前端控制；再对非遗档案目录进行有机整合，建立交互共享式非遗档案目录数据库，对非遗档案目录进行统一集中管理。在这一方面，可以借鉴电子政务档案管理领域的做法，以浙江省为例，在《浙江省公共数据和电子政务管理办法》中将档案平台的建设纳入其中，并明确规定了"各级档案行政管理部门负责本行政区域内公共数据和电子文件归档统一平台建设"，不断推进浙江省政府的数字化转型；其后，浙江省各级各类档案机构通过建设统一的电子档案交换系统，不仅与浙江政务服务网实现了对接,还与省住建厅、省民政厅、省人社厅等12个部门的内部业务系统实现了数据对接,通过政务云与浙江省的大数据中心进行了链接,并发布了《政务办事"最多跑一次"工作规范》和《浙江省档案馆政务服务电子档案接收办法》等规范性文件,实现政务信息资源目录与档案目录体系的交互融合,极大地提高了电子政务档案管理的效率,推动民生档案查阅等档案服务水平的提高。[①] 对非遗档案目录进行融合,通过建立交互共享式非遗档案目录数据库,实现图书馆、文化馆、博物馆等文化机构非遗档案目录数据的汇总,既可对本机构非遗档案实体资源进行梳理,有利于摸清各机构非遗档案资源的基本情况,也为进一步开展非遗档案资源融合奠定基础。

其三,档案展览融合。非遗档案展览融合,实际上是一种合作利用非遗档案资源的形式,即指博物馆、文化馆、档案馆等不同机构或不同级别的同一种机构联合开发非遗档案资源,共同策划某一主体的非遗展览,按照一定规则系统性展示非遗档案或其复制品,实现某一主题或某一种类的非遗档案实体资源的融合开发的过程。在2019年端午节期间,北京市组织开展各类公共文化活动304项931场,覆盖约120万人次,重点突出了端午民俗文化,例如东城区玉河庵举办"保护历史文化遗产,传承红色基因"文化沙龙活动,展示京杭大运河沿岸的音乐类非遗,延庆区开展端午之夜交响音乐会、第六届北京非遗大观园长城文化带非遗展、世园非遗手工艺市集、京台妫水龙舟交流赛、包粽子比赛及体验等文化活动,昌平区展示15个非遗代表性项目[②]。为助力疫情防控,2020年福建省在复工复产以后举办"众志成城抗击疫情——福建非遗战疫主题作

---

① 《将数字档案馆纳入数字政府大格局中统筹建设》,http://www.yueyang.gov.cn/daj/6630/30097/content_ 1643299.html,2020年4月22日。

② 伍策、楠雪,《北京:文旅融合展特色端午 非遗抢眼观民俗文化》,http://ex.cssn.cn/ysx/ysx_ fwzwhyc/201906/t20190629_ 4927111.shtml? COLLCC=1259374180&.

品展",运用剪纸、竹木雕、影雕、木版年画、寿山石雕、瓷艺、农民画、纸织画、木贴画、沥金画等多种非遗艺术形式,共同展现"战疫"精神,传递打赢疫情防控阻击战的信心和决心。可见,通过对同一主题或同一种类的非遗档案实体资源进行联合开发、合作展览,有利于提高各机构非遗档案资源的利用效率,更好地为公众提供非遗档案服务。

(五)信息融合策略

非遗档案信息是指非遗档案实体所承载的非遗档案信息,包括非遗本体档案、非遗项目档案、非遗传承人档案、非遗口述档案等内容形式,涉及非遗的传承演变过程、文化特征、保存情况、管理活动、传承人情况等方面的信息内容。非遗档案资源的信息融合,是根据"一站式"档案服务需求,通过分析各类非遗档案信息之间的相关性,并将其中紧密相关的档案信息从不同全宗、不同部门或不同载体中提取出来,通过运用大数据分析方法进行重新组织与加工,将化零散无序的数据整合为一个完整、系统的非遗档案信息整体。该方法能有效推进非遗档案信息化建设,尤其是非遗档案数字化、网络化建设,并通过建设非遗档案数据库、搭建非遗档案信息资源共享平台等方式,实现非遗档案信息资源的高度融合。

第一,宏观融合。宏观融合实际上强调的是对非遗档案资源建设和管理的协调。在非遗档案资源融合过程中,即对归属于不同地区、不同机构的非遗档案资源进行分类整理、加工再造,使得原本独立分散的非遗档案信息汇集到一起,实现对全国范围内多种类型的非遗档案资源逐级逐层融合。这一过程涉及到多个非遗档案资源建设和管理主体,需要国家进行统筹协调和规划,做好顶层设计,在整体上实现对非遗档案资源建设和管理进行指导和监督。在法律规章方面,《非物质文化遗产法》中规定:"文化主管部门应当全面了解非物质文化遗产有关情况,建立非物质文化遗产档案及相关数据库。除依法应当保密的外,非物质文化遗产档案及相关数据信息应当公开,便于公众查阅。"① 2017 年中共中央办公厅、国务院办公厅印发的《关于实施中华优秀传统文化传承发展工程的意见》强调"完善非物质文化遗产、馆藏革命文物普查建档制度。"② 在地方层面，各级地方政府出台相关规章制度对非遗建档式保护进行了规定，例如《天津市非物质文化遗产保护条例》中规定："文化主管部门应当建立健全非物质文化遗产档案管理制度，按照有关规定接收、整理、保管非物质文化遗产档案，并采取必要的保护措施，防止档案的损毁或者丢失。"③ 这些都是各级文化主管部门开展非遗建档式保护，加强非遗档案资源建设的依据。在具体操作层面，文化主管部门应积极发挥非遗档案资源建设的主体作用，做好非遗档案资源建设统筹协调工作，建立统一的非遗档案数据库，敦促各地区、各机构开展非遗建档工作、纸质非遗档案数字化工作并上传非遗档案数据，促进全国范围内非遗档案资源的共建共享。

第二，微观融合。即指某个非遗档案资源建设主体组织非遗建档、非遗纸质档案资源数字化并输入数据库系统的过程。这一过程中，该主体需要对不同类型、不同来源、不同时期、不同载体的非遗档案信息资源，按照统一的标准、规范进行信息采集、数据分类处理，以实现特定范围内非遗档案信息有序化融合。例如，湖北省江陵县档案馆为推进非遗保护和建设，制定《江陵县非物质文化遗产建档实施方案》，以乡镇管理区为单位收集整理相关档案资料，包括①县域内特定历史环境下特定集体或个人在政治、经济、宗教、艺术、教育、文化等社会活动中逐渐形成并传世的非物质文化历史记录且成功申报省级非遗项目；②通过有关部门论证、评估、审查，审核其文化价值，采取资料查询、知情人访谈、多角度拍摄取景等方式建立非遗

---

① 《中华人民共和国非物质文化遗产法》，http：//www.npc.gov.cn/wxzl/gongbao/2011-05/10/content_1664868.htm，2020 年 5 月 12 日。

② 中共中央办公厅：《国务院办公厅印发〈关于实施中华优秀传统文化传承发展工程的意见〉》，http：//www.gov.cn/zhengce/2017-01/25/content_5163472.htm，2020 年 5 月 12 日。

③ 《天津市非物质文化遗产保护条例》，http：//www.ihchina.cn/zhengce_details/20638，2020 年 5 月 12 日。

项目基本信息，收集鉴定登记、保护等工作中产生的文字图片、表册等档案资料。江陵县通过"一项一档"的形式对县域内的非遗资源进行建档立卡，建立起非遗档案名录和全文数据库，有效地实现了全县非遗档案资源的整合，为其他非遗档案建设主体进行非遗档案资源微观融合提供了范本。在非遗档案资源微观融合的过程中，最重要的是制定统一的方案或规划，对各类具体问题进行详细规定，以确保非遗档案规范化建设，为非遗档案资源融合减少障碍。

第三，横向融合。非遗档案信息资源的横向融合是指多个无明显隶属关系的、跨区域或跨部门的非遗档案管理主体之间，以协商一致的合作机制、管理制度与规范，进行非遗档案信息资源共建共享，或是单一非遗档案管理主体内部对不同种类、不同信息形式的非遗档案信息资源进行融合的过程。非遗档案信息资源的横向融合主要包括同级融合、跨区融合和内部融合三种形式。同级融合是对同一级别非遗档案管理主体的非遗档案资源进行融合，例如同级档案馆、博物馆、文化馆、美术馆等协同建立非遗档案数据库，联合开发档案展览、出版非遗研究文献和书籍等。跨区融合是指不同行政区域内的文化机构基于共有非遗资源，进行非遗档案目录交换的非遗档案资源融合形式，例如2009年入选《人类非物质文化遗产代表作名录》的中国剪纸在中国各地区广泛分布，包括以粗犷奔放为特征的山西、陕西剪纸等北方派系剪纸，以细腻为主要特征的沔阳雕花剪纸、佛山剪纸等南方派系剪纸等等，在进行这一主题的非遗档案资源建设时，就需构建跨省的中国剪纸档案目录交换制度。内部融合单一非遗档案管理主体内不同类型非遗档案资源的信息融合，包括编制一份完整的非遗档案目录等。通过对非遗档案资源的横向融合，加强各地区非遗档案管理主体之间的沟通与交流，提升非遗档案资源建设的质量和水平。

第四，纵向融合。纵向融合是指具有隶属关系的非遗档案管理主体机构，以行政领导方式对非遗档案信息资源融合进行自上而下的统筹规划，或是单一非遗档案管理主体机构内部对不同时期非遗档案信息进行跨时间的信息资源归集的过程。由此可见，非遗档案信息资源的横向融合主要包括跨层级融合和跨时间融合两种形式。跨层级融合是有隶属关系的非遗档案管理主体机构之间的纵向融合形式，按照融合的层级又可细分为市县融合、省市融合、省市县融合等几种形式。在《国家级文化生态保护区管理办法》的出台，截至2020年4月我国共建立28个国家级非遗文化生态保护区，100个国家级非遗生产性保护示范基地。这种建立国家级非遗文化生态保护区、生产性保护示范基地是典型的跨层级融合。同时，建立非遗保护中心，以中心为核心开展对非遗资源的集中保护，建立起省、市、县三级非遗数据库，也有利于非遗档案资源的跨层级融合，例如西藏自治区非遗保护中心集中对非遗普查收集的文字、照片、影像等资料进行分类归档，初步建立起自治区、地（市）、县三级非遗数据库，实现非遗档案资源的省市县纵向融合①。跨时间融合是单一非遗档案管理主体机构内部对不同时间段的非遗档案信息资源进行纵向融合的过程，例如以非遗的传承和发展历程为融合要素，将同一项目或同一主题的非遗档案进行收集和整理，形成该项目或该主题非遗形成发展各个阶段的档案。例如，2017年入选《世界记忆名录》的29592卷《近现代中国苏州丝绸档案》则全面19世纪到20世纪末期这一段时期内苏州丝绸工业的发展历程。

二 非物质文化遗产建档式保护机制的制度策略

（一）以管理制度创新为基础

1. 内涵

《国家"十三五"文化遗产保护与公共文化服务科技创新规划》②

---

① 《西藏建立健全非遗档案资料及数据库》，https://cn.apdnews.com/XinHuaNews/501392.html，2020年5月12日。

② 科技部、文化部：《国家文物局关于印发〈国家"十三五"文化遗产保护与公共文化服务科技创新规划〉的通知》，http://www.most.gov.cn/mostinfo/xinxifenlei/fgzc/gfxwj/gfxwj2016/201612/t20161221_129720.htm，2020年5月12日。

中指出，要推进我国文化遗产保护与公共文化服务的发展，就必须要以制度创新体系为保障。管理制度创新是非遗建档式保护机制形成的基础。

在文化与科技融合的背景下，非遗建档式保护机制的实现需要依靠政府管理部门，即文化行政管理部门全程管理。可见，文化与科技融合背景下非遗建档式保护的管理创新实质上就是各级文化行政管理部门的管理创新。文化行政管理部门是隶属于政府的下属机构，因此文化行政管理部门的管理创新也可以理解为政府管理创新在文化管理领域内的集中体现。结合文化与科技融合背景下非遗建档式保护机制的内涵，以及上述学者对管理创新的界定和研究，笔者认为文化与科技融合背景下非遗建档式保护的管理制度创新是在对我国非遗建档式保护过程中，各级各类文化行政主管部门对文化部门的管理理念、文化行业的管理模式、文化产业的管理方式方法、非遗档案管理流程进行创新改革。

2. 意义

推动非遗建档式保护的管理制度创新，既是我国非遗保护的现实需要，是非遗保护可持续发展的必然要求，也是推进我国文化事业发展的重要途径。

第一，推动非遗建档式保护制度创新是实现文化法制化管理的重要补充。习近平总书记指出"全面依法治国是国家治理的一场深刻革命"[1]，是中国特色社会主义的本质要求和重要保障，是我国文化、经济等各项事业发展的基本保障。《中共中央关于全面推进依法治国若干重大问题的决定》中更强调，"建立健全坚持社会主义先进文化前进方向、遵循文化发展规律、有利于激发文化创造活力、保障人民

---

[1] 《习近平：全面依法治国是国家治理的一场深刻革命》，http：//www.jcrb.com/xzt-pd/ZT2018/fogang/fzjs/qmyfzg/ldr/201812/t20181219_ 1944515.html，2020 年 5 月 12 日。

基本文化权益的文化法律制度"①。文化法制是我国全面依法治国的一个重点建设内容，它是一个国家进行文化治理的法律和制度的总称，涉及国家文化产业、活动、权利、事业、体制等方方面面的内容。非遗是一种稀缺的人类文化遗存资源，蕴含着重要的文化和经济价值，是中华民族优秀传统文化的重要组成部分。由此可见，非遗建档式保护制度建设是我国文化法制建设的组成部分。而当前我国非遗档案管理制度尚有缺憾，政府并未建立起专门的非遗档案管理制度，对非遗档案管理工作实施、开展未作出详细规定。推进非遗建档式保护管理制度创新的最终成果，即为在现有非遗保护制度的基础上建立一套完整的、可实施的非遗保护制度体系，推进我国非遗保护事业依法依规地有序发展。非遗建档式保护制度体系的建立健全，是对我国文化法制管理的重要补充，是我国非遗保护事业健康发展的基础。

第二，推进非遗建档式保护管理制度创新适应全球化发展的需求。全球化是目前世界发展的趋势，各种生产要素的全球性流动、信息在全球的交互，也为非遗保护带来了巨大挑战。首先，我国非遗资源丰富、种类众多、发展历史悠久，但因其涉及领域广泛、地域和民族性差别显著等因素的影响，致使我国非遗保护工作开展难度较大，尤其在面对全球化背景下的文化冲击时，非遗保护和传承对外界干扰因素的抵抗力显得尤为薄弱。其次，非遗是对精神文明建设的重要补充，但对经济利益的获取较为忽视；而在这一特性的影响下，在经济全球化中非遗的生存空间被不断压缩，一些非遗传承人因生计所迫而放弃了其中不盈利的部分，致使非遗部分传承断绝。其三，经济全球化是对全球范围的生产要素进行重新整合，势必会对其相适应的上层建筑产生影响，例如要求其艺术内容、形式、表现方法、思想观念等与经济发展相适应，非遗作为传承文化的具体表现，能否据此作出相应改变，且其改变能否得到公众认同已经成为当前非遗保护工作面临

---

① 《中共中央关于全面推进依法治国若干重大问题的决定》，http://www.ccps.gov.cn/xytt/201812/t20181212_123256.shtml，2020年5月12日。

的重要调整。对非遗建档式保护的管理制度创新，为非遗建档式保护建立起坚实的制度保障基础，体现的是国家对非遗文化传承的认同和支持，能够在一定程度上规避全球化所带来的风险，为非遗保护事业打造安全、稳定的发展环境。

  第三，推进非遗建档式保护管理制度创新是推动文化体制改革的关键环节。习近平总书记在党的十九大报告中指出，"要深化文化体制改革，完善文化管理体制，加快构建把社会效益放在首位、社会效益和经济效益相统一的体制机制。"① 文化体制改革是全面深化改革的重要组成部分，深入推进文化体制改革，能够充分发挥文化自强和创新的作用，为全面深化改革提供文化支撑，注入精神力量②，其中心环节是激发全民族文化创造活力。管理制度创新是文化体制改革的重要环节。非遗涉及文化的方方面面，是我国文化不可或缺的部分。对非遗建档式保护进行管理制度创新，通过完善顶层设计、建立健全文化事业发展的制度体系等系列制度创新举措，促进中华优秀传统文化的创造性转化和创新性发展，可有效推进我国文化体制改革的发展。例如，十八届三中全会以后，"非遗+扶贫"已经成为不少地区进行非遗活态传承的重要抓手，例如贵州麻料村依托传统工艺生产银饰和纪念品，发展乡村旅游，以改变贫困状况；青海省黄南藏族自治州同仁县吾屯村从事唐卡绘画，人均年收入从5年前5000余元增加到3万余元；湖南湘西传统工艺工作站提出"让妈妈回家"计划，为拥有苗绣技艺的母亲提供一定的帮扶，使其能留在家乡陪伴孩子的同时也能取得经济收入③。

---

  ① 习近平：《决胜全面建成小康社会夺取新时代中国特色社会主义伟大胜利——在中国共产党第十九次全国代表大会上的报告》，http：//www.12371.cn/2017/10/27/ARTI1509103656574313.shtml，2020年5月12日。
  ② 杨雄：《将文化体制改革引向深入》，《人民论坛》2019年第2期。
  ③ 周玮：《坚定文化自信 焕发时代风采——十八届三中全会以来全面深化文化体制改革综述》，http：//www.xinhuanet.com/politics/2019-01/05/c_1123951080.htm，2020年5月12日。

3. 原则

第一，规范化原则。坚持规范化原则是进行非遗建档式保护机制的管理制度创新的基础。管理制度创新的规范化，主要包括两个方面：一是过程规范化，即各文化行政管理部门对有关非遗档案建设和管理的各项制度的制定和修订均遵守我国的宪法和相关法律，按照法律规定的程序执行。例如，涉及到国家法律的制定和修订，需由相关国家机关提交议案至全国人大进行审议表决通过后方可进行；涉及法规、制度、办法等，则由国务院依据具体情况而定；各地方规章制度的制定和修改，应遵照相关程序。因此，在制定和修订非遗档案管理制度时，应先取得相关部门如国务院、文化部、国家档案局的同意，依法开展工作。二是内容规范化，一方面是修改或制定的制度应符合宪法、《档案法》、《非遗法》等国家法律条文和国务院制定法规的精神，以文化主管部门的政策、规章为导向；另一方面非遗建档式保护机制的管理制度创新应将非遗档案管理中涉及的各项问题进行整合，形成解决相关问题的标准和流程，使得非遗档案管理的流程和具体环节符合国家规定，让非遗档案管理受到全程监控并形成有效的反馈机制，推动文化行政管理部门监督、指导非遗档案管理成为一种规范、有序、常态化的行为，保证文化与科技融合背景下非遗建档式保护机制的有效实施。

第二，系统性原则。在文化与科技融合背景下，非遗建档式保护机制的管理制度创新对象是涉及非遗档案管理的各项制度，包括档案管理规范、工作决策制度、监督检查制度、奖励激励制度、人员任命制度等。要推进以上制度的创新，需要从理念上推进文化管理与科技管理思想的融合，并以该思想为指导在具体的管理流程中进行落实。非遗建档式保护机制的管理制度创新不仅是制度本身的革新，还应包括思想理念的革新，以及在新思想、新理念指导下的非遗档案管理手段和方法的创新。由于我国地域广阔，非遗总量庞大、分布地域广泛、种类丰富，且因受各地文化差异、区域经济发展不平衡的影响，我国文化行政管理部门就难以用一种模式对全国的非遗档案进行有效管理。由此可见，非遗建档式保护机制的制度创新需要在了解各地非遗档案建设实际的基础上，制定出各地适宜的管理制度，而这无疑是一项庞大的系统性工程。因此，在进行非遗建档式保护机制的管理制度创新时，必须坚持系统性原则，由文化行政管理部门进行统筹，根据全国非遗保护现状，兼顾地方非遗档案工作的实际情况，制定非遗建档式保护的总体规划，使得非遗建档工作按照总体规划有计划、有步骤地实施，同时允许各地结合地方特色在制度框架下灵活开展工作，推动全国非遗建档工作整体有序发展。

第三，有效性原则。非遗建档式保护机制的管理制度创新应以制度的有效性为本。制度的有效性，主要包括以下内容：一是确立主导权力的合法性，即通过制定国家认可的非遗档案管理制度，通过规章制度的形式规定非遗档案建设的主体、管理的主体等，明确各主体的权力与责任，从而推进非遗建档式保护依规依制实施。二是推进管理职能的完善，非遗建档式保护涉及非遗档案的收集、整理、保管、编研、利用等多个环节，涉及人事、财务等多方面的内容；在制定和修改相关制度时，应注意考察档案管理、人事管理、财务管理等各个环节，并结合当前非遗建档式保护工作的现状，明确各个机构以及机构内部的职能分工情况，做到分工明确、权责明晰，以确保新的制度规范能有效落实。三是提高管理决策的科学性，在管理制度创新时，应注意结合管理理论和方法，建立起有效的管理决策制度，规范决策流程和步骤，避免主观决策、信息误导等非理性决策行为的出现，从而提升管理决策的科学性和专业性。四是加强管控行为的合理性，应注意结合文化与科技融合之下产生的新的管理理念和管理思想，严格设计档案建设和管理的流程和具体细节，规范文化行政管理部门等有关部门的监督指导行为，避免出现越界、失职等情况。五是保护主体的多元性，文化因多元而美丽，非遗因多元而绚烂，当前我国非遗资源遍布全国各个地方、各个民族，因此在进行制度设计时，应注意保护非遗档案管理主体的多元性，促进不同主体的非遗档案建设，丰富我国文化的多样性。坚持有效性原则，加强制度的有效性建设，理顺非遗档案建设投入和产出的逻辑，从而提升我国非遗保护的有效性。

4. 目标

要推进非遗建档式保护机制的建设，其管理制度创新应以法制化、服务化和多方合作为目标。

第一，推进法制化管理。坚持全面依法治国是我国的基本方略。推进非遗建档式保护有法可依、有规可循是管理制度创新的基本目标。其中，我国最高法宪法第二十二条规定："国家保护名胜古迹、珍贵文物和其他重要历史文化遗产"[①]，体现出了我国对文化遗产保护工作的高度重视。而在《非物质文化遗产法》中也明确规定："文化主管部门应当全面了解非物质文化遗产有关情况，建立非物质文化遗产档案及相关数据库。除依法应当保密的外，非物质文化遗产档案及相关数据信息应当公开，便于公众查阅。"[②]同时，非遗是我国优秀传统文化的重要组成部分，由上述法律可知党和政府极为关注我国非遗工作，对于我国非遗建档式保护工作也极为重视。目前我国除了非遗专项法律——《非物质文化遗产法》对非遗建档工作做出专门规定以外，国家政府部门也制定了一系列的非遗保护规章，其中均有涉及非遗档案资源建设，例如《国家级非物质文化遗产代表性传承人认定与管理办法》、《国家级非物质文化遗产保护与管理暂行办法》、《国家级文化生态保护区管理办法》，然而并未有专门的非遗档案管理制度。因此，推进非遗建档式保护机制的管理制度创新，首先要建立健全我国非遗制度体系，推进各级各类非遗法律法规的制定，加快制定专门的非遗档案管理规范，以与我国上位法相适应。其次，各级文化

---

① 《中华人民共和国宪法》，http://www.gov.cn/xinwen/2018-03/22/content_5276319.htm，2020年5月12日。

② 《中华人民共和国非物质文化遗产法》，http://www.npc.gov.cn/wxzl/gongbao/2011-05/10/content_1664868.htm，2020年5月12日。

行政管理部门在制定各项政策、制度、规范时,要仔细查阅相关法律条文以及上级部门的政策规章,以避免出现相关矛盾的条文。其三,要加强相关法律法规、规章制度的落实监督,建立起一套非遗制度贯彻落实的监督考核体系,在文化行政管理体系内部严格遵循已制定的法律规范的同时,推进社会团体、组织等也遵循相关法律规范,不违背相关条款。

第二,建设服务型政府。党的十九大报告中提出:"建设人民满意的服务型政府"[①]。在深化机构和行政体制改革的重要时期,如何转变政府职能、建设人民满意的服务型政府是当前全国政府机构转型中面临的重大问题。文化行政管理部门可将非遗保护作为整体转型的突破口,不断推进我国非遗资源体系建设,加强非遗建档式保护工作的开展,积极探索和构建非遗服务体系,进而向整个文化系统推广,从而实现本部门的全面转型升级。在非遗建档式保护领域,文化行政管理部门构建服务型政府的具体目标包括:一是在调查我国非遗保护实际情况的基础上,明确现阶段以及未来一段时间内我国非遗保护的具体需求和发展目标,并结合人民群众的总体文化需求制定相关政策制度,而非基于文化行政管理部门本身的需求或相关利益集团需求,制定非遗保护、档案建设的政策法规,即一切制度的制定从人民的根本利益出发,立足于非遗档案管理的现实。二是应积极引导社会力量参与到非遗档案建设、非遗保护工作之中,并积极向公众提供非遗相关的公共产品,激励公众自发参与,以在市场体制下形成非遗建档式保护的社会动力。三是形成非遗建档式保护工作的考评机制,并使之成为文化行政管理部门行政能力考核的指标之一,从而推进政府部门的积极行动。

第三,实现社会多方合作。我国幅员辽阔,非遗资源在全国各

---

① 习近平:《决胜全面建成小康社会 夺取新时代中国特色社会主义伟大胜利——在中国共产党第十九次全国代表大会上的报告》,http:∥cpc.people.com.cn/19th/n1/2017/1027/c414395-29613458.html?from=groupmessage&isappinstalled=0,2020年5月12日。

地、各机构中均有分布，因而非遗建档主体也呈现出多元化特征。政府与社会组织进行合作，其实从内容上看就是放弃了过去一言堂式的垄断管理形式，逐步从政治协商、齐抓共管的角度入手，将一部分社会管理职能分担给了政府之外的社会组织和民间团体，实现了对社会公共事务的共同管理，既有利于政府减员增效，提高政府工作效率，也有利于社会资源的优化配置，加强政府和公众之间的互动交流。文化行政管理部门实现社会多方合作的基本内容包括以下几个方面：一是合作对象的平等性，即在具体实施中，对社会多方一视同仁地开展沟通合作，既包括文化行政管理部门与各类社团组织、公益组织、非政府组织的合作，也包括各类政党与机构之间的合作，无论合作方为何种类型、属性的机构，均平等对待。二是合作内容多元化，因政府对合作对象一律均等对待，因此在组织形式上具有极强的包容性，既包括国内外各类组织机构的横向跨越联合，也包括了国内各部门的纵向条块联合；同时在具体的合作内容上，既有非遗档案建设方面的合作例如合作收集、整理非遗档案，也有非遗档案开发利用方面的合作例如共同开发非遗主题类文化创意产品等。三是构建稳定的合作关系，即开展合作要根据我国非遗建档式保护工作的长远需求，与相关机构达成长期的合作伙伴关系，以合同等形式规范合作的内容、范围等，实现合作的长期发展。

5. 举措

要实现我国非遗建档式保护机制的管理制度创新，需从依法管理、民主管理、服务导向和合作管理四个方面着手。

第一，推进非遗建档式保护的依法管理。依法管理指各项管理活动需符合我国各项法律法规的规定。非遗建档式保护的依法管理，主要是要明确行政管理主体、合理分解管理职权和规范行政管理行为三方面的内容。

明确行政管理主体。首先要找准非遗建档式保护的行政管理主体。根据我国《非物质文化遗产法》第十三条的规定："文化主管部门应当全面了解非物质文化遗产有关情况,建立非物质文化遗产档案及相关数据库。"[1]可见,我国非遗建档式保护的行政管理主体是各级文化主管部门,包括文化和旅游部、各省文化和旅游厅、各市县文化和旅游局等各级各类文化行政管理部门。例如,我国文化和旅游部"负责非物质文化遗产保护,推动非物质文化遗产的保护、传承、普及、弘扬和振兴"。[2] 除此之外,机构是否合法、有效需要相关部门进行甄选和筛查,因而政府须定期通过官方的媒体平台公布对我国各级各类文化行政管理机构进行检查和清理的结果。其次要推进各级各类文化行政管理部门及其管理工作的合法合规。即文化行政管理部门在对非遗建档式保护进行管理的过程中,须遵照我国相关法律法规的条款,在法律准许的范围内行使自己的行政权力,即根据《非物质文化遗产法》第十二条和第十三条,我国文化主管部门不仅要对非遗进行认定和记录,为其建立专门的档案,还需要开展非遗档案数据库建设[3]。文化行政管理部门行使其权力时,需在国家相关法律和政策中找到依据,而非采用"凭经验、凭感觉、依惯例"的方式来进行管理。

规范行政管理行为。防止行政不作为和规范行政裁量行为是对非遗建档式保护管理行为规范的两个主要方面。行政不作为是指行政主体及其所属的工作人员未能或拖延履行其所应履行的职责和义务。为了尽可能地防止行政不作为的出现,需要建立非遗建档式保护工作的监督检查和绩效考核制度,努力避免干部懒政怠政。而要对行政裁量行为进行规范,就需要深入了解各地的非遗保护开展的实际情况,包括非遗建档式保护意识水平、非遗基础设施建设、社会经济发展水平

---

[1] 《中华人民共和国非物质文化遗产法》,http://www.gov.cn/flfg/2011-02/25/content_1857449.htm,2020年5月12日。

[2] 《文化和旅游部主要职责》,https://www.mct.gov.cn/gywhb/zyzz/201705/t20170502_493564.htm,2020年5月12日。

[3] 《中华人民共和国非物质文化遗产法》,http://www.gov.cn/flfg/2011-02/25/content_1857449.htm,2020年5月12日。

等,并据此评价和规范各个行政主体的管理行为,为各项管理行为戴上制度的枷锁:一是要调查对各个行政管理主体在当前管理过程中存在的自由裁量问题并对此在制度中作出指导性规定,以统筹规划我国非遗建档式保护工作的开展;二是要求各级各类文化行政管理部门根据工作实际,在国家总体裁量管理制度的基础上结合地方和部门实际建立相对完善、规范的自由裁量管理制度,对非遗建档式保护管理工作各类自由裁量行为的指导标准不断进行细化和完善,使其更能适应地方非遗建档式保护工作的具体情况、符合非遗保护发展的各类要求;三是要求遵从执法的正当程序,在行政管理领域即各级各类文化行政管理部门在其日常管理中应遵循法律法规,按照既定的步骤和程序执行各项管理行为,做到依法行政。可见,严格遵循正当程序能够有效避免非遗建档式保护管理中的各种不当行政行为。

第二,推进非遗建档式保护的民主管理。我国非遗建档式保护机制的民主管理主要从完善民主决策、加强民主监督两个方面着手。

一是完善民主决策。民主决策是中国特色社会主义民主政治的重要内容,在党治国理政中具有基础性、关键性意义[1]。非遗建档式保护的民主决策是指为规范非遗保护的决策行为,即通过预定的程序、规则和方式进行决策的行为。为推进非遗建档式保护管理的民主决策,文化行政管理部门可从以下三个方面着手:首先,完善听证制度。听证制度是行政程序中的基本制度,指根据法律规定,由非本案调查人为主持人,采用准司法的方式听取利害关系人的申辩的制度。在进行非遗建档式保护管理决策时,应根据决策的重要程度,由文化行政管理部门邀请利益相关人作为代表参加听证会,对决策的内容进行质询、提问和发表意见,并根据与会代表的意见进行决策的修改和完善,形成一套完整的非遗建档式保护决策听证制度,以提高决策科学性水平。其次,建立社会参与制度,即鼓励公众通过各种渠道的方

---

[1] 刘中杰:《进一步提升民主决策水平》,《学习时报》2018年1月22日第3版。

式积极参与到非遗建档式保护的管理决策之中。在这一方面，文化行政管理部门要打通公众参与决策的渠道，在相关决策正式实施之前，通过意见征集、专家咨询等方式，推动全社会对决策内容发表建议和意见。最后，建立民意调查制度。无论在制定决策之前，还是在决策制定过程中，都需要广泛征集公民意见，包括与公民进行面对面谈话、网络问卷发放等形式。在决策过程中推进社会各种力量的广泛参与，坚持听取非遗传承人、专家和群众等的意见，能有效提高决策的科学和民主程度，为后期决策的落实奠定基础。

　　二是加强民主监督。从字面上来看民主监督是社会公众根据自身的实际经验对党和政府各项工作提出建议和批评的过程，这是一种非政府机关的监督，是一种"自下而上"的、非权力性质的监督，可以有效推进我国政府机关工作效率的提高，克服官僚主义、本本主义和教条主义。在推进非遗建档式保护的民主监督上，一方面要确定民主监督的要点，即要积极发挥社会的民主监督职能，在给予相关管理人员一定的管理权限的同时，加强对我国非遗建档式保护管理工作中的各个关键节点和重要环节的监督，一旦发现违法违规行为就要对其进行追究和处罚。另一方面，要健全非遗建档式保护的民主监督主体，主要包括四个方面：一是我国各级行政管理人员多为中共党员，因而要充分发挥相关部门党员内部监督检查作用，定期对非遗建档式保护的各项管理工作开展检查，以及时发现相关工作中存在的问题并进行改进；二是加强相关国家机关的监督检查工作，要充分发挥各级人大的监督权力，大力发扬政治协商机关的民主监督作用，对非遗行政管理工作中存在的不当行为进行批评教育和处罚；三是加强外部监督即群众的民主监督，各个部门可以利用微信、微博、网络等媒体平台积极主动接受群众的监督和反馈意见，对群众提出的问题进行调查解决并及时给予反馈，以增强公众的监督意识、激励其自发进行监督，从而提高非遗建档式保护工作的质量；四是充分发挥新闻媒体的监督作用，及时利用各类官方新闻媒体披露各类非遗建档保护工作的信息,给予社会大众以正确的舆论导向,对当前非遗建档式保护工作存在的问题和取得的成绩予以及时报道,充分发挥对文化行政管理部门的监督作用。

第三,加强非遗建档式保护的服务建设。转变政府职能、建设人民满意的服务型政府是新时代党和国家机构改革的重要任务。非遗保护作为文化行政管理部门的工作重点之一,应坚持以此为导向,通过发展信息平台、构建考评体系等形式提高服务型政府建设水平。

一是发展信息平台。随着现代信息技术的高速发展,建设网络信息平台对全国非遗档案资源进行管理,有利于不断推动我国非遗建档式保护管理工作水平的提升。一方面,建设网络信息平台能够有效提高非遗档案管理的效益,即文化行政管理部门可通过信息平台及时查看各地区、各机构非遗建档工作的进展,对工作进行监督和指导,上级文化行政管理部门能及时传达党和政府对非遗保护工作的精神和指示,下级部门也能向上级部门反馈工作中存在的问题和困难,打通各级部门之间信息交流渠道,提高非遗建档式保护工作的效率和质量。另一方面,建设网络信息平台能够加强对行政权力的监督,即通过以网络互通的信息平台,监督部门可随时检查各级文化行政管理部门的非遗建档式保护管理行为,发现其中行政不当行为并予以批评指正,从而加强对我国文化部门行政管理行为的实时监督。为了达成这一目的,文化行政管理部门首先应在全国范围内抓紧建设各类网络通信基础设施,以文化和旅游部为主导对我国现有的非遗档案信息平台进行整合,包括建设覆盖全国的非遗档案数据库、对原有非遗数据库的信息进行迁移和备份等,以打通文化行政管理部门之间的壁垒为阶段性目标,实现各个业务系统间的信息共享。与此同时,要根据我国非遗建档式保护的实际需要,有计划、有步骤地对社会公众开放各级各类非遗档案信息资源,通过加强政府部门之间的沟通交流,进一步推动提高行政效率和公共服务质量。

二是构建绩效考评体系。文化行政管理部门绩效考核的内容包括制度执行力度、业务工作质量等方面。由于我国目前各文化部门的非遗建档式保护工作考核还存在一些短板，例如非遗建档式保护工作的考核内容不明确，即未明确规定考核的内容和范围；指标设置不科学，多从数量考察非遗建档工作的成效，而未考虑档案质量问题；程序流程不规范、考核模式单一、评价方式流于形式等。为避免上述短板对绩效考评工作的影响，文化行政管理部门应建立起一套完整的非遗建档式保护工作绩效考评体系，它们包括：一是要明确考核内容，包括考核对象和考核范围的确立。考核对象即为所有参与非遗建档工作的文化行政管理部门、文化事业单位等；在考核范围上，即对各考核对象的非遗建档式保护工作进行考核。二是要完善指标体系，具体而言，可从机构和部门对非遗建档工作的重视程度（是否有分管领导、内部检查考核等）、规章制度建设情况（是否制定专门的非遗档案管理制度等）、部门非遗建档归卷工作（卷宗是否齐全完整、归档载体和档案录入是否齐全）等。三是要改进考核办法，可建立考核对象自评、直接上级考核和部门复评的三级绩效考核模式，成立专门的考评小组，不断提高各部门的绩效考核水平。综上，文化部门的绩效考核要将定性评价和定量评价进行结合，结合部门的职责和各个具体岗位的具体定位进行考核评定，以充分考虑非遗建档式保护的社会文化需求和公众利益，提高绩效考核过程和结果的透明度和公正性，不断推进我国非遗建档式保护工作的开展。

第三，推进非遗建档式保护的合作管理，从理顺党政关系、融洽政企关系和推进政社关系三方面着手。

一是理顺党政关系。在我国，党和政府需要深刻理解双方在国家治理体系中的地位和作用，理顺党政关系。即要始终坚持中国共产党的领导，积极发挥党"总揽全局、协调各方"的作用；同时政府是党执政的重要载体且政府工作人员大多是党员，需要服从于同级党委的领导，通过政府决策的程序将党治理国家的思想、主张转变为政府的各项政策、制度付诸实践；党政分工不分家、密切配合、团结如一，才能使党和人民的事业蒸蒸日上①。在非遗建档式保护工作中理顺党政关系应做到：其一，明确责任。党和政府要准确把握自身的职能定位和职责分工，厘清党和政府的权责边界，严格落实履行其职能和责任。其二，区分权力。党委不能代替文化行政管理部门对我国非遗建档式保护工作进行直接管理，但可以通过政治、思想、组织等领导形式对非遗建档式保护工作管理机构指导，通过把握政治原则和政治方向来影响各级政府部门的决策，在实现对文化部门领导的同时，实现对非遗建档式保护工作的监督和检查；文化行政管理部门则应加强对非遗建档式保护工作的直接管理，及时汇报其工作开展情况，以实现行政权力的合理分工。其三，独立管理。文化部门一方面要接受党对其工作的领导，此外也应按照既定的业务程序独立开展日常的管理工作，将非遗建档式保护的各项具体要求落实到位。其四，加强沟通。目前无论是党政分离还是党政合一在我国都是不适用的，这样做的结果只可能导致弱化党对工作的领导或是党政不分、以党代政的结果，因此在实际工作中党和政府要做出合理的分工，推进党组织和政府部门之间的沟通交流，通过联席会、交叉任职等形式建立起良好的沟通合作机制。

二是融洽政企关系。推动和引导高新技术企业参与非遗建档式保护工作是文化行政管理部门的重要工作。非遗建档式保护机制的实现，要以文化行政管理部门为主管、以科技管理部门为主导，以档案管理部门为支撑，以高新技术企业为主体。高新技术企业是非遗建档式保护机制的实施主体，要推进非遗建档式保护机制的实施，就必须构建和谐的政企关系：一是实现政企分开，即将政府的经济、行政、社会管理职能与企业的经营管理职能区分开来，要做到文化行政管理部门不能对高新技术企业的发展方向、决策等作出直接干预，可以采取政策、规划的形式引导整个市场走向，为企业发展提供服务，对企

---

① 《关于党政关系，听听习近平怎么说》，http://www.cssn.cn/zzx/zggcd_zzx/201703/t20170313_3449756.shtml? COLLCC=2308443460&，2020年5月12日。

业行为展开监督。二是政出一孔，即按照责权一致的原则，根据参与非遗建档式保护的高新技术企业管理需要调整文化行政管理部门的责任权限和责任归口，克服政出多门的行政弊端。要充分发挥企业的自主性，发挥行业协会的作用，推进非遗建档式保护的繁荣发展。三是规划先行，从最大程度发挥政府宏观调控职能的角度出发，因地制宜地制定各级非遗建档式保护工作的总体规划，引导各级文化行政管理部门和社会主体将资源、技术和人力通过最优方式集中到非遗建档式保护工作之中，保证微观利益与宏观利益的共同实现。

三是推进政社关系。文化行政管理部门和社会公众之间相互依存，一方面文化行政管理部门的服务对象是社会公众，推进非遗保护的最终目的是为了延续和传承社会文化；另一方面社会公众是文化行政管理部门的管理对象之一，同时也是文化行政管理部门的工作监督者和实施参与者。要构建和谐的政社关系，应从以下几个方面着手：其一，扩大文化行政管理主体，即一方面引入社会公众参与文化行政管理事务，将文化行政管理的各类职能分散到各个由文化行政管理部门扶持的外部社会服务机构之中，从而推动文化行政管理部门从管制行政向服务行政方向发展，以推进文化行政管理部门逐渐退出市场运营，为非遗建档式保护构建良性、有序的市场竞争环境；另一方面，推进社会参与政府管理，将市场主体让渡给社会公众和企业单位，实现由过去的一元化行政部门主导和实施全部文化工作转变为机关、公民、社会中介组织等组成的多元化市场主体，以达到打破政府行政垄断、激发社会齐抓共管的目的。其二，发挥社会组织作用，在实行文化行政管理创新的过程中，应本着"少花钱、多办事"的原则，发挥社会力量为公众提供便捷高效的服务。为此，文化行政管理部门可以采取政府服务招标的形式，整理并核定非遗建档式保护项目需求，确定所需服务的数量和质量，与中标的承包商签订合同，严格监督承包商按合同规定提供各种公共服务。通过上述方式，文化行政管理部门可以根据既定合同对服务内容和服务效果进行监督和检查，从而可以对非遗建档式保护的工作进展进行量化考核。还可以采用公私合作的方式，对某些短期不盈利或长期投资收益不高的非遗建档式保护项目进行改进并给予一定的优惠补贴，推进非遗建档式保护的可持续发展。其三，创新社会组织培育方式，为推进非遗保护类社会组织、民间社团的发展，以形成和构建非遗建档式保护的公益孵化集群为切入点，完善创意投资与合同招标机制和落地实现形式，鼓励各地方政府通过成立基金会的形式增加对社会非遗保护组织的投入，促进其在与文化行政管理部门和高新技术企业之间的互动中发展。

（二）以机制创新为重点

要建立高效的非遗建档式保护机制，就需要对现有机制进行创新，通过明确机制创新的目标、环节和导向，采用多种方式凝聚非遗建档式保护主体，运用更新管理理念、培养专业人才等举措，促进新机制的形成。

1. 内涵

非遗是中华文化的重要载体，是中国历史的重要见证，体现了中华民族优秀的创造力与活力。非遗建档式保护机制是基于我国现有非遗的资源现状，依托文化遗产学、档案学等多学科成果与技术，通过对非遗建档工作中各类要素集合的制约和作用，保证和推动我国非遗建档式保护有序开展的工作流程和方式的集合[1]。非遗建档式保护机制的创新，实质上就是从思想、内容、管理等方面对非遗保护工作进行文化创新，是对非遗建档式保护工作由内而外、从传统向现代的发展和更新。

要推动非遗建档式保护机制的创新，就需要掌握我国传统文化发展、演变的历程，了解我国非遗保护工作开展的基本流程和环节，明晰非遗保护、档案管理理论和技术的最新变革，进而才能对非遗建档工作的各种要素进行重新组合，构建非遗建档式保护工作有序开展的

---

[1] 叶鹏、周耀林：《非物质文化遗产建档式保护的现状、机制及对策》，《学习与实践》2015年第9期。

运行机制。由此可见，文化与科技融合背景下非遗建档式保护机制创新则要在遵循文化建设规律的情况下，以满足我国非遗建档式保护的发展和需要为基点，建立由一系列富有约束力的规则和程序性安排构成的，可传承非遗文化、繁荣文化事业、适应发展潮流的，新的非遗建档式保护工作流程和方式的过程，是关于社会管理的制度与法律法规体系、组织系统和管理机制的综合性内容。非遗建档式保护机制创新的最终目的是要解决非遗建档式保护和经济社会发展之间的矛盾，不断推进社会资源的优化配置。

2. 目标

在文化与科技融合的视角下，非遗建档式保护机制创新的目标是要立足于文化与科技的发展水平，在创新非遗档案管理模式、吸收和更新非遗档案管理理论的基础上，推进我国非遗文化资源的整合和非遗建档式保护管理水平的提升，以促进相关文化部门和档案部门业务管理水平和服务能力的进步。

从社会影响角度来看，在文化与科技融合的背景下，非遗建档式保护机制创新要根据我国非遗建档工作的实际进展以及社会经济发展水平，处理好非遗保护与经济发展、社会稳定之间的关系，构建科学、系统的非遗建档式保护机制。

首先，要处理好非遗保护与经济发展之间的关系。在经济全球化的背景下，社会对非遗保护的关注度在不断下降，非遗传承人在不断减少，加之为追求经济利益而不惜扭曲非遗原本面貌而肆意开发，导致非遗保护处境艰难。实际上，非遗之中蕴含着丰富的传统文化资源，对非遗资源进行生产性保护，不仅能推进非遗的保护和传承，还是实现非遗保护的内部造血，为非遗保护的资源投入提供保障。例如，江西景德镇以非遗——"景德镇手工制瓷技艺"和"景德镇传统瓷窑作坊营造技艺"基础，建立国家级非遗生产性保护示范基地，和全国首个以陶瓷文化为主题的国家5A级旅游景区。2019年春节期间，景德镇古窑推出"明代葫芦窑点火仪式、开窑仪式""人人加

柴　家家财旺"添柴祈福等活动,举办景德镇陶瓷民俗文化展、历代瓷窑生产技艺展、景德镇手工制瓷技艺展、景德镇传统柴烧技艺展等,开展"中国一绝　世界首创"瓷乐表演;御窑遗址公园举办"全心全意陶瓷雕塑生肖展"、"陶瓷文化猜灯谜"、"景漂艺术家作品展"、"我们的节日—看御窑讲故事"等文化活动,皇窑景区推出海狮表演主题、稻草人+七彩风车艺术狂欢节,一系列体验式文化旅游产品备受游客欢迎。其间,景德镇共接待国内外游客175.96万人次,同比增长16.37%;旅游总收入12.54亿元,同比增长21.3%。① 景德镇通过发展非遗陶瓷技艺,不仅推进非遗文化的传承和影响力扩大,还带动了当地经济的发展。可见,通过开发非遗资源的经济价值,推进文化和旅游的融合发展,不仅能够激发各地政府参与非遗保护的热情,也为全国各地非遗资源的开发提供范例,为非遗保护积蓄了源源不竭的动力。

其次,要处理好非遗保护与社会稳定之间的关系。非遗是中国传统文化的组成部分,是全国各地区、各民族的价值观、生活方式、风俗习惯、心理特征、审美兴趣等的展示,作家阿来曾说,"不只是由语言文字、叙述方式所体现出来的形式方面的民族特色,而主要还是由行为方式、生活习性所体现出的一定民族所特有的精神气质与思想意识"②。中国艺术研究院副院长兼中国非遗保护中心主任认为,"各种各样的文化事项组成的非遗,一旦形成相对固定的形式后,就会以一种特定的思考原型和重复出现的行为模式,产生强大的向心力,有意无意地整合成为一种具有共同心理基础的精神传统和价值取向。"③ 推进非遗的保护和传承,是对蕴含在中华民族血脉中精神的推广和弘

---

① 《厉害了!景德镇春节期间旅游收入12.54亿元!》,https://www.sohu.com/a/294465254_660960,2020年5月12日。
② 阿来:《文学具有民族性不言而喻》,http://www.chinanews.com/cul/2014/04-29/6115589.shtml,2020年5月12日。
③ 王福州:《非遗是一个民族精神血脉的延续》,http://www.wenming.cn/wmzh_pd/fw/whyc/zxdt/201405/t20140506_1920327_1.shtml,2020年5月12日。

扬，有利于丰富人们的精神生活，维持社会的稳定和发展。例如，在新型冠状病毒肺炎疫情爆发以后，全国各地非遗传承人开启战疫作品的创作。中国工艺美术大师郑幼林制作了《人间有爱》的寿山石雕作品，将疫情下一名男童趴在家中窗台上眺望远处摇曳的竹叶，旁边的小姐姐正在帮他佩戴好口罩的场景，传达给观众①。通过战疫作品的制作和宣传，增强广大群众打赢疫情防控阻击战的决心和信心，推进社会主义和谐社会的建设。

  从体制改革的角度来看，文化与科技融合背景下的非遗建档式保护机制创新即要根据当前体制改革中机构调整的趋势，打破机构之间的壁垒，实现非遗档案资源的集中管理和保护资源的有序投入。

  首先，要推进非遗档案资源的集中管理。当前，我国非遗资源分散保存在图书馆、档案馆、博物馆、群众艺术馆等各级各类非遗保护主体之中，由此而形成的非遗档案资源也分散于以上各个机构之中，这种态势不利于非遗档案资源的管理。因此，应基于地区非遗建档式保护工作的实际情况，设立国家、省、市、县的四级非遗档案资源集中管理中心，或建设四级非遗档案资源集中管理平台，实现非遗档案实体和档案信息的集中管理。

  其次，要打破行政隶属框架，推进非遗资源和非遗档案资源的集中管理。因我国非遗涉及美术、舞蹈、音乐、建筑等多个领域，在实际的管理之中并非全盘由文化行政管理部门进行管理。例如，以《国家级非物质文化遗产代表性项目名录》的洞经音乐为例，对于洞经音乐的非遗认定属于文化主管部门的事务，然而洞经音乐本身融合了民间小调、道教音乐、佛教音乐和宫廷音乐等音乐形式，其表演者却多在道观或寺庙，接受国家宗教事务局的管理，由中央统战部承担相关职责，并不属于国家行政管理体系；同时，对洞经音乐的建档工作应由档案部门负责，而国家档案局和中央档案馆也并非文化主管部门管

---

① 《福建举办非遗战疫主题作品展"众志成城抗击疫情"》，http：//www.chinanews.com/cul/2020/03-27/9139838.shtml，2020年5月12日。

理,而属于中共中央直属机关的下属机构序列。上述条块分割的管理模式,对非遗建档式保护造成了较大阻碍。因此,在非遗建档式保护工作中,要善于打破现有的行政隶属框架,特殊情况特殊处理,推进与国家宗教事务局、国家档案局、住房与建设部、科学技术部等多部委的组织协调,减轻非遗建档式保护工作的阻力。

其三,要解决好当前档案利用分割的问题。当前我国非遗档案分散保存于全国各个非遗机构之中,分布较为分散。舞蹈、美术类非遗档案多存放在相关艺术学院,宗教信仰类非遗档案则存留于道观、寺庙之内,同时还有大量的非遗档案分散保存在全国各地非遗传承人手中。因上述门类的非遗档案资源的分布过于分散,在需要利用相关主题的非遗档案时,就需要利用者自己查询档案的分布情况,并到多地进行档案查阅和使用,极大地浪费了利用者的时间。因此,推进非遗建档式保护机制创新,需要解决好当前非遗档案利用难的问题,建立起非遗档案数据库,集中保存非遗档案信息资源,以方便公众的查阅。

其四,要解决好非遗财政投入的问题。我国设立非遗保护专项资金,每年投入大笔资金用于非遗保护工作的开展,推动了国家非遗保护事业的深化进步,但也给国家财政造成了很大的负担。为保障非遗传承人的基本生活需求,各地多通过将其纳入群众艺术馆等事业单位编制之内,或给予一定的生活补助等形式进行,这种输血式的单纯投入现已成为地方政府的财政负担。因此,要建立良好的非遗建档式保护机制,就必须提高非遗自身的造血功能,通过"非遗+旅游"、"非遗+文创"等形式引导非遗文化产业的发展,发展非遗新业态。

从管理优化的角度来看,在文化与科技融合的背景下,非遗建档式保护机制创新不仅体现在对非遗建档式保护的实际管理工作之中,更体现在为社会组织和公众提供的非遗档案服务中,即"寓管理于服务、寓服务于管理"。要实现这一目标,就要求文化部门在机构改革的背景下结合当前我国非遗社会化保护的发展趋势,积极推进政府职能的转变，提升整个部门的服务意识和服务水平，不断改进和完善机构内部的管理标准，规范其管理行为，以在服务提供的过程中不断推进自身管理水平和管理能力的提升，充分发挥其社会职能。如此，需重点以下四个方面的内容。

一是，转变政府职能。政府职能转变是指在一定时期内，政府机关根据社会发展的需要以及其自身的职能需求，转变其所应承担的职责范围和其所应发挥的功能。党的十八届三中全会提出，要切实转变政府职能，深化行政体制改革，建设服务型政府。我国各级文化行政管理部门应积极顺应国家政策，做好非遗建档式保护规划，处理好非遗保护与经济发展、与社会稳定、与市场之间的关系，优化各项行政审批手续和流程，实现从"管理者"到"服务者"的转变。

二是，改进行政方法。行政方法指能够保证行政活动朝着预定的方向发展，达到行政管理目的的各种专门的方式、手段、技术、措施等的总称。行政方法是管理活动的主体作用于客体的桥梁，非遗建档式保护机制中所要求的行政方法改进，即文化行政管理部门在制定各项文化政策、规划时，在落实中央各项文化政策时，应从人民群众的根本利益出发，优化文化行政的手段和方法，切记简单、粗暴的一刀切式执法行为，推进非遗建档式保护事业的可持续发展，传承我国优秀传统文化。

三是，增强服务意识。在非遗建档式保护工作中，各级文化行政管理部门要始终坚持执政为民的理念，实现从全能政府向有限政府的转变、从管理型政府向服务型政府的转变、从权力政府向责任政府的转变。首先从思想上，要牢固树立大局意识、公仆意识和法治意识，真正做到"权为民所用、情为民所系、利为民所谋"，从根本上改变"门难进、脸难看、事难办"的局面。其次要从细节处着手，要坚持从工作的大局考虑每一个工作细节，将每一件事情考虑周全、安排细致、处理完善，不断提高政府工作办事的效率。

四是，规范管理标准。规范化管理是指各级文化部门应根据法律法规和部门规章等相关规范严格各项行政管理行为。为维持非遗建档式保护机制的高效、有序运转，要是对非遗建档式保护工作的规范化管理，通过完善非遗项目档案管理、非遗传承人档案管理、非遗建档流程管理等一系列规范，加大相关规范、制度的执行力和监督力度，推进我国非遗建档式保护工作的规范化、制度化。

3. 环节

在文化与科技融合背景下，非遗建档式保护机制的创新主要是对非遗建档式保护机制的要素进行重新组合，构建新的关联关系，具体包括主体界定、客体内涵、管理要素和制度功能等方面。因而，在文化科技融合视角下，对非遗建档式保护机制进行重新建构应从主体、客体、制度和功能四个方面着手。

非遗建档式保护机制的主体是指机制运作过程中的行为发出者、实施者、管理者，是对非遗建档式保护进行调控的行为主体，主要包括执政党、政府、社会组织和社会公众四要素。

执政党是一个国家执政的政党，是指代表统治阶级掌握或领导国家政权、负责组织政府的政党①。关于政党，《日本大百科词典》中指出"政党是以取得国家权力为目标而基于共同的政策组织和动员国民、开展一切政治活动的持久性的政治团体。"列宁认为"政党通常是由最有威信、最有影响、最有经验、被选出担任最重要职务而称为领袖的人们所组成的比较稳定的集团来主持的。"② 由此可知，政党实质上是一定阶级利益的代表，其通过国家规定的方式如选举等获取掌握领导国家的权力以后，便是该国的执政党。中国共产党是中国的唯一执政党，是中国工人阶级的先锋队，同时是中国人民和中华民族的先锋队，是中国特色社会主义事业的领导核心，代表中国先进生产力的发展要求，代表中国先进文化的前进方向，代表中国最广大人民的根本利益。党的十九大报告中提出了"新时代坚持和发展中国特色

---

① 权伟太：《执政党论》，中共党史出版社 2004 年 11 月版，第 35 页。
② 权伟太：《执政党论》，中共党史出版社 2004 年 11 月版，第 35 页。

社会主义的基本方略"的14个"坚持",其中第一个"坚持"即是:坚持党对一切工作的领导[①]。非遗建档式保护工作是我国文化工作的组成部分,构建和形成非遗建档式保护机制应始终坚持党的领导,接受党的指挥和监督,充分发挥党总揽全局、协调各方的作用。

  政府是国家进行统治和社会管理的机关,是国家表示意志、发布命令和处理事务的机关,是体制改革的关键主体。在我国,国务院即中央人民政府,是最高国家权力机关的执行机关,是最高国家行政机关,由总理、副总理、国务委员、各部部长、各委员会主任、审计长、秘书长组成[②]。根据《非物质文化遗产法》,"国务院文化主管部门负责全国非物质文化遗产的保护、保存工作;县级以上地方人民政府文化主管部门负责本行政区域内非物质文化遗产的保护、保存工作。"从上述法规的规定可知,我国的非遗保护工作由国务院文化主管部门——文化和旅游部负责,包括统筹"负责非物质文化遗产保护,推动非物质文化遗产的保护、传承、普及、弘扬和振兴"工作[③]。因此,在推进非遗建档式保护机制创新的过程中,各级文化主管部门应充分发挥其主管作用,通过建立健全非遗建档式保护制度体系、规范非遗建档活动,为非遗保护事业营造良好的发展环境,为公众提供高质量的非遗文化服务。

  社会组织是指根据法律规定,按照一定的指导思想、制度和体系架构建立起来的、为达成某一特定目标的活动团体。社会组织有清楚的界限、明确的目标、明确的内部分工和协调成员活动的正式关系结构,一般政党、政府、企业、商店、工厂、公司、学校等都是社会组

---

  ① 习近平:《决胜全面建成小康社会 夺取新时代中国特色社会主义伟大胜利——在中国共产党第十九次全国代表大会上的报告》,http://www.12371.cn/2017/10/27/ARTI1509103656574313.shtml,2020年5月12日。
  ② 《中华人民共和国国务院组织法》,http://www.gov.cn/guoqing/2005-09/13/content_2616820.htm,2020年5月12日。
  ③ 《文化和旅游部主要职责》,https://www.mct.gov.cn/gywhb/zyzz/201705/t20170502_493564.htm,2020年5月12日。

织。在我国，非遗社会组织是指经国家允许成立的、从事非遗保护事业的、非政府性质的民间组织。例如2013年11月在北京成立的中国非物质文化遗产保护协会，即是由从事非遗保护工作的企业、事业单位、社会组织和个人自愿结成的全国性、行业性、非营利性社会组织，通过调查研究、信息收集、举办展览、专业培训、咨询服务和国际合作等形式，以推动非遗的传承、传播与发展，继承和弘扬中华民族优秀传统文化。类似非遗社会组织的建立，为公众与政府之间架构起沟通交流的桥梁，有利于协调处理政府、社会、组织和民众之间的关系，对于传承非遗文化发挥着不可替代的作用。

公众是除了以上三个构成要素之外的社会群体，是社会组织发生相互联系，其成员面临共同问题、产生共同利益和提出共同要求的社会群体，也是政府部门服务的对象。在非遗建档式保护机制创新中，公众既是非遗档案建设的主要社会推动力，也是非遗档案资源建设的主要服务对象。因而，要积极推进社会公众参与非遗建档式保护工作，通过教育宣传等方式推进社会公众关注非遗保护，提高非遗保护意识，不断推进我国非遗保护事业向好发展。

4. 导向

推进非遗建档式保护的机制创新，应坚持正确的发展方向，不断推进非遗建档式保护机制的观念、内容和服务创新。

第一，推动非遗建档式保护机制的观念创新。在文化与科技融合的背景下，要深化非遗建档式保护的观念创新，就是要从不适应的非遗建档式保护的观点、做法和制度的束缚中解放出来，不断推进管理人员的思想理念革新。推进非遗建档式保护机制的观念创新，首先要摒弃固有体制下形成的抓住"铁饭碗"不用创新的思想，积极学习党和国家有关文化发展的相关政策制度，转变传统的、保守的文化工作观念。其次，要以满足人民群众非遗文化需求为出发点，文化行政管理部门在作出任何决策、制定和实施各种非遗保护项目，应立足于人民群众的基本非遗文化需求。例如，南京市为推进文化惠民服务，制定《南京市基本公共文化服务保障标准》，为人民群众提供普惠百姓、全民共享的"文化福利"，其中市博物馆于 2016 年启动"博物馆之城"的 3 年"123"计划，以"努力实现在全市建有 100 家各类博物馆，每年举办 200 场主题展览，吸引 3000 万人次参观"①，现已初步形成以国有博物馆为主体、行业博物馆为骨干、民办博物馆为补充的博物馆体系，这即是从人民群众的基本需求出发进行决策。最后，要从深化非遗文化感召力和吸引力上着手，以人民群众喜闻乐见的形式开展非遗活动。

第二，实现非遗建档式保护机制的内容创新。非遗建档式保护机制的内容创新主要从精神和物质两方面入手进行构建。其一，重视法制建设，即一方面要在《非物质文化遗产法》的基础上，建立非遗建档式保护的法律法规体系，包括制定《非物质文化遗产法实施办法》、《非物质文化遗产档案管理办法》等专门法律法规，建立健全以非遗档案管理为中心的非遗建档式保护档案管理、财务管理、绩效考核制度体系，做到非遗建档式保护工作有法可依，有章可循；另一方面要加强非遗保护的法制宣传，通过微信、微博、网站等线上网络平台和线下实践活动等相结合的形式，推进公众非遗法治意识的提高，例如江苏苏州沧浪街道开展"法治文创项目"线下活动，以让青少年看得懂、听得进为目标，积极探索非遗传承与法治文化的结合点，提高法治宣传的趣味性②；此外，文化行政管理部门还需以各类学校、文化事业单位等机构为依托，开展"非遗进校园"、非遗知识讲座等非遗宣传教育，从中发掘中华民族的传统美德，不断促进社会公众道德水平和非遗保护意识的提高，将法治与德治相结合，以此形成与非遗社会化保护相适应的自主、平等、法治的契约精神，推动和

---

① 《满足人民群众文化生活新需求——传承历史文脉 古都魅力绽放》，http：//www. nanjing. gov. cn/hdjl/xwfbh/xwfhb_20190924/mtbd_20190924/201909/t20190926_1663564. html，2020 年 5 月 12 日。

② 《"法治"遇上"非遗"文创项目有新意》，http：//www. jntimes. cn/newsdetail. htm? id = 1909020023，2020 年 5 月 12 日。

保障非遗建档式保护体制的实现。其二，弘扬民族精神，以爱国主义为核心的团结统一、爱好和平、勤劳勇敢、自强不息的民族精神是在漫长的社会发展中逐渐形成的，是对我国各个民族生活习俗的集中凝练，其中蕴含着各民族的社会生活、价值观念、理想信仰，是中华民族文化最本质、最集中的体现，也是中华各民族团结协作、生存发展的精神纽带、支撑和动力，更是对社会主义先进文化进行创新的灵魂。可见中华民族精神是中华文明不断延续发展、不断前进的思想精粹。我国的非遗来源于五千年的中华文明，根植于各族人民的生产生活，是中华民族身份的象征。非遗是新时期展现我国民族精神的最佳载体，蕴含着我国各民族的优秀传统文化，有利于培育中国人民的民族认同感、形成民族向心力。在全球化的发展趋势下，为应对各类文化思想的冲击和蔓延，文化行政管理部门应以非遗为载体，根据需要挖掘各类非遗资源中潜在的中华优秀传统文化的精神内核，并通过拍摄记录片、短视频、影视剧以及录制非遗音频、制作出版非遗书籍等形式，通过电视、广播、报纸、网络等各种媒体平台进行宣传推广，弘扬其中所蕴含的自强、民主、公正思想，以应对全球化思潮所带来的冲击之时，不断推进我国民族精神的凝聚和延续，实现文化创新创造，为实现中华民族伟大复兴的中国梦筑牢文化基石。

第三，促进非遗建档式保护机制的服务体系建设。《非物质文化遗产法》规定："国家鼓励和支持发挥非物质文化遗产资源的特殊优势，在有效保护的基础上，合理利用非物质文化遗产代表性项目开发具有地方、民族特色和市场潜力的文化产品和文化服务。"[①] 为社会公众提供非遗文化服务，推进非遗的保护和传承，符合国家法律的要求。因此，要推进以非遗资源为主体，以非遗建档式保护机制为载体的非遗建档式保护机制服务体系建设。在体系建设上，文化行政管理部门应发挥其主管作用，由档案行政管理部门提供技术支持，推进非

---

① 《中华人民共和国非物质文化遗产法》，http://www.npc.gov.cn/wxzl/gongbao/2011-05/10/content_1664868.htm，2020年5月12日。

遗建档式保护服务制度建设，规范各类主体的服务行为，提高非遗档案服务的质量和水平。在服务提供上，党的十九届四中全会提出："必须坚持一切行政机关为人民服务、对人民负责、受人民监督，创新行政方式，提高行政效能，建设人民满意的服务型政府。"① 因此，我国各级文化行政管理部门、各级各类文化事业单位应承担起非遗建档式保护服务提供的主体责任，转变服务观念，关注我国非遗档案建设和管理的发展进程，积极主动为非遗建档式保护提供服务，为社会公众提供非遗档案资源服务。同时，除了以上机构外，我国各类非遗社会组织、文化企业、宗教团体、个人等均可利用非遗资源开发非遗产品和服务。在服务内容上，各个服务提供主体应积极关注社会公众的非遗文化需求，立足于公众需求进行非遗服务项目的开发，进行非遗讲解、宣传等。例如，为增进公众的体验度和获得感，苏州碑刻博物馆秉承"热情的服务、实干的作风"，开发了大量的非遗文化项目，如为吸引公众走进来，博物馆建立"碑刻技艺展示体验中心"，面向观众展示、体验"碑刻技艺"之拓碑流程，指导观众进行"碑刻传拓"技艺体验；为推进非遗文化走出去，博物馆先后推出非遗进校园、非遗进社区系列活动，并配合巡展进行拓碑体验，积极传承和弘扬苏州碑刻技艺。② 除了面向公众开展服务外，各级部门还应优化非遗建档式保护工作的服务，包括简化非遗建档式保护项目的审批流程和审批手续，提供在线办公服务等等，不断扫清我国非遗建档式保护工作的障碍。在服务方式上，各级服务主体可通过电视、广播、报纸、网站等传统媒体展开服务，还可依托微信、微博、抖音、B站等新兴媒体平台提供非遗档案资源服务；除了传统的文化资源服务外，各级服务主体还可通过开发以非遗为主题的文化创意产品，将非遗文

---

① 《建设人民满意的服务型政府》，http://theory.people.com.cn/n1/2020/0121/c40531-31557829.html，2020年5月12日。

② 《传承非遗 服务公众》，http://www.szbkmuseum.com/home/Views?Id=885，2020年5月12日。

化主动推向公众。非遗建档式保护服务不以营利为目的,面向全社会提供非遗公共文化产品和服务,从理论研究、文化政策、基础设施、技术转化、资金保障、人才支持等方面实现体系构建。

5. 举措

要推进我国非遗建档式保护机制的创新,应从凝聚参与主体、更新管理理念、转变管理方式、推进实施评估等方面着手。

第一,凝聚非遗建档式保护的参与主体。在非遗建档式保护机制创新中,应坚持党的领导,以文化行政管理部门为核心,以各级各类社会组织为桥梁,不断推进我国非遗建档式保护工作的开展。首先要坚持党的领导,党的十九大把"坚持党对一切工作的领导",作为新时代坚持和发展中国特色社会主义基本方略的第一条,并将其写入党章。党是一切工作的领导者组织者,始终发挥着总揽全局、协调各方的作用。可见,非遗建档式保护工作的方方面面均应接受党的领导,接受党的监督;执政党也应积极发挥非遗建档式保护的领导核心作用,不断推进对我国非遗保护的整体管理监督和部门协调。其次要坚持以文化行政管理部门为核心,文化行政管理部门是对我国文化工作进行管理和规划的行政机关,应从战略高度制定我国非遗建档式保护工作规划,建立健全非遗建档式保护制度体系,做好相关服务工作如政策引导、资金投入、税收优惠、审批流程优化等,为非遗建档式保护营造良好的发展环境。最后要充分发挥各级各类社会组织的桥梁与中介作用,减轻文化行政管理部门的管理负担,例如委托相关咨询机构制定非遗建档式保护工作规划、将琐碎的非遗建档工作外包给专业机构、委托高校专家团队进行制度设计等,不断提高非遗建档式保护工作的专业性和科学性。

第二,更新非遗建档式保护的管理理念。非遗建档式保护管理理念创新是文化与科技融合背景下非遗建档式保护机制创新的先决条件,树立正确的非遗建档式保护管理理念,是推动我国非遗保护水平提高和可持续发展的重要基础。在非遗建档式保护工作中,应树立服务理念、保护理念和法治理念。一是坚持服务理念，非遗来源广大人民群众，对非遗进行建档式保护的最终目的也是为了更好地为人民群众服务。因此，在非遗建档式保护工作中，各级各类文化行政管理部门、企事业单位等应坚持以"为人民服务"为工作开展的宗旨和原则，积极转变服务态度和服务方式，化被动为主动，为社会公众提供优质的非遗档案服务。二是坚持保护理念，为各类非遗建立专门档案，构建非遗建档式保护机制的核心是为了保护我国的庞大的非遗资源，推进非遗的传承和利用，使得非遗能够持续得以传承下去。因此，在非遗建档式保护工作中，应始终坚持保护优先的原则，在摸清各类非遗的现有存续状态之后，按照濒危等级对非遗开展建档工作，推进非遗的创造性传承和创新性发展。三是坚持法治理念，全面依法治国是治理国家的基本方略。在非遗建档式保护工作中，应坚持法治的理念和我国非遗保护的实际，不断推进我国非遗建档式保护相关法律法规的完善，构建一套完整的制度体系，并严格按照规章开展工作。

第三，转变非遗建档式保护的管理方式。21世纪以来，全球各国的非遗管理方式均呈现出由垄断式向公开式，由独立式向复合式的跨越，过去政府部门独立管理逐步转变为吸引社会各类主体参与管理的模式。而目前，我国虽有吸引社会各类主体参与非遗保护的事例，但效果尚不明显，社会主体参与管理的积极也并不高。同时由于我国文化行政管理工作涉及部门繁多，在开展保护工作时一般会受到住房与建设部、民政部、科学院、国家民族事务委员会等多部门的行政干预，很多时候无法独立开展非遗保护工作。在这一情形下，因各部门对非遗价值取向和保护的认识的差异，以及多职能部门共同干预的结果，往往会导致非遗保护工作偏离初衷，引发基于利益考虑出现地方非遗的非法占有、过度开发等问题，而非遗的所有权、管理权、经营权等权属关系不明，对我国非遗保护工作的发展产生了较大阻碍。因此，在国家立法明确非遗保护管理权责的基础上，要践行从国家到属地的垂直管理模式，减少其中的繁复程序；文化行政管理部门要推进非遗管理方式的转变，从过去仅依靠集权手段掌控资源去向和分配来对非遗建档式保护工作进行管理的方式，逐步转变为依靠市场调节，通过多方协商、协作共赢的管理模式，将非遗建档式保护的多方主体纳入到非遗保护工作中来，实现和谐发展和共同进步。

第四，实施非遗建档式保护的业务人才培养。在文化与科技融合的背景下，非遗建档式保护机制创新离不开人才队伍建设，只有建立一支高素质、懂业务的管理骨干，才能有效推进我国非遗档案管理水平的提升。首先，文化行政管理部门应积极利用国家出台的各项人才政策，围绕我国非遗保护的现实需求，制定合理的、具有针对性的非遗建档式保护人才政策；充分吸收、利用国家、社会资金，设立非遗建档式保护人才培养基金等；学习借鉴国外相关人才的培养经验，加快我国非遗建档式保护人才的培育。其次，拓展人才培养渠道，例如利用各类非遗保护主体开设的培训机构，加强专业基础技能和管理能力培训；充分发挥高校人才培养优势，利用高校成熟的学科架构和知识体系、高素质的师资队伍、高水平的科研开发、齐全的设施设备，培养非遗建档式保护专业人才；针对当前高校人才培养中社会需求结合不强、实践能力较为缺乏等问题，紧密结合各类非遗项目进行理论和实践教学，培养具备扎实理论基础和实践能力的复合型人才；充分发挥企业的人才培养作用，与文化企业合作开展培训例如从业资格培训、终身培训等，打造适应市场需求、能与市场环境对接的专业人才。最后，加强人才引进力度，对当前非遗建档式保护人才的紧缺情况进行整体评估和针对性评价，文化行政管理部门应开拓多种渠道，结合评估和评价结果针对性地广泛吸纳人才，例如为其提供良好的工作待遇和发展环境，吸进人才流入；建立合理的人才吸纳考评机制，形成良性的竞争氛围，提供合理的晋升和发展空间，让非遗保护主体能够留住人才。

第五，推进非遗建档式保护的实施评估。为提高我国非遗建档式保护成效，避免不计成本、不计绩效的短视做法，文化行政管理部门应对非遗建档式保护的有形投入和无形价值进行综合评估，以检验非遗建档式保护的成效。有形投入是指文化行政管理部门在非遗建档式保护管理活动中，为推动我国非遗保护总体目标的达成而投入的人、财、物等资源。据统计，自《非物质文化遗产法》颁布以来，我国对非遗保护已经累计投入超过70亿元人民币，全国29个省区、市分别出台非遗保护地方性条例，将非遗保护纳入地方财政预算[①]。国家通过大笔资金投入不断推进我国非遗保护事业的发展，然而相关资金是否已经用到了实处，还需要由文化行政管理部门建立相应的考评机制对其进行检查，其中需重点核查专项资金在拨付、发放、使用全过程是否规范，是否存在挪用、截留、侵占、冒领和应领未领专项资金的情况出现等。无形价值是指从群众拥护度、实践有效度、公众认可度等方面来对非遗建档式保护成效进行考察，它反映了非遗有形投入的效率和效果。这一考评可通过发放问卷、实地调研、考察舆情等形式进行，需重点考察当时非遗建档式保护的实践效果，例如非遗档案获取的难度、审批程序的复杂性、对当地非遗资源服务的满意度等等。通过对非遗建档式保护的有形投入和无形价值进行检验，确保政府各项资源投入的落实到位，以推进我国非遗保护事业的全面发展。

（三）以科技创新为推动

随着新一轮科技革命和产业革命的兴起，大数据、物联网、区块链等高新技术逐渐应用到文化创作、生产、传播、消费的各个环节之中，成为文化发展的重要引擎和不竭动力[②]。但由于当前我国非遗建档式保护的科技基础较为薄弱，引进和吸收国外先进技术是现阶段国内相关领域的主要方式，自主创新能力不强。可见，要推进非遗建档

---

① 《我国已为非遗保护投入超70亿元》，http://society.people.com.cn/n1/2019/1018/c1008-31408795.html，2020年5月12日。

② 《文化部关于印发〈文化部"十三五"时期文化科技创新规划〉的通知》，http://zwgk.mct.gov.cn/auto255/201705/t20170503_493589.html?keywords=文化部"十三五"时期文化发展改革规划，2020年5月12日。

式保护机制的形式,就必须以科技创新为动力,不断促进我国非遗保护科技创新体系的建设。

1. 内涵

科技创新的内涵与外延与一定时期的经济社会发展密切相关,是一个不断发展的概念。熊彼特在其著作《经济发展理论》中提出了创新的五种情况:引入新产品、引入新的生产方式、开辟新市场、取得新的供应来源、实施新的工业组织形式①,从经济学角度对科技创新进行了阐释。20世纪60年代,美国经济学家罗斯托(Walt Whitman Rostow)将创新延伸到技术创新,并把技术创新提高到创新的主导地位。80年代后,随着科学与技术的高速发展和相互渗透,科技创新逐渐成为各国普遍使用的概念。袁望冬认为科技创新即为"创立或创造新的科学技术"②。陈超、王世伟在《科技创新辞典》中提出科技创新实质上就是一系列"原创性科学研究和技术创新的总称",可以是新的生产和经营方式,可以是新的新的产品、服务。③而建档式保护科技创新,则是指将各个行业出现的一系列新的技术、理论应用到档案领域,或对档案管理工作流程进行优化的过程,是对非遗档案建设与管理的理论和技术的新发展。

由此可知,非遗建档式保护科技创新由多个方面组成。从内容上看,非遗建档式保护科技创新应不局限于技术创新,科技创新应为科学与技术两个维度,可见非遗建档式保护科技创新应包含技术创新和知识创新两个方面:其一是非遗保护技术的新发展,例如引入当前新兴的区块链技术、大数据技术,吸收档案数字化、保存、资源整合等方面的新应用,融合文化领域的数字人文、智慧城市等;其二是推进非遗建档式保护理论的发展,例如应注意融合最新的档案管理理论、非遗保护思想等。从主体上看,非遗档案建设和管理主体呈现出多元

---

① 约瑟夫·熊彼特:《经济发展理论》,商务印书馆1990年版。
② 袁望冬:《科技创新与社会发展》,湖南大学出版社2007年版,第22页。
③ 陈超、王世伟:《科技创新辞典》,上海社会科学院出版社2015年版,第1页。

化特征，既包括文化馆、博物馆、档案馆等文化事业机构，也包含非遗文化生态保护区、非遗生产性保护示范基地、各地非遗保护中心等非遗保护主体，更包括非遗传承人等社会个体，可见非遗建档式保护科技创新的主体也呈现出多元化发展趋势，各个非遗档案建设和管理主体为其科技创新建言献策，并以政府部门为主导，将科研院所、大专院校等学术机构和各类非遗协会、文化企业等社会组织纳入其中，不断扩展非遗建档式保护科技创新的主体范围，促进社会力量的广泛参与。从运行方式上看，非遗建档式保护科技创新是一个系统性的工程，应建立健全相关工作机制、规章制度，对非遗建档式保护科技创新进行整体性规划。从职能分工来看，非遗建档式保护科技创新应以政府为主导，文化行政主管部门充分发挥其主管作用，科技行政管理部门起主导作用，吸引各个文化科技企业、社会团体组织广泛参与配合，从而实现非遗建档式保护科技创新跨部门、跨行业、跨领域发展。

2. 意义

习近平总书记指出："实现'两个一百年'奋斗目标，实现中华民族伟大复兴的中国梦，必须坚持走中国特色自主创新道路，面向世界科技前沿、面向经济主战场、面向国家重大需求，加快各领域科技创新，掌握全球科技竞争先机。这是我们提出建设世界科技强国的出发点。"[①] 非遗是中华优秀传统文化的代表，推进非遗建档式保护的科技创新，不仅能够推动社会发展，促进中华优秀传统文化的传承，还能促进我国非遗保护科技事业的发展，为促进文化与科技的融合发展提供范例。可见，非遗建档式保护的科技创新，对我国文化科技的发展具有重要的意义。

从社会发展角度来看，非遗建档式保护的科技创新是我国非遗保护高质量发展的核心驱动。第十三届全国政协经济委员会副主任刘世

---

① 《习近平十大金句告诉你科技创新的重要性》，http：//guoqing.china.com.cn/2019zgxg/2019-01/17/content_74378414.html?f=pad&a=true，2020年5月12日。

锦指出,"推动质量变革、效率变革、动力变革,是高质量发展阶段的必然要求,是转变发展方式、优化经济结构、转换增长动力的攻关期的重要内容",而推动变革的关键则在于提高全要素生产率①,需要依靠科技创新。其中,质量变革要求提高产品和服务质量,即要求提高非遗档案建设和管理工作的质量,严格规范建档流程,推动非遗档案资源建设和服务质量的提高;效率变革要求发现工作中的低效率环节并通过相应的技术手段和方法予以改进,在非遗建档式保护领域则要求仔细调查当前非遗建档工作中存在的问题和缺陷、研究非遗建档工作的流程,通过流程再造、资源优化配置等不断补足当前建档工作中的短板,提高非遗建档式保护的效率;动力变革是要转变当前以人力资本为竞争优势的状态,不断改革生产工艺和生产方法,提高生产效率和产品质量②,即要求加强非遗建档式保护专业技术人才的培育,建设有知识、有技能、能创新的人才队伍。总之,要推动非遗保护事业的高质量发展,实现非遗建档式保护的质量变革、效率变革和动力变革,就必须不断推动科技创新,推动如大数据技术、区块链技术、物联网技术、人工智能技术等新兴技术与非遗档案管理相结合,促进我国非遗保护工作迈向世界先进水平。

从文化传承的角度来看,非遗建档式保护的科技创新是推动我国非遗社会化保护的重要支撑。2018 年习近平总书记在中国科学院第十九次院士大会、中国工程院第十四次院士大会上指出:"要把满足人民对美好生活的向往作为科技创新的落脚点,把惠民、利民、富民、改善民生作为科技创新的重要方向。"③ 不论以何种形式开展非遗建档式保护的科技创新,都需要坚持"发展为了人民、发展依靠人

---

① 刘世锦:《推动经济发展质量变革、效率变革、动力变革》,《中国发展观察》2017年第21期。

② 刘世锦:《推动经济发展质量变革、效率变革、动力变革》,《中国发展观察》2017年第21期。

③ 《习近平:在中国科学院第十九次院士大会、中国工程院第十四次院士大会上的讲话》,http://www.xinhuanet.com/2018-05/28/c_1122901308.htm,2020 年 5 月 12 日。

民、发展成果由人民共享"这一基本工作原则,以公众需求为出发点进行科技创新。因为对于社会公众而言,科技创新所承载的不仅仅是我们伟大的中国梦,建设国富民强的家国情怀,还有着人民对于更方便、更先进、更美好的生活的希冀。当前,云计算、大数据、物联网、互联网等为代表的新兴技术正在不知不觉改变着、丰富着人民的生活方式和生活习惯,也改变了人们对于非遗传承、保护和利用的方式,尤其是互联网的高速发展使得人们能够迅速地获取非遗信息,上述社会变革和技术进步不断推动着非遗传承保护方式方法的变革。

从融合创新的角度来看,非遗建档式保护的科技创新是促进我国非遗保护科技能力积累的重要突破口,其中包含三个方面:档案学和文化遗传学的融合、优秀传统文化与现代信息化技术融合、传统保护体系和非遗信息平台融合。一是,档案学和文化遗传学的融合。非遗建档式保护是档案学与文化遗产学学科交叉融合的产物,既能以档案学发展过程中所产生的保护技术充实自身,以当前及未来档案保护技术创新作为非遗建档式保护技术创新的基础,还能以文化遗产学的理论基底和技术发展为支撑,更能以档案与文化遗产融合所产生的新技术和新方法作为技术能力积累的重点,从而推进我国非遗保护事业技术能力的积累。二是,优秀传统文化与现代信息化技术融合。中共中央办公厅、国务院办公厅于 2017 年 5 月印发的《国家"十三五"时期文化发展改革规划纲要》中,要求"强化文化科技支撑",并"推进国家文化科技创新工程"①;《文化部"十三五"时期文化科技创新规划》的发布也不断强化文化科技创新的顶层部署,不断推进构建文化科技创新体系,切实推动科技创新引领文化发展②。从上述文件精神的理解可知,通过文化与科技的融合,通过优秀传统文化与现代信

---

① 《中共中央办公厅 国务院办公厅印发〈国家"十三五"时期文化发展改革规划纲要〉》,http://www.gov.cn/zhengce/2017-05/07/content_5191604.htm,2020 年 5 月 12 日。

② 《文化部关于印发〈文化部"十三五"时期文化科技创新规划〉的通知》,http://zwgk.mct.gov.cn/auto255/201705/t20170503_493589.html?keywords = 文化部"十三五"时期文化发展改革规划,2020 年 5 月 12 日。

息化技术融合，引进文化科技领域先进技术以促进非遗建档式保护。三是，传统保护体系和非遗信息平台融合。将传统的档案保护体系与新兴技术进行融合，搭建非遗信息平台，促进非遗建档式保护技术的积累。综上，通过三者合力推动，形成非遗保护科技能力的生长点。

3. 制约

非遗科技创新是一项投入大、风险高、时间长的系统性工作，同时文化行政管理部门、科学技术部门、企业等对非遗科技创新的认识和侧重点也不完全相同，有时在目标、方向和手段上还可出现相互冲突的情况，由此也形成了非遗建档式保护科技创新的制约因素。

第一，获取方式的差异。在科技创新的获取方式上，文化行政管理部门与企业便存在了较大的差异。根据2017年《文化部"十三五"时期文化科技创新规划》，我国政府要求不断提高我国文化科技的自主创新能力，在重大文化需求方面力争取得关键性技术突破和进展，建立起相对完备的文化行业标准体系，形成以文化科技企业为技术创新主体，坚持市场导向、需求牵引、应用驱动的文化科技创新体系，从而带动我国文化科技创新能力、创新人才储备的发展[1]，同时《关于促进文化和科技深度融合的指导意见》中也强调要重点突破文化领域的关键性技术，建立安全可控的软件系统和装备，"提升文化装备制造水平"[2]，即要求企业能够实现文化科技的自主研发，避免对国外技术的过度依赖。而企业受限于资金、技术以及本身的抗风险能力，则倾向于引进国外现有的先进技术。由此形成不同主体在科技获取方式上的要求差异。

第二，创新领域的差异。在科技创新的倾向上，各级文化部门更倾向于高新技术企业在选择科技创新的方向时尽可能保持与非遗建档

---

[1] 《文化部关于印发〈文化部"十三五"时期文化科技创新规划〉的通知》，http://zwgk.mct.gov.cn/auto255/201705/t20170503_493589.html? keywords = 文化部"十三五"时期文化发展改革规划，2020年5月12日。

[2] 《科技部等六部门印发〈关于促进文化和科技深度融合的指导意见〉的通知》，http://www.gov.cn/zhengce/zhengceku/2019 - 12/03/content_ 5457868.htm，2020年5月12日。

式保护的高度关联，例如科学技术部、文化部、国家文物局印发的《国家"十三五"文化遗产保护与公共文化服务科技创新规划》中提出要提升文化遗产价值认知、保护修复、传承利用记忆公共文化服务的科技支撑能力[①]，即要求企业研发与文化遗产保护密切相关的技术，推进我国文化遗产保护事业的整体性发展。而企业是以盈利为目的建立的，向市场提供商品或服务的社会经济组织，其核心是通过其所提供的产品赚取利润，因此各企业在进行科技创新时多基于市场和自身需求，更倾向于消费领域的技术研发，便于市场营销和收回成本，而并不注重与非遗建档式保护密切相关的领域。

第三，时空范围的差异。在科技创新的规划上，《国家"十三五"文化遗产保护与公共文化服务科技创新规划》提出应坚持以"自主创新、重点跨越、支撑发展、引领未来"为科技创新的指导方针[②]，要求该领域的科技创新能够引领未来的发展。在非遗建档式保护科技创新领域，文化行政管理部门往往从全局出发，对非遗保护进行通盘考虑，制定非遗建档式保护技术研发的长期目标，同时也希望企业能够建立起技术研发的长期目标。然而，企业的科技创新在受限于自身经济、科技实力情况下，往往更为注重短期市场需求和供给情况，根据市场反应决定科技创新的目标，难以投身于需要很长时间才能取得经济效益的科技研究之中。这也在一定程度上限制了我国非遗保护科技的发展。

第四，评价标准的差异。对非遗保护科技创新的评价方法，文化行政管理部门通常基于全国非遗保护的整体情况进行技术评价，从新技术对非遗保护的实质效果出发，建立起针对非遗建档式保护的考评

---

① 《科技部 文化部 国家文物局关于印发〈国家"十三五"文化遗产保护与公共文化服务科技创新规划〉的通知》，http://www.most.gov.cn/mostinfo/xinxifenlei/fgzc/gfxwj/gfxwj2016/201612/t20161221_129720.htm，2020年5月12日。

② 《科技部 文化部 国家文物局关于印发〈国家"十三五"文化遗产保护与公共文化服务科技创新规划〉的通知》，http://www.most.gov.cn/mostinfo/xinxifenlei/fgzc/gfxwj/gfxwj2016/201612/t20161221_129720.htm，2020年5月12日。

指标体系。例如,《国家"十三五"文化遗产保护与公共文化服务科技创新规划》要求建立加强"馆藏文物保护材料性能及保护效果评测技术"、"完善馆藏文物和遗产地预防性保护监测、评估、调控的综合指标和方法,提出各类风险源安全阈值"[1]等表述和要求,均从对文物、文化遗产保护效果进行技术测评。但对于企业而言,盈利是企业经营和存续的主要目的,通常从其新产品或服务的销售情况,例如销售量、销售利润等具体数字,对非遗建档式保护科技创新效果进行评价,即以经济效益为主要考察指标。这便是两者技术评估标准之间的差异。

第五,知识产权认识的差异。在非遗科技创新成果研发成功之后,企业基于独享其所产生的经济和社会效益的目的,而迫切希望对相关研发成果进行知识产权保护;而文化行政管理部门则要求"加快文化科技成果产业化推广"[2],即通过推进非遗建档式保护科技创新成果的推广,提高社会对非遗的关注度并减少其社会化保护的资源投入,提高非遗社会化保护的质量。可见,在非遗科技创新目标并不完全一致的情况下,企业从事科技创新活动、进行非遗保护技术研发,多从企业自身发展、获取商业利益等出发,对技术成果多企图独占;而文化行政管理部门却是从大局着眼,希望通过科技创新成果的扩散获取更高的社会效益,不会迁就个别企业的自利行为。因此,在推进非遗建档式保护科技创新时,文化行政管理部门要与企业就知识产权问题达成一致,建立起政府、研究院所和企业三方合作的非遗建档式保护科技创新机制,以合作共赢、共同发展为目标规范三方的权利和责任,是极为必要的。

---

[1] 《科技部 文化部 国家文物局关于印发〈国家"十三五"文化遗产保护与公共文化服务科技创新规划〉的通知》,http://www.most.gov.cn/mostinfo/xinxifenlei/fgzc/gfxwj/gfxwj2016/201612/t20161221_129720.htm,2020年5月12日。

[2] 《科技部等六部门印发〈关于促进文化和科技深度融合的指导意见〉的通知》,http://www.gov.cn/zhengce/zhengceku/2019-12/03/content_5457868.htm,2020年5月12日。

4. 导向

要推进我国非遗保护的科技创新体系建设，促进科技创新成果源源不断地涌现，就必须建立相应的保障机制。

第一，促进非遗建档式保护科技创新的政策制定。为推进文化领域内的科技创新，我国政府出台了一系列政策，例如《国家"十三五"文化遗产保护与公共文化服务科技创新规划》（2016）、《国家"十三五"时期文化发展改革规划纲要》（2017）、《文化部"十三五"时期文化科技创新规划》（2017）、《关于促进文化和科技深度融合的指导意见》（2019）等，在十九大报告中习近平总书记提出要"深化科技体制改革，建立以企业为主体、市场为导向、产学研深度融合的技术创新体系，加强对中小企业创新的支持，促进科技成果转化。"我国非遗建档式保护科技创新的政策制定，应依据以上国家相关文件的精神，建立政府主管、企业主体、市场导向、产学研相结合的非遗建档式保护科技创新体系，依托企业、高校、科研院所等机构推进对非遗保护技术的研究，合理规划和调配全国各类非遗档案资源，明确各级文化部门、各类非遗机构等的职责、功能定位，形成科技创新合力。在此基础上，在宏观层面上建立由文化和旅游部牵头，科学技术部、财政部、国家档案局等机构部门参与的科技创新工作机制，对全国非遗保护科技创新进行指导，构建一个跨系统、跨地区的权威非遗建档式保护科技创新协调组织；在微观层面上制定非遗建档式保护科技创新的总体规划，按照分布实施、分级管理的策略，从吸纳社会各类主体广泛而有序参与非遗建档式保护为切入点，不断地推进非遗建档式保护的可持续发展，推进各项具体的非遗建档式保护技术的研发，促进我国非遗保护事业的整体发展。

第二，建立健全非遗建档式保护科技创新的标准体系。非遗建档式保护的规划化和标准化是推进和实现我国非遗保护、非遗保护科技创新的有力举措，也是我国非遗保护领域吸收学习国内外先进技术经验、推进非遗档案服务创新的基础,更是我国各类机构就非遗科技创新问题进行沟通交流、资源互通的必要条件。要推进非遗建档式保护科技创新的标准,首先应建立开放合作平台,通过为各级各类非遗档案管理主体、科技研发主体等装配统一的管理服务软件,推进各主体之间以科技项目、联合开发等形式展开技术交流共享,避免技术研发的重复投入。其次要由文化行政管理部门进行统筹管理,在国家总体层面和地方层面建立非遗保护科技创新的协调推进机制,为相关研发机构提供一定的资金、人力、技术支持,为研发技术的审批、投入使用等建立绿色通道,全力保障非遗建档式保护科技创新的发展。其三,建立统一的标准规范,非遗档案管理涉及非遗档案的采集、整理、分类、保存、编研、开放、利用等环节,涉及组织机构的资金使用、人事管理、项目审批等业务工作,涉及组织机构之间的信息交流、技术共享等活动,因此建立起统一的标准规范体系,减少科技创新活动中的障碍已成为亟待解决的阻碍。其规范标准具体包括:《非遗档案管理制度》、《非遗档案工作"三合一"制度》、《非遗档案检查管理制度》等档案业务工作的制度,《档案管理人员管理制度》、《档案管理人员绩效考核制度》、《机关非遗档案工作资金使用规范》等机关业务工作制度,《非遗档案数字化标准》、《非遗档案元数据标准》、《非遗档案数据库建设标准》等技术标准。通过在各级部门中制定和实施统一的标准规范,可以实现非遗建档式保护工作的及时交流和信息沟通,促进我国非遗保护事业的规范发展。

第三,加大非遗建档式保护科技创新的研发投入。要确保我国非遗建档式保护科技创新的稳定有序进行,充足和必要的资金投入是关键基础。为推进非遗保护事业的发展,中央财政设置非遗保护专项资金,用于各级各类非遗的保护,例如2013年至2017年中央财政累计投入46亿元、中央财政设置非遗保护专项资金用于非遗保护事业[①];

---

① 《党的十八大以来我国非遗保护工作综述》,http://www.gov.cn/zhuanti/2017-10/17/content_5232430.htm,2020年5月12日。

在文化科技发展方面,《关于促进文化和科技深度融合的指导意见》中明确规定国家财政要通过已有的资金渠道为文化科技融合工作给予支持,鼓励相关企业、组织等依法建立投资基金,鼓励符合资质的文化科技融合项目吸纳政府和社会资本的支持,鼓励各类中介性质的机构开发相关投资产品、技术等[①],为相关企业寻求资金投入开辟多种合法渠道。除了上述资金投入外,企业可通过多元化渠道寻求非遗科技创新的资金投入,例如充分利用自有资金、从银行办理贷款、从股市中吸纳资金、吸引风投投资等。而在实际工作中,除了自有资金相对稳定外,各类银行往往会因技术研发风险、自身稳健发展等诸多因素的限制,股市风险较高,银行贷款和股市筹资这两种筹资形式在非遗建档式保护科技创新领域的应用很少。此外,受限于当前我国风投行业发展的不成熟、退出机制的不完善等因素的影响,导致各类投资对非遗建档式保护领域的科研投入意愿不足。可见,企业首先应充分利用其自有资金进行非遗建档式保护科技的研发工作,再创造条件以拓宽向外部筹资渠道。同时,根据国家法律法规的要求,文化行政管理部门应对非遗保护投入主体进行规范和鉴别,把好入口审核关,同步完善投资的退出机制。

　　第四,完善非遗建档式保护科技创新的人才培养机制。非遗建档式保护的科技创新需要大批具备专业能力的优秀人才的参与。为此文化行政管理部门应根据各地非遗保护实际,结合经济社会发展状况,联合教育部门构建起非遗保护的人才培养机制,形成非遗保护人才资源库。首先,建立非遗师徒传承机制,通过名师收徒的形式培养一批技艺精湛、素质优良的非遗传承人才,例如安徽池州市于 2016 年启动非遗"名师带徒"工程,迄今为止已经选拔名师 36 位、徒弟 102 位,推动老、中、青、少四级金字塔式非遗传承模式的形成,为提升

---

① 《科技部等六部门印发〈关于促进文化和科技深度融合的指导意见〉的通知》, http: //www.gov.cn/zhengce/zhengceku/2019-12/03/content_5457868.htm, 2020 年 5 月 12 日。

非遗保护传承能力完成了坚实的人才储备①。其次，开展学校教育，通过与各教育机构合作，开设非遗专业课程，推进我国高素质、高水平的非遗专业人才的培养。例如，浙江省各高校采取"校地挂钩"的模式，在浙江大学、温州大学、浙江师范大学、浙江传媒学院、杭州师范大学、中国美术学院等多所高校开设非遗相关专业，例如中国美术学院的文化遗产本科专业、温州大学的民俗学专业非遗保护研究生课程、浙江师范大学的非遗本科专业，形成了具有一定规模的非遗领域人才的高校培养模式，同时与浙江各地的非遗保护工作相结合，推进学生实践能力的提升②。此外，全国各地纷纷开展"非遗进校园"活动，推进非遗课程走进大中小学校园，增加公众对非遗的了解。第三，加强人才引进，通过住房、薪酬、职业发展空间等积极吸进国际人才来华工作，并从中吸取国际相关工作经验，推进我国非遗保护科技向前迈进。同时，为激励相关专业人才投身非遗保护事业，文化行政管理部门应建立良好的激励机制，例如设立专门科技创新奖励基金、非遗传承专项基金等，吸引高素质人才投入非遗科技创新活动之中。

第五，开展非遗建档式保护的融合研究。推动文化与科技融合是我国非遗建档式保护领域的发展方向，因此要非遗建档式保护科技创新的发展，需要吸纳社会各类主体参与其中，吸引各个相关领域的专家学者参与其中，从而加强我国非遗建档式保护技术的融合创新。具体的实施举措包括：一是，科技评估咨询。科技评估是指科技活动的政府主管部门根据法定程序，即邀请专业的评估机构或专家依据一定的程序对其所开展的科技活动和相关责任主体进行专

---

① 《名师带徒，让"非遗"传承后继有人》，https://xw.qq.com/cmsid/20200420A0ME0700，2020年5月12日。
② 《非遗专业在高校》，http://art.china.cn/education/2014-06/26/content_7010932.htm，2020年5月12日。

业评价和咨询的过程①。对我国当前所实施的非遗保护科研项目进行评估，不仅能推动我国各级各类科研力量熟悉我国非遗保护现状，并为之基于自身的专业领域提出具有针对性、可操作性的建议，还能将吸引吸纳各类相对成熟规范的社会研究力量投身非遗保护研究之中，将各领域出现的各种较好的研究思路和方法融入到非遗建档式保护科技的研究之中，从而不断提高我国非遗建档式保护的科技研发水平。一方面，科技评估的实施者是评估机构和专家评估组，而评估机构和专家评估组则来自于高校、科研院所以及各个专业的评估公司，由来自于各个相关领域的专家、学者组成，能够为非遗保护技术创新提供专业意见。另一方面，在评估内容上，科技评估主要考察各类科技活动的必要性、合理性、规范性和有效性，通过对非遗保护科研项目的前期、中期、后期评估考察，能够发现非遗保护科技创新规划、实施、成果中存在的不足，及时解决相关问题，推进非遗保护科技研发的顺利开展。二是，跨系统研究合作。非遗建档式保护的科技创新，并非能够由非遗档案管理主体、文化科技企业等机构一力完成。经过改革开放四十多年的发展，我国高等院校、科研院所已经逐步发展成为我国科技创新的主要动力②。《国家"十三五"文化遗产保护与公共文化服务科技创新规划》指出要加强我国的"人才基地与科研平台建设"，"以专业机构、高等院校、科研院所、重点企业为依托"，建设文化遗产保护和公共文化服务的基础研究和技术研发平台，形成文化遗产保护与利用的数据管理和共享平台，即"鼓励科技企业、专业机构、科研院所等合作组建试制车间和应用示范基地，构建专用器材、设

---

① 《科技部 财政部 发展改革委关于印发〈科技评估工作规定（试行）〉的通知》，http://www.most.gov.cn/fggw/zfwj/zfwj2016/201612/t20161220_129673.htm，2020年5月12日。

② 《改革开放四十年：科技强国战略下的高校力量》，http://edu.people.com.cn/n1/2018/1212/c1006-30461471.html，2020年5月12日。

备、装置、材料的研发、试制与应用评价的系统平台"①，可见政府鼓励科技创新领域的合作交流。在非遗建档式保护科技创新领域，文化行政管理部门应积极吸引、鼓励高等院校、科研院所等专业性研究机构更多地参与到非遗保护科技研发工作之中，加深其对非遗保护的了解，进一步推进非遗学科研究的发展，同时为非遗保护科研事业的发展储备高层次、高素质人才。例如，全国非遗研培重点参与院校之一——石河子大学利用其学科和专业优势，将非遗研培工作与人才培养、科学研究、文化传承与创新、社会服务等相结合，开展非遗研培项目，培训学员221人，为我国高等院校深度参与非遗保护科技研发工作提供了范本②。

5. 举措

非遗建档式保护科技创新是一项复杂的系统性工作，涉及多个部门、多个研究领域。为确保非遗建档式保护科技创新的有序实施，文化行政管理部门应通过制定规划、确保资金保障、推动法制建设、促进中介服务等多措并举，不断促进我国非遗建档式保护科技创新的发展。

首先，制定非遗建档式保护科技创新发展规划。当前，为推进我国文化领域的科技创新，规范和指导文化科技创新活动，党和政府制定了一系列的政策性规划，包括《"十三五"国家科技创新规划》(2016)、《国家"十三五"文化遗产保护与公共文化服务科技创新规划》(2016)、《文化部"十三五"时期文化科技创新规划》(2017)、《关于促进文化和科技深度融合的指导意见》(2019)等，以指导我国文化科技创新工作的开展。然而，虽有科学技术部、文化部、国家文物局2016年出台《国家"十三五"文化遗产保护与公共文化服务

---

① 《科技部 文化部 国家文物局关于印发〈国家"十三五"文化遗产保护与公共文化服务科技创新规划〉的通知》，http://www.most.gov.cn/mostinfo/xinxifenlei/fgzc/gfxwj/gfxwj2016/201612/t20161221_129720.htm，2020年5月12日。

② 《关于非遗保护的高校实践，他这样说……》，https://www.sohu.com/a/325094612_366214，2020年5月12日。

科技创新规划》涉及到非遗保护科技创新工作，但随着"十三五"（2016—2020）相关工作的结束，"十四五"开局之初也未专门针对非遗保护科技创新的总体发展规划，因而制定专门的非遗科技创新规划已较为紧迫。制定专门的非遗建档式保护科技创新规划，一方面能够通过前期的调查研究，在一定成程度上规避科技研发可能出现的风险，例如不适应市场需求、地域因素的限制等，结合当前非遗科技研发的经验教训，为后期科技创新工作的有序开展奠定良好的基础；另一方面能够推进研发资源的优化配置，构建起以企业为创新主体，以高等院校、科研院所为依托，以中介机构为桥梁的非遗建档式保护科技创新合作机制，维持各机构之间的稳定交流和协作互助，有效发挥企业、高等院校、科研院所等不同主体的作用，推进产学研的结合，促进相关科技创新成果的顺利转化和分散推广，建立我国非遗建档式保护科技创新可持续发展的长效工作机制。

第二，给予非遗建档式保护科技创新金融支持。科技创新是对原有技术体系的改进和再创造，是一条需要摸索前进的道路，具有很高的风险性。而企业在进行科技创新时，为确保企业的正常运营，其资源投入都是有限制的，尤其是当遇到技术研发困境而在短时间得不到解决时，企业往往因其能力限制而放弃持续投入，选择更为简便有效的方式例如引进国外技术等，甚至有些企业会因投入过大、回报率过低而直接进入破产程序。而为保证非遗建档式保护科技创新的持续稳定发展，文化行政管理部门应采取必要的举措和手段以不断降低非遗建档式保护科技创新过程中可能存在的各类风险，尤其是金融风险，其具体手段包括降税减税、发放补贴、退税等。从各国行政管理经验来看，在市场经济条件下对重点行业和部门实施产业引导，发放政府补贴、降税减税不失为一种有效的金融支持方法。具体而言，发放政府补贴，即对于承接政府非遗保护科技研发项目的企业，在审核其原有项目资金的使用情况后，可针对性地发放一定的非遗研发项目补贴。降税减税，即文化行政管理部门可通过与税务部门协调，针对承担非遗建档式保护科技研发的企业采取税收优惠措施,以在一定程度上增强企业自身的经济实力。通过以上举措,可以将非遗建档式保护科技创新的外部风险转化为内部风险,提高企业抵御风险的能力,并刺激企业自发地加大对非遗建档式保护科技创新的资源投入,提高我国非遗建档式保护的技术水平。综合来看可获得以下成效。一则,政府补贴可补充高新技术企业在非遗保护科技研发上的资金缺口,并允许研发成果所产生的经济效益为高新企业所独有,从而提升高新技术企业进行非遗保护科技创新的积极性。二则,通过税收优惠举措降低高新企业的税负水平,能够将政府行为对市场环境的影响降到最低,避免扰乱市场竞争秩序。

第三,推动非遗建档式保护科技创新的法制建设。非遗建档式保护科技创新需要一个稳定、规范、有序的发展环境。若环境不稳定、市场竞争无序,则非遗建档式保护科技创新将失去可持续发展的可能,同时在该环境中的所有创新主体也将受到不同程度的损害。为此,文化行政管理部门应会同其他国家机关,建立一套基于规范市场和产权保护的法律法规体系。我国已颁布实施的《非物质文化遗产法》总体上属于基本法的范畴,多数条文属原则性的规定,可见为了给非遗建档式保护科技创新营造良好的发展环境,各级各类文化行政管理部门尚需要制定更为具体、细致的条文规定:一是制定《非物质文化遗产法》实施细则和相关配套制度,即加快推进《非物质文化遗产法实施细则》的研究和制定,对《非物质文化遗产法》中的主要制度进行细化,增强其可操作性;同时会同档案部门、科学技术部门研究制定《非物质文化遗产档案管理办法》、《非物质文化遗产建档式保护科技创新工作/项目管理办法》等专门管理规定,建立非遗科技创新管理机制,做好我国非遗建档式保护科技创新工作的顶层设计和规划工作。二是推进地方性法规制度的制定和修改工作,各地文化行政管理部门应结合地方非遗科研工作的实际,研究制定出融合地方特色、具有针对性的地方非遗科技创新实施规范,并在条件允许的情况下，对地方非遗保护条例进行修改和完善，以紧跟时代发展的步伐。三是加强对非遗知识产权的法律保护，应以法律法规的形式明确非遗知识产权的保护范围、非遗著作权使用制度以及相关商标的注册使用制度。(d) 以降低非遗保护科技创新外部风险为切入点，用法律法规及相关政策协调非遗建档式保护科技创新中各主体的关系，约束利益相关方的市场行为，最大限度地激发其科技创新活力。四是推进非遗建档式保护科技创新法律法规的贯彻落实，相关执法人员应进一步增强责任意识，严格落实相关法律，做到有法可依、有法必依、执法必严、违法必究。

　　第四，促进非遗建档式保护科技创新中介服务的发展。在文化与科技融合的背景下，非遗建档式保护的科技创新实质上是一项需要文化行政管理部门、高新技术企业、各级各类社会组织共同参与的系统性工程。由于参与其中的各个主体均有自身独特的活动范围和职能空间，要寻找到合适的创新实施主体，并实现长期有效的沟通交流较为困难。因此，须推动以沟通、交流、联系和组织为内容的非遗科技中介服务机构以实现各主体的集成创新，并结合地方特点和技术水平，提高科技研发的水平和质量。从非遗建档式保护科技中介服务的内容上看，其具体包括以下三个方面：其一，为非遗建档式保护科技创新提供中介服务的实体场所，例如非遗文化园、非遗高新科技园、非遗文创孵化器等。例如，现已建成的成都国际非遗文化产业园，以"全球聚、产业汇、创新源"为战略发展目标，规划构建金融、商贸、知识产权、教研、保税、演艺、联盟、文创八大核心功能服务平台，于2018年7月举行项目推介会，与12家知名品牌企业签约合作，以推进世界非遗文化传承和创新生产提供了一个全新的"自生长型"服务平台①。其二，为非遗科技创新提供中介服务的交易机构，例如建立技术服务中心、成果交易大厅等，利用专业技术服务中心等提供的

---

① 《成都国际非遗文化产业园开启发展新篇章》，http://www.cfgw.net.cn/2018-07/26/content_24734135.htm, 2020年5月12日。

有偿服务例如技术评估、技术指导等，为非遗建档式保护科技创新中遇到的障碍提供相应的技术支持和解决方案，以减少科技创新中所存在的技术障碍。其三，为非遗建档式保护科技创新建立保障性中立机构，例如成立协调仲裁中心、非遗保护协会等，通过以上机构构建高新技术企业与政府部门、科研院所等之间的桥梁，及时解决因信息不对称可能产生的问题，推进整个非遗建档式保护科技创新工程高效、稳定、有序运转，提高我国非遗建档式保护的科技水平。

第六章 文化与科技融合背景下非遗建档式数字化融合保护平台的设计与运行

本章以文化与科技融合背景下非遗建档式保护机制相关策略的实现为目标，从我国非遗建档式保护的现状条件和前瞻性需求出发，提出构建文化与科技融合背景下非遗建档式保护平台，并从设计思路、整体架构、主要模块、集成方式和关键技术等角度，对上述平台进行多角度的阐释。从非遗建档式保护的主体来看，文化与科技融合背景下非遗建档式保护平台是实现非遗管理与档案利用的"一站式"工作中心。从非遗建档式保护的客体来看，文化与科技融合背景下非遗建档式保护平台是面向全国非遗保护对象，实现深化非遗保护工作、衔接非遗保护流程，打通非遗利用瓶颈的"一站式"服务中心。为此，上述平台以推动非遗建档式保护的整体管理为根本目标，依靠包括档案元数据技术、多源融合技术等在内的一大批新兴技术，为非遗档案数字化以及长久保管利用提供了载体支撑，有利于推动非遗建档式保护的数字化和社会化进程。

第一节 平台概述

一 非遗建档式保护信息化建设的背景

全球化背景下，世界上越来越多国家开始重视非遗保护工作，与此同时,随着现代信息技术的蓬勃发展,各国应用于非遗保护的技术和方法也在不断发展进步①。1992 年,联合国教科文组织启动"世界记忆"工程,该项目的主要内容是以数字化形式采集包括非遗在内的珍贵文化遗产,通过多种平台扩大非遗的数字化传播,项目还建立了非遗网站和数据库,以满足公众对非遗资源的检索利用需求。"世界记忆"工程在世界范围内产生了深远影响,对其他国家非遗保护实践具有示范作用。例如美国国会图书馆开展的"美国记忆"项目,也是利用数字化技术采集非遗资源,建立门类繁多、体量庞大的非遗数据库,并通过网络平台推动非遗社会化传播。大英图书馆于 1994 年开始启动国际敦煌项目,项目通过建立在线数据库,使全球范围内敦煌资料的汇集与整合成为可能,为各国研究者和其他公众获取敦煌资料创造了条件②。法国于 1997 年开展了 Gallica 项目,该项目由法国国家图书馆主导,旨在将馆藏文献数字化以便公众检索利用,为了扩大数字资源规模,项目还与一批数据库供应商达成了合作。全球重要文献保护机构都纷纷顺应非遗保护趋势,陆续开展了非遗数字化以及网站和数据库建设工作,并取得一系列成果③。

通过梳理国内外非遗建档式保护信息化建设概况,可以发现,在世界文化多元化发展的今天,现代信息技术的发展为非遗保护和利用提供了一条崭新的途径,通过信息化技术和平台保存、再现、传播和开发各国非遗已成为一种不可阻挡的时代潮流。非遗建档式保护信息化建设是一个系统性的工程,涉及非遗资源从归档保存、有效保护,到数字化展示传播的各个环节,不同的工作环节必然有差异化的工作重心和技术要求。总体来看,非遗资源的抢救性保护

---

① 周亚、许鑫:《非物质文化遗产数字化研究述评》,《图书情报工作》2017 年第 2 期。
② 卓么措:《非物质文化遗产数字化保护研究》,《实验室研究与探索》2013 年第 8 期。
③ 马晓娜、图拉、徐迎庆:《非物质文化遗产数字化发展现状》,《中国科学:信息科学》2019 年第 2 期。

更多依赖于数字化存储技术和网站技术,而非遗档案的数字化传播更多依赖于 3D 扫描与重建等新兴技术[①]。

二 构建非遗建档式数字化融合保护平台的必要性和可行性

（一）必要性

第一,符合非遗传承保护的根本宗旨。作为一种珍贵的文化信息资源,非遗是体现地域特色与文化差异性的关键符号,对于维护民族的独特性、维持民族的延续性具有重要意义[②]。同时,非遗虽然是代际传承的产物,但它并非一成不变,恰恰相反,创新是非遗自身传承发展的必然要求,也是非遗保持旺盛生命力的决定性因素。非遗置于社会历史发展进步的整体环境下,应时而变、因时而动是非遗传承保护的唯一选择,数字化技术被运用于非遗建档式保护,正是非遗适应信息时代发展潮流的必然抉择[③]。在非遗传承保护中引入数字化技术,可以有效降低非遗资源消失的风险,有利于实现非遗资源的长久安全保存。不仅如此,以数字化形式转存非遗资源,便于非遗传承人随时随地进行学习,扩大非遗传承的受众面,为非遗传承保护提供有力保障。

第二,奠定非遗信息合理利用的坚实基础。原始的非遗档案资料可能包括音乐、声像、手稿等多种载体形式,不便于进行统一的保管和存储,而通过数字化采集和存储技术,可以将不同形式的非遗档案统一保存到线上或线下数据库中,进而实行统一的信息化管理和合理利用。数字化复原和再现技术可以将无形的非遗资源有形化、可视化,为用户获取非遗资源提供有力支持,例如应用 3D 扫描与重建技术、知识建模技术等技术手段,再现非遗档案中的真实情境,实现人

[①] 马晓娜、图拉、徐迎庆：《非物质文化遗产数字化发展现状》,《中国科学：信息科学》2019 年第 2 期。

[②] 许鑫、张悦悦：《非遗数字资源的元数据规范与应用研究》,《图书情报工作》2014 年第 21 期。

[③] 宋俊华：《关于非物质文化遗产数字化保护的几点思考》,《文化遗产》2015 年第 2 期。

机交互等互动操作，有效改善了非遗资源开发利用的实际成效与用户体验。数字化展示与传播技术将非遗资源超越时空界限的传播共享变成现实，尤其是网络技术、数字电视技术等技术的快速发展，使人们足不出户便可纵览海量非遗文化资源，将非遗开发利用的潜能得到充分发挥[1]，同时还有利于非遗资源在全球范围内的传播共享，使非遗建设成果惠及世界各国人民[2]。

第三，实现社会信息资源共享的迫切需求。非遗档案资源作为一种重要的社会信息资源，有着极其庞大的利用者群体，无论是科研人员还是普通大众，都有着多样化的非遗资源利用的需求，推动着非遗档案资源共享的深化发展，非遗建档信息化不是将各种格式的数字资源堆砌在一个所谓的"仓库"中，而是组织、挖掘非遗资源中更深层次的知识内容，并通过多种技术手段将这些隐性的知识内容显性化、可视化，从而明确非遗资源的文化内涵和发展逻辑[3]。可见，非遗建档信息化建设通过整合分散保存的非遗档案，分阶段、分层级地建设非遗档案名录体系，实现全国范围内非遗档案资源的集成化和一体化，并依据中央、地方、基层的层级管理体制形成非遗档案协同完善网络，不断扩充非遗档案名录的体量。实现知识与实体资源的集约整合是非遗建档数字化融合平台的最终目标，届时用户将可以随时随地快速获取多种形式的非遗档案资源，激发非遗资源传承、保护与创新的强大活力[4]。

（二）可行性

第一，通过建立数字化档案库、资源库等方式来保存非遗。既可

---

[1] 黄永林、谈国新：《中国非物质文化遗产数字化保护与开发研究》，《华中师范大学学报》（人文社会科学版）2012年第2期。

[2] 马晓娜、图拉、徐迎庆：《非物质文化遗产数字化发展现状》，《中国科学：信息科学》2019年第2期。

[3] 宋丽华、李万社、董涛：《非物质文化遗产数字化保护与知识整合平台建设》，《图书馆杂志》2015年第1期。

[4] 杜敬卿、陈国栋、张维纳：《"非物质文化遗产云"协同创新平台构建研究》，《新世纪图书馆》2019年第11期。

以通过对各种实物载体进行数字化加工，并在此基础上建立非遗数据库、资源库；也可以将非遗的原始形态以数字化形式记录下来，并进行长期安全保存；还可以以数字化的形式，把非遗生成的原生态环境完整地加以保留。通过构建非遗数字化档案库、资源库，可以有效实现非遗资源的长期保存和分类管理。

第二，通过建立非遗数字博物馆、非遗微信公众号等来宣传非遗。数字化宣传不同于传统的宣传方式，它以数字化技术和网络技术为基础，超越了时间空间、物质条件等诸多主客观条件的限制，使互动式数字化传播成为现实，同时利用体感技术等新兴技术，还能够密切关注用户使用体验，从而改善用户参与非遗展览的满意度。无论是多媒体技术的快速发展还是数字化技术的广泛应用，都为非遗数字化宣传提供了更广阔的平台，有利于促进非遗数字化宣传效果的提升。

第三，通过建立数字化非遗传习所等来传承非遗。除了前文所述的非遗传承辅助手段的多样化和现代化，通过采用数字化技术，也可以有效改善非遗传承的方式和效果，使得非遗传承流程变得直观、便捷且易于理解。例如舞蹈、音乐、传统技艺等等传承活动，都可以通过数字化技术进行信息抓取分析，对非遗活动的变化模式和共通规律进行总结和提炼，使"无形"的非遗变得有规律可循，推动非遗传承的高质量发展。

第四，通过建立非遗研究和分析数字化工具来掌握非遗的发展走向。数字化技术对非遗保护研究的影响是多方面的，不仅体现在为非遗研究提供了大量易获取的动态信息，还体现在推动了非遗研究技术和方法的创新。例如，可以运用大数据技术分析非遗资源所处的文化生态，运用数字化分析模型分析非遗资源的演化脉络等。

第五，通过建立非遗数字化利用和创新平台来发展非遗文创产业。数字化技术为非遗资源跨界合作与利用提供了机遇，为非遗文创产业发展提供不竭动力。通过建立基于语义、语句、语词等不同意义层次的非遗资源数据库，便于推动非遗资源的检索与利用，也为非遗

第六章　文化与科技融合背景下非遗建档式数字化融合保护平台的设计与运行 | 215

基因的跨界重组提供了载体保障[1]，有利于促进文化遗产产业的稳定繁荣[2]。

三　非遗建档式数字化融合保护平台的构建目标

非遗数字化融合保护平台是以实现非遗建档式保护各个工作环节信息化、智能化为目标构建的，基于主要工作环节的视角，其构建目标又可以细分为以下几个方面。

（一）实现非遗资源的数字化建档式管理

档案部门在收集、归档和保管等工作流程方面具有专业优势，因此非遗建档式管理需要档案部门的介入和参与。由档案部门制定非遗建档的工作规划和进度安排，并及时对各种载体、来源的非遗资源进行及时收集、归档和保管。根据非遗类型的不同，档案部门进行非遗数字化建档也主要分为两个方面：一是利用数字化技术对传统载体形式的非遗资源进行加工处理。对于非遗项目申报过程中产生的档案材料，可以在项目立项后再整理归档；对于非遗传承人档案，可采取实地调研的方式进行收集，针对档案不完整的情况，可以考虑进行口述等方式留存归档。档案收集完毕后，务必进行数字化加工处理，并及时存入数据库系统中，以方便后续的管理和利用。二是主动接收来自各个渠道的非遗数字资源。可以在档案网站上设置非遗资源专区，并链接非遗数字资源征集入口，设置专门的激励办法和奖励机制，以充分调动社会公众参与非遗数字化建档的热情，同时也要注意对来自各个渠道的非遗数字资源进行筛选、鉴别，不可盲目接收，应在扩大非遗数字资源增量的同时，尽可能保证非遗数字化建档的质量[3]。

（二）实现非遗档案的整体归档和安全储存

数字化融合保护平台要对多个对象进行整体收集，具体包括：对

---

[1]　宋俊华：《关于非物质文化遗产数字化保护的几点思考》，《文化遗产》2015 年第 2 期。
[2]　宋俊华：《关于非物质文化遗产数字化保护的几点思考》，《文化遗产》2015 年第 2 期。
[3]　倪晓春、张蓉：《关于非物质文化遗产档案数字资源库建设的思考》，《档案学通讯》2017 年第 2 期。

与非遗项目以及非遗传承人相关的各种实物资料进行数字化加工、转存；对非遗活动所处的环境、依托的工具等，进行数字化记录、保存；对非遗活动的具体过程，进行数字化动态记录、保存[①]。此外，对于音乐、舞蹈、手工艺等非遗实践活动，还可以运用动作捕捉等新兴技术进行虚拟重现，并形成档案一并归档保存。当前，非遗数字档案长期保存也面临一些现实问题，例如非遗数字档案的保存与展示对技术依赖较大，这要求以长远视角和谨慎思维进行技术的遴选。就当前而言，云计算、区块链、人工智能等技术快速发展，在越来越多领域得到广泛利用，尤其是区块链技术可以引入非遗数字档案的长期保存，进而推动非遗建档的原真性和安全性。数字化融合保护平台的构建过程中，既要立足于非遗数字档案自身的特点，灵活选择最匹配的技术手段，同时还要兼顾非遗数字档案保护的投入与产出问题[②]。

（三）实现非遗档案的管理、开发和利用

传统的非遗数字管理平台往往更注重与电子政务平台的紧密融合，其平台功能主要基于政务领域，难以涉及非遗数字档案保护的各个工作环节，也就无法实现对非遗资源的有效挖掘和系统整合，在非遗数字化建档方面发挥的作用也十分有限。由于非遗建档式保护信息化是实现对非遗管理信息化的过程，因此非遗建档式保护数字化融合平台不仅注重优化非遗信息化的全流程，而且更加强调非遗信息资源开发利用的实际效果。因此，为了实现非遗资源统一描述、长久保存，深化非遗资源目录体系构建、达成非遗资源检索、非遗资源发布等功能，非遗建档式数字化融合保护平台引入了海量数据存储技术、数据库技术、语义检索技术等多种技术手段[③]。尤其是通过构建非遗资源的联合目录体系，管理者可以实现对非遗资源的系统化组织管理，用户则可以打破时间和地域

[①] 宋俊华：《关于非物质文化遗产数字化保护的几点思考》，《文化遗产》2015年第2期。
[②] 翟姗姗、刘德印、许鑫：《抢救性保护视域下的非遗数字资源长期保存》，《图书馆论坛》2019年第1期。
[③] 黄永林、谈国新：《中国非物质文化遗产数字化保护与开发研究》，《华中师范大学学报》（人文社会科学版）2012年第2期。

的限制自由利用，对非遗资源进行即时、便捷的检索和获取，还可以利用知识共享社区，促进非遗资源的交流共享，推动非遗创新创造。

第二节 要素体系

一 文化与科技融合的体系内涵

体系架构最早是由计算机网络领域内的体系结构衍生而来，1964年 G. Amdahl 提出的体系结构是对软件系统的整体结构（数据和控制的逻辑）进行分析和描述的过程，旨在对传统软件系统流程图进行补充和完善。对于软件系统的体系架构，较为典型的定义有 Dewayne Perry 和 Alex Wolf 提出的："体系架构具有一定形式的结构化元素，即构件的集合，包括处理构件、数据构件和连接构件，处理构件负责对数据进行加工，数据构件是被加工的信息，连接构件把体系结构的不同部分组合连接起来"[1]。而今，体系架构的概念不单出现在计算机网络领域，也不单纯指软件系统的整体技术结构，而是包含业务流程、管理方式、交互融合、技术实现和测试更新等一系列内容的系统性概念。具体来说，体系架构是对一个系统的组成结构的规范描述，可以用来具体指导系统的实现，它通常包括构成系统的各种构件的基本结构及其相互关系，以及用来指导构件设计和构件在一段时间内演化的原则，例如 Gartner 基于其企业信息安全体系架构实践提出企业信息安全体系架构（EISA）模型[2]，刘春年等提出基于 EA 的公共图书馆文化信息资源规划建设体系架构[3]等。

---

[1] 杜彦斌：《面向服务软件体系架构原理与范例研究》，硕士学位论文，首都经济贸易大学，2005年。

[2] ISO/IEC 27001：2005，"Information technology—Security techniques—Information security management systems"，（2005 - 10 - 14），http：//www.iso.org/iso/catalogue_detail?csnumber = 42103.

[3] 刘春年、黄弋芸：《基于 EA 架构的公共图书馆文化信息资源规划研究》，《图书馆学研究》2012年第2期。

文化与科技融合背景下非遗建档式保护平台的体系架构可以看成是一个基于非遗建档式保护业务流程的知识收集、传递、重构和存储的系列活动，与计算机网络系统的体系结构相类似，其系统的体系架构是指实施知识融合时系统所采用的一般性原理和形式，包括实施文化与科技融合的组成要素及其关系、要素之间的交互和相互作用的方式等。通常情况下所说的平台范畴下的文化与科技融合，一般而言是指技术架构或者组织架构，即进行多源知识收集、存储和分享的技术手段和组织中结合部分运行的非遗知识成果管理体系，除此之外，由于大数据时代对文化与科技融合提出的要素多元化要求，文化与科技融合的相关架构可以内化和使用多维模型，进而对多维的知识融合体系架构（组织体系架构、运行保障体系架构、技术体系架构、系统体系架构、服务体系架构、应用体系架构、评估优化体系架构……等）形式针对性解决方案，以下对其中的一些重要的体系架构分别论述。

技术体系架构是指文化与科技融合背景下非遗建档式保护所赖以支撑的技术手段体系。非遗本质上是一种知识形态，文化与科技融合背景下的非遗建档式保护平台体现了信息科学与知识科学的交叉，因此将信息融合处理技术移植到文化与科技融合技术体系架构中是一种比较可行的方式，当前主要包括基于 Bayes 方法、D–S 理论、蚁群优化算法的多种较为流行的融合方法。

运行保障体系架构是指为了实现文化与科技融合背景下非遗建档式保护所采取的保障措施和手段。运行保障体系涉及法规保障、决策保障、供给保障、传承保障、激励保障、融合保障等层面，具体措施例如：完善法规体系、统筹行政管理机制、设立专业机构、应用数字化技术、推动数字化传播、拓展公众参与、推动生产性保护等。

应用体系架构可以理解为基于文化与科技融合的非遗建档式数字化融合保护平台的系统功能体系，具体包括非遗资源采集、非遗资源处理、非遗资源存储、非遗资源转换、非遗资源分析、非遗管理支持和非遗资源利用等功能模块，覆盖了非遗信息资源从采集录入到安全存储、到格式转换与压缩、再到统计分析、最后进行数据挖掘开发的全流程应用管理。

二 文化与科技融合的建构发展

目前的文化与科技融合体系在数据集成与信息整合方面日臻完善，但简单直观的知识处理只能基本解决信息孤岛问题，在数据的结构化层面，以及知识的深加工、再创造和新知识的形成层面仍然亟待改进。现有的知识生态系统还仅仅是依托组织架构进行理论探索研究，而文化与科技融合体系架构中的关键技术则侧重于将非结构化的知识表示形式结构化、标准化，并在此基础上形成针对某一具体情境形成可行性强的新知识与解决方案。文化与科技融合的建构主要分为两种思路，一种是以方法为导向的建构，例如基于本体、扩展主题图、元信息、可视化技术等知识表示、知识处理技术、方法的融合框架构建；另一种是以需求为导向的建构，例如科研社区、数字参考咨询等的融合应用框架构建[1]。

从方法导向视角来看，文化与科技融合的建构发展主要涉及基于本体、扩展主题图、元信息、可视化技术等知识表示、知识处理的融合技术研究。Xie 等[2]基于语义规则，研究了网络信息中的农业知识融合，通过链接向用户传递结果信息，同时采用去除重复项、解决结果一致性等方法实现农业信息资源的知识融合；Lawry 等[3]提出一种利用模糊标签将专家知识与人们学习得到知识进行融合的框架；Dunin - Keplicz 等[4]基于

---

[1] 张心源、邱均平：《大数据环境下的知识融合框架研究》，《图书馆学研究》2016年第8期。

[2] Nengfu, XieWensheng Wang and Xiaorong Yang, "Rule - Based Agricultural Knowledge Fusion in Web Information Integration" NJAS - Wageningen Journal of Life Sciences, No.1, 2012, p. 635 - 638（4）.

[3] Lawry J, Hall J W and Bovey R, "Fusion of expert and learnt knowledge in a framework of fuzzy labels" International Journal of Approximate Reasoning, No. 2, 2004, p. 151 - 198.

[4] Dunin - Keplicz B, Nguyen L A and Szalas A, *Intelligent distributed computing III*, Paris: Springer, 2009, p. 75 - 86.

模糊集合关系的一般式，探究了分布异构信息源中知识的融合；Hu 等[1]提出一种基于网页文本的知识融合框架（Web‐Page Knowledge Fusion Frameworks），用以合成网页中存在的知识；刘忠途等[2]对基于知识的 CAD 系统若干关键技术进行研究，为避免烦琐的知识获取过程及降低知识维护成本，提出在传统特征基础上对知识融合体系进行扩展以实现知识融合的机制；谢能付[3]利用 XML 结构化描述语言实现通过知识融合框架对知识进行表示；景旭等[4]提出基于 UG/KDA 的广义知识库系统构建知识融合体系；陈卫东等[5]提出将不同政府网站数据源中链接的知识整合互联起来创建政府网站关联开放数据云图（LOD Cloud）并以可视化图形的方式呈现出关联的数据集，实现数据增值。

从需求导向的文化与科技融合视角来看，建构发展主要涉及文化与科技融合的体系框架、实现模式和创新应用实践这三个方面[6]。体系框架方面，唐晓波等[7]构建了大数据环境下的知识融合框架模型，描述了该模型的构成，即具体包括数据获取与知识表示、统一知识模式构建、融合处理和衍生知识处理 4 个模块；尚宇炜等[8]建立了一般性的数据—知识融合机器学习模型，并分析了该融合学习模型在回归分析等具体任务情境中实现数据—知识的融合学习的方法。在实现模

---

[1] Hu S and Cao Y，"Knowledge fusion framework based on Web page texts"，Frontiers of Computer Science in China，No. 4，2009，p. 457–464.

[2] 刘忠途、王启付、陈立平：《三维 CAD 系统的知识融合与驱动技术研究》，《计算机辅助设计与图形学学报》2005 年第 5 期。

[3] 谢能付：《基于语义 Web 技术的知识融合和同步方法研究》，博士学位论文，中国科学院研究生院，2006 年。

[4] 景旭、李莉敏、唐文献：《基于 UG/KDA 的广义知识库系统的研究与实现》，《计算机工程》2003 年第 4 期。

[5] 陈为东、王萍、王益成、黄新平：《政府网站信息资源的多维语义知识融合结构体系及策略研究》，《情报理论与实践》2017 年第 6 期。

[6] 王曰芬、岑咏华：《大数据时代知识融合体系架构设计研究》，《数字图书馆论坛》2016 年第 10 期。

[7] 唐晓波、朱娟、杨丰华：《大数据环境下的知识融合框架模型研究》，《图书馆学研究》2016 年第 1 期。

[8] 尚宇炜、郭剑波、吴文传、盛万兴、马钊：《数据‐知识融合的机器学习（1）：模型分析》，《中国电机工程学报》2019 年第 15 期。

式方面，宋艳辉等[1]提出了6种"五计学"知识融合实现模式，分别是基于知识挖掘的知识融合、面向网格环境的知识融合、基于语义规则的知识融合、基于贝叶斯网络的知识融合、基于 D-S 理论的知识融合以及面向近似知识的知识融合模式；周利琴等[2]基于本体的知识表示视角，提出网络知识融合的五种模式，分别是实例融合、域集融合、关系融合、属性融合和概念融合。创新应用实践方面，Dunin-Keplicz 等[3]将融合各种分布式异构知识源的多智能体系统框架以及知识融合机制作为重点，并把融合的知识作为命题动态逻辑的 Horn 子集进行开发；张卫东等[4]在分析政府网站信息资源知识融合流程的基础上，根据流程设计"数据级融合—概念级融合—决策级融合"的多层次的政府网站信息资源知识融合体系架构，并为每个具体层次构建相应的运行框架。

综合来看，文化与科技融合的建构发展主要呈现以下趋势：一是体系结构的优化，目标是建立能够被广泛认可的融合模型；二是融合算法的改进，旨在提高融合的深度和效率；三是与相关学科的交叉，例如在军事、管理学、计算机等学科方面的交叉，实现文化与科技融合的广泛应用；四是面向多层次、个性化、创新型服务，发挥文化与科技融合在高质量文化服务中的关键作用。但也要认识到，现阶段国内外学界对文化与科技融合还没有形成统一、完善、公认的框架，说明文化与科技融合的基础理论还有待完善；融合算法还没有形成体系，不同学科背景的学者缺乏对这些算法的系统评价；文化与科技融合的应用潜力尚未完全开发，应用研究范围仍存在一定局限，尤其是

---

[1] 宋艳辉、邱均平：《我国"五计学"知识融合的思考》，《现代情报》2019年第2期。

[2] 周利琴、范昊、潘建鹏：《网络大数据中的知识融合框架研究》，《情报杂志》2018年第1期。

[3] Dunin-Keplicz B, Nguyen L A and Szalas A, "A layered rule-based architecture for approximate knowledge fusion?" Computer Science & Information Systems, Vol. 7, No. 3, 2010, pp. 617-642.

[4] 张卫东、左娜、陆璐：《政府网站信息资源知识融合体系架构设计》，《图书情报工作》2018年第17期。

面临包括大数据环境在内的社会环境的变化,给文化与科技融合带来了新的发展契机与难题①。

三 文化与科技融合的要素提炼

(一)建构背景

要素是指构成某一事物的成分或规定。在马赫主义哲学中,是主观感觉的别名②。要素也是系统论的基本概念之一,指组成系统的基本单元。要素与系统相伴而生、相互依存,在某些情况下还可能实现互相转换③。据此,笔者认为要素即指构成文化与科技融合体系框架的基本单元,包括所有主客要素与条件要素。从现阶段文化与科技融合的体系架构来看,与其直接相关的要素研究成果较少。但从档案学和情报学的相关研究范畴来看,已有不少成果与文化和科技融合的体系架构,特别是知识融合的要素研究较为相关,其研究成果将为本项目的研究提供重要佐证和内容支持。

从国外研究进展来看,Dominik Fisch 等④认为知识融合分为数据层知识融合、模型层知识融合以及参数层知识融合三个层次,并进一步基于模型层构建了知识融合框架。Smirnov 等⑤提出了七种融合模式,分别是简单融合、扩展融合、设定融合、实例融合、水平融合、历时融合、适应融合。Kriegel 等⑥从实现决策支持系统的智能辅助和

---

① 邱均平、余厚强:《知识科学视角下国际知识融合研究进展与趋势》,《图书情报工作》2015 年第 8 期。
② 彭克宏:《社会科学大词典》,中国国际广播出版社 1989 年版。
③ 刘建明:《宣传舆论学大辞典》,经济日报出版社 1993 年版。
④ Dominik Fisch, "Knowledge Fusion for Probabilistic Generative Classifiers with Data Mining Appli cations" Ieee Transactions on Knowledge and Data Engineering, No. 3, 2014, pp. 652 – 666.
⑤ Alexander Smirnov, Tatiana Levashova and Nikolay Shilov, "Patterns for context – based knowledge fusion in decision support systems" Information Fusion, 2013.
⑥ Kriegel E U, Pfennigschmidt S and Ziegler H G, "Practical aspects of the use of a Knowledge Fusion Toolkit in safety applications", IEEE Eleventh International Symposium on Autonomous Decentralized Systems, IEEE, 2013.

风险评估出发,构建了一个分布式的融合框架,该框架由知识提取组件和知识处理组件构成,前者主要包括提取规则、协议等要素,后者则主要包括知识处理控制器等内容。Yu 等[1]提出了以知识为基础的三维可视化的 Web 服务环境,将 Web 服务、知识融合过程和知识库管理封装在应用程序接口中,实现知识服务模型和知识驱动的服务体系构建。上述知识融合在各个领域的应用是近年来学术界的主要研究热点,从内容上看大部分停留在模型和框架的构建阶段,距离落地实用还有一定差距,而产业界对于知识融合更注重实践性。例如国际万维网组织 W3C 在 2007 年发起了开放互联数据项目(Linked Open Data,LOD)[2],该项目旨在将由互联文档组成的万维网(Web of Documents)扩展成由互联数据组成的知识空间(Web of Data),以 RDF 形式在 Web 上发布各种开放数据集供各个领域的人士使用。微软在构建 Probase[3] 时,首先从网络大数据中采集数据并从中抽取具有 is A 关系的知识,然后基于各种指标对知识进行评估,分析知识之间的语义关联,对知识进行合并融合。Google 在构建 Knowledge Vault 知识库[4]时,也是先从网络大数据的不同数据源中抽取知识,然后通过局部封闭评估机制和实体链接技术对知识进行正确性判断和关联合并,从而实现知识融合。

从国内研究进展来看,有学者将知识融合概念总结为:①知识融合的研究对象是不同来源的知识及其依附载体;②知识融合研究的主要目标是针对某个问题,或某种知识需求,通过一定的技术手段融合

---

[1] Yu J N, Cai H M and Jiang L H, "Knowledge – Based Web Service Environment for 3D Visualization", Advanced Materials Research, 2010, p. 102 – 104, pp: 926 – 930.

[2] "Linked data – connect distributed data across the web",(2016 – 07 – 27). http://linkeddata.org/.

[3] Wu Wentao, Li Hongsong and Wang Haixun, Probase: "A Probabilistic Taxonomy for Text Understanding", Proceedings of International Conference on Management of Data, 2012.

[4] DONG X, GABRILOVICH E and HEITZ G, "Knowledge vault: a web – scale approach to probabilistic knowledge fusion", The 20th ACM SIGKDD International Conference on Knowledge Discovery and Data Mining, KDD, 2014.

互异知识以求解决问题或满足相关需求；③知识融合是一个跨学科的研究领域，主要涉及信息科学、计算机科学、图书情报、数学等不同学科的理论和方法；④知识融合的结果可以提供用户所需的有效知识，或对于现有知识体系而言的新知识，并且能够给人们带来额外的价值①。具体到知识融合体系框架模型的研究，相关研究大多基于KRAFT模型演变而来，其中较有代表性的是缑锦的观点，他认为知识融合系统主要包括4个功能模块：本体库和元知识集的构建、融合算法的设计和实现、解知识空间的形成和转变以及基于应用反馈的评估和参数校正②。徐赐军等③指出可以通过对融合前知识的语义合理性和有效性进行评估来控制融合结果规模，因此提出了由元知识集构建模块、知识测度模块、知识融合模块和知识融合后处理模块构成的知识融合框架。在知识管理领域，知识源是供体，知识源具有多样性、多层次性和无限扩展性，鉴于知识源的这些特性，周芳等④提出了多层次的知识融合框架，将知识融合体系分为知识层融合、方法层融合和思想层融合。沈旺等⑤利用本体论研究了数字参考咨询知识融合模型，认为其主要由3个模块构成，包括问题分析模块，分析问题中包含的知识点，以领域本体为基础，对知识进行统一化表示，形成问题空间；知识抽取和预处理模块，从问题空间出发，从多源异构数据库中抽取相关知识；知识融合模块，对抽取的知识进行融合处理，形成解空间，为用户提供咨询服务。

---

① 王曰芬、岑咏华：《大数据时代知识融合体系架构设计研究》，《数字图书馆论坛》2016年第10期。
② 缑锦：《知识融合中若干关键技术研究》，博士学位论文，浙江大学，2005年。
③ 徐赐军、李爱平、刘雪梅：《基于本体的知识融合框架》，《计算机辅助设计与图形学学报》2010年第7期。
④ 周芳、刘玉战、韩立岩：《基于模糊集理论的知识融合方法研究》，《北京理工大学学报》（社会科学版）2013年第3期。
⑤ 沈旺、李亚峰、侯昊辰：《数字参考咨询知识融合框架研究》，《图书情报工作》2013年第19期。

（二）要素归纳

综合上述国内外研究成果，笔者通过计算型情报分析"任务—方法—数据"模型，在对其进行高维扩展的基础上，提出文化与科技融合背景下非遗建档式保护平台的框架要素主要由数据源、服务对象、对象任务、模型方法、实施主体五个要素构成。

第一，数据源。数据源是文化与科技融合的基础，在大数据环境下，数据源的特性包括交互性、社会性、多源异构性、低价值密度性、动态性、不确定性等。文化与科技融合背景下非遗建档式保护平台的数据来源十分广泛，除包括大量非遗档案信息资源外，还更加注重源于互联网的大量碎片化信息，社交媒体上的用户生成内容 UGC，用户关系和用户行为，以及由此产生的动态、实时的非结构化数据[①]。随着互联网的发展，大量蕴含丰富内容的网页和深层 Web 数据成为研究的热点。近年来 Web 2.0 的成熟化和大数据的突起，涌现了更为丰富的新数据源，社会大数据（非结构化）和关联数据（语义结构化）受到了极大的关注。Web2.0 背景下，用户角色已经从单纯的用户转变为内容提供商，社会媒体平台积累了大量数据，对其进行分析可以揭示关键信息，因此视为一个丰富的大数据来源，通常被称为社会大数据。Web 上的关联数据可以被看作是一个全局数据库（非关系型），资源通过 URI 进行标识、自描述，并且通过 RDF 链接全球相连。针对关联数据，实际应用中可针对某个主题进行知识采集，并通过 RDF 链接的方式进行知识扩展和融合[②]。

第二，服务对象。文化与科技融合背景下非遗建档式保护平台的服务对象十分广泛，既包括专家，在某一学科领域精通的人士，例如信息工作者、科研人员，也包括非专家，还有专家与非专家融合服务的情况。

[①] 周利琴、范昊、潘建鹏：《基于知识融合过程的大数据知识服务框架研究》，《图书馆学研究》2017 年第 21 期。

[②] 刘晓娟、李广建、化柏林：《知识融合：概念辨析与界说》，《图书情报工作》2016 年 13 期。

随着文化与科技融合的推进，信息爆炸式增长，学科联系日益紧密，文化与科技融合的服务对象也越来越多。文化与科技融合的非遗建档式保护平台与传统保护平台的关键区别就是以服务对象为核心，注重服务对象感受，围绕服务对象应用各种先进的信息技术，以满足服务对象对非遗档案信息资源的利用需求，提高用户的满意度。对于没有明确需求的服务对象，文化与科技融合的非遗建档式保护平台可以从服务对象日常行为的大数据中对有关信息内容进行筛选、分析和重组，形成知识产品，向他们推送更加情景化、智能化和个性化的非遗档案信息服务。

第三，对象任务。对象任务是文化与科技融合的重要导向，它包括提供精准的融合服务和解决对策。文化与科技融合背景下非遗建档式保护平台的对象任务具有三个特征：一是能够面向各种异构非遗信息来源，自动化地、智能化地提炼或提取知识；二是以解决某些问题为目标，以完成某项任务为指向，以智能化、自动化的系统为主体；三是一切操作行为都是为了产出新知识，运用这些新知识可以帮助我们解决各种各样的问题。具体来说，特定的服务对象提出需求和应用问题，通过文化与科技融合产出能够满足用户所提需求及解决应用问题的建档式保护结果，结果可以是产生新知识，也可以是产生对解决特定问题有用的知识。即建档式保护面向的任务以用户需求为导向，不是"提供什么知识"，而更侧重于"解决什么问题"。

第四，模型方法。方法是知识融合系统的关键，包括流程性路径型方法及实施性实现技术。在实际操作中，文化与科技融合背景下非遗建档式保护平台根据应用情境的不同，应采用不同的模型方法应对不同来源的数据融合。目前国内外较为成熟的模型方法有以下几种：

一是，基于语义的文化与科技融合。它主要面向非专家视角的文化与科技融合，即采用建立语义规则的方式，通过平台实现文化与科技的融合。由于传统的文档组织形式不能有效关联文档中的知识，也无法对知识资源进行规范化的语义描述，导致用户难以找到与需求相关的知识。知识的特性之一，就是具备推理属性，语义化是实现知识推理的主要途径，所以基于语义的知识融合算法构成了主要的融合算法之一。猱锦等[1]利用元知识的抽取，简化知识转换过程，利用基于本体库的遗传算法，构建并优化新的解知识空间；周耀林等[2]基于本体理论和语义学架构，构建了非遗资源建设及研究的基本框架；董坤[3]从我国湖北省和陕西省非遗文献的案例入手，完成了 D2RQ 中关联数据库的语义映射。

二是，基于主题图的文化与科技融合。它是指主题图相似性计算算法，传统的主题图相似性算法有 SIM、TOM、TM‐MAP 等，但上述算法大多仅基于概念组成结构来分析主题相似性，却忽视了概念语义或语用的相似性，未能实现知识的多层次多粒度表示，造成融合过程中相似性算法准确性不高，最终影响融合质量的提升。王蒙等[4]基于主题图理论和方法，建立非遗信息资源主题图模型，并以作为世界非遗的京剧、昆曲为例，辅以 Ontopia 主题图开发工具，展示非遗信息资源主题图的生成及组织效果；施旃等[5]在分析非遗数字资源的主题、关联关系和资源标引的基础上，构建非遗数字资源主题图并实现其可视化。

三是，基于 D‐S 证据理论的文化与科技融合。它主要面向专家视角的文化与科技融合。D‐S（Dempster‐Shafer）证据组合理论是一种模糊推理理论，该理论最早于 1967 年由 Dempster 首先提出，后来由 Shafer 做出了进一步补充完善[6]。D‐S（Dempster‐Shafer）证据

---

[1] 猱锦、杨建刚、蒋云良等：《基于元信息和本体论的知识融合算法》，《计算机辅助设计与图形学学报》2006 年第 6 期。

[2] 周耀林、赵跃：《非物质文化遗产信息资源组织与检索研究路径》，《情报杂志》2017 年第 8 期。

[3] 董坤：《基于关联数据的非物质文化遗产语义化组织研究》，《现代情报》2015 年第 2 期。

[4] 王蒙、许鑫：《主题图技术在非物质文化遗产信息资源组织中的应用研究——以京剧、昆曲为例》，《图书情报工作》2015 年第 14 期。

[5] 施旃、熊回香、陆颖颖：《基于主题图的非物质文化遗产数字资源整合实证分析》，《图书情报工作》2018 年第 7 期。

[6] Dempster A. P, "Upper and Lower Probabilities Induced by Multivalued Mapping", The Annals of Mathematical Statistics, No. 38, 1967, pp. 325‐339.

组合理论作为融合方法,应用思路是首先对知识元集合进行预处理操作,将单个知识元作为一个证据,计算得出每个证据的基本可信度分配值、可信度;其后基于 Dempster 合成规则计算所有证据综合影响下的基本可信度分配值、可信度;然后依据特定的判决规则遴选可信度最大的假设,作为最终的融合结果[1]。已有实践显示,D—S 证据理论模型通常更加适用于解决决策层面知识融合和专家知识融合问题,而对于大规模数据层面的知识融合,则并不适用[2]。

四是,基于贝叶斯网络的文化与科技融合。它适用于不确定情况下的文化与科技融合。贝叶斯网络提供了一种自然表示因果关系的方法,该方法可以用来把握数据间的潜在关系,进而表示变量间的连接概率。同时,贝叶斯网络凭借其独特的清晰直观、易于理解的图形模式,被广泛应用于数据关系描述,近年来成为实现文化与科技融合的潜力技术之一。总地来说,一种可信任的贝叶斯网络方法,应当满足 3 个基本标准,即避免循环、保持贝叶斯结构条件的独立性和保留个体贝叶斯参数的特征。Giannis Chantas 等人[3]提出在非遗资源的语义分析中,引入多实体贝叶斯网络一阶逻辑和概率推理相结合的方法;Anupama Mallik 等人提出一种基于本体的多媒体数据语义解释方法[4],还基于印度传统舞蹈语义分析的案例,构建了一种将贝叶斯网络与概率推理相结合的半自动本体建构方法[5]。

---

[1] 刘永安、程哲、徐保国:《信息融合的 D-S 证据理论综述》,中国控制与决策学术年会论文集,2007 年,第 626—628 页。

[2] 姚路、康剑山、曾斌:《结合 DSmT 理论和系统建模的知识融合算法》,《火力与指挥控制》2014 年第 12 期。

[3] Chantas G, Kitsikidis A and Nikolopoulos S, "Multi - Entity Bayesian Networks for Knowledge - Driven Analysis of ICH Content, Computer Vision - ECCV 2014 Workshops, 2015, pp. 355 - 369.

[4] Mallik A, Chaudhury S and Ghosh H, Nrityakosha: Preserving the intangible heritage of Indian classical dance", Journal on Computing&Cultural Heritage, Vol. 4, No. 3, 2011, pp. 436 - 440.

[5] Mallik A, Pasumarthi P and Chaudhury S, Multimedia ontology learning for automatic annotation and video browsing, Proceedings of the 1st ACM international conference on Multimedia information retrieval. ACM, 2008, pp. 387 - 394.

第五，实施主体。根据非遗建档式保护的理念和思路，文化与科技融合背景下非遗建档式保护平台的实施主体是多元的，它们包括政府及其文化行政部门、非政府组织、公共文化机构、高等院校、企事业单位、新闻媒体、社区群众等等。其中，档案部门是建档专业化程度最高的主体，非政府组织、公共文化机构、新闻媒体、高等院校等可以成为非遗建档工作具体实施者。保护平台促进了非遗档案信息的复制与传播，也影响了非遗文化产权争议状况仍加剧出现。为了规避产权争议，非遗档案保护活动中的各个实施主体都必须树立法治思维，以维护非遗主体对非遗的所有权为底线，在法律法规允许的范围内规划非遗档案保护，在不侵权的前提下实施非遗档案保护活动，传播数字化非遗资源[①]。

（三）要素特性

要素作为组成系统的基本单元，在一定情况下能够产生相互作用，不同要素既表现出各自进化的特殊性，也表现出要素之间相互关联的特征[②]。可见，构成文化与科技融合的不同要素之间存在着相互作用和关联特性。

第一，历时关联性。各要素以用户需求为导向实现相互关联，以非遗建档式资源本体知识库为例，系统根据用户查询内容选择、推理、匹配出由知识因子联结的知识单元，知识单元可关联扩展成知识地图，最终实现多维语义下的数据级、特征级、决策级的关联知识，创造创新知识或新生知识，推送精准完整的知识决策与服务[③]。在这一过程中，服务对象的需求是文化与科技融合的导向，主体根据用户需求，利用知识描述方法和知识融合规则等，在知识源

[①] Hennessy K, "Cultural heritage on the web: Applied digital visual anthropology and local cultural property rights discourse" International Journal of Cultural Property, Vol. 19, No. 3, 2012, pp. 345 – 369.

[②] 李正风：《科学知识生产方式及其演变》，博士学位论文，清华大学，2005年。

[③] 陈为东、王萍、王益成、黄新平：《政府网站信息资源的多维语义知识融合结构体系及策略研究》，《情报理论与实践》2017年第6期。

中进行选择、筛选、融合、匹配，最终实现任务，即知识服务与决策问题。

第二，协同进化性。在不同时期，由于各要素的发展情况不同，其他要素也会进行相应改变。在早期，非遗数据源主要为人类自身所具备的隐性知识和显性知识，较为单一，技术发展不够完善，没有形成科学合理的方法。通过技术迭代和文化与科技融合，要素的服务对象逐步变化社会公众，即通过技术和媒介对全社会各阶层人士提供其所需的非遗知识。

第三，数据融合性。在大数据时代，随着信息技术的发展，专业知识库以及各种分布式数据库、网络数据库的数量和规模均呈快速发展态势，伴随本体、语义网、开放关联数据、XML、RDF等工具不断完善，非遗知识融合有了更多的应用场景，普通用户有了更多服务需求，相应地需要借助技术的快速发展和计算机程序的参与也伴随需求的增长和变化产生了新的动力[1]。可见，在文化与科技融合背景下非遗建档式保护平台中，数据源的扩大是基础，服务对象的增加是推动力，技术方法的发展是关键，主体中计算机程序的更多应用是保障，面向任务的多样性则是各要素发展的结果。

第三节　平台建构

一　文化与科技融合模型建构的理论基础

通过上述理论梳理和要素分析可知，文化与科技融合背景下非遗建档式保护平台所辖任何一个单一要素均无法构成整体，必须经过要素之间的相互作用，在一定条件下才能构成整体系统。

针对大数据时代的文化与科技融合需求，需要梳理文化与科技融合的跨学科理论与方法，以统领和贯穿文化与科技融合背景下非遗建

---

[1] 张心源、邱均平：《大数据环境下的知识融合框架研究》，《图书馆学研究》2016年第8期。

档式保护平台的体系架构、实现模式和服务途径，促使各要素形成相互统一的系统。相关理论与方法如表 6.1 所示。

表 6.1　面向文化与科技融合建档式保护机制的融合理论与方法[1]

理论与方法名称	对文化与科技融合研究的支撑	解决问题层面
知识生态理论	主要涉及生态学领域及图书馆、情报与文献学领域，旨在从生态系统的要素构成与进化机制角度，理解大数据时代面向知识生态重构的文化与科技融合目标、需求与手段，并提供理论依据	目标、需求与保障层面
学科创新决策理论	主要涉及科学学科及科学技术与研究管理领域，旨在从学科创新思维、学科创新生命周期过程、学科创新决策支持等角度，为大数据时代面向学科创新研究的知识融合目标和导向提供理论和依据	
知识论	主要涉及哲学领域，旨在为课题理清知识的本质、起源和范围提供理论依据	
科学交流理论	主要涉及哲学领域，旨在为课题理清知识的本质、起源和范围提供理论依据	
用户认知与行为理论	主要涉及认知心理与行为领域，旨在从学科创新研究工作者的认知思维及行为特征角度理清大数据时代文化与科技融合的内在需求	
复杂系统与复杂网络理论	主要涉及物理学以及复杂系统领域，旨在为分析大数据时代知识生态系统、知识创新与进化、知识网络、社会网络等的复杂性特征提供理论支撑	
信息系统工程理论与方法	主要涉及信息系统工程领域，将大数据时代文化与科技融合的平台构建，视为一项复杂的信息系统工程项目，旨在从信息系统工程角度分析大数据时代知识融合的体系架构	

---

[1]　王曰芬、岑咏华：《大数据时代知识融合体系架构设计研究》，《数字图书馆论坛》2016 年第 10 期。

续表

理论与方法名称	对文化与科技融合研究的支撑	解决问题层面
大数据相关理论与方法	主要涉及计算机科学领域，旨在从大数据的感知与捕捉、质量与评估、表示与存储、分析与可视化等层面，理解面向学科创新服务的文化与科技融合基础技术问题	实现模式与途径层面
数据挖掘与人工智能理论与方法	主要涉及计算机科学领域，旨在为面向学科创新服务的知识抽出、表示、验证以及融合等提供给底层实现途径	
社会网络分析理论与方法	主要涉及复杂网络领域，旨在从知识的社会化特征角度为文化与科技融合提供理论和方法依据	
知识组织、分析与服务理论与方法	主要涉及图书馆、情报与文献学，从知识服务层面为面向学科创新服务的文化与科技融合提供来源和理论依据	
语义、本体等相关理论与方法	主要涉及语义学、本体论等领域，旨在为元知识和语义知识的抽取、表示、验证与融合提供理论与方法依据	
可视化与人机交互理论与方法	主要涉及人机交互和图形、图像领域，旨在从表现层解决大数据时代面向学科创新决策支持的知识融合可视化的基础技术问题	
……	……	

大数据时代技术的发展是文化与科技融合系统形成的前提条件。离开了技术发展，面对日益复杂和庞大的数据源，文化与科技融合系统无法处理，无法解决用户提出的各种各样的需求及各种应用场景的实现，服务质量难以保障，文化与科技融合无从实现。随着专业的知识库以及各种分布式数据库、网络数据库数量和规模快速发展，本体、语义网、开放关联数据、XML、RDF 等工具不断完善，推动了文化与科技融合算法不断优化，使文化与科技融合系统的发展有了更多可能。

二　文化与科技融合模型建构的支撑框架与架构设计

如前文所言，文化与科技融合系统管理结构可以引入知识管理系统的相关模型和框架，具体包括知识融合熔炉模型、知识创造螺旋模型、知识管理的 S-B-F 框架、TRIZ 框架、基于 KRAFT 架构知识融合模型、基于本体的产品设计知识模型、基于知识生态的知识模型。如下表所示：

表6.2　　　　　　　　文化与科技融合系统管理结构举例

阶段	管理结构名称	管理结构含义
概念设计知识管理阶段	知识融合熔炉模型	熔炉模型把多个来源（多本教科书、多批技术资料或多个专家资料以及它们的组合）获取的知识，综合整合的过程比作对知识内容的重塑，强调了多源数据的归一效果
	知识创造螺旋模型	知识创造螺旋是体系内部的显隐性知识的转化，包括个体的知识螺旋和群体的知识创新螺旋
产品全生命周期管理阶段	知识管理的 S-B-F 框架	S-B-F 从产品的结构、行为、功能入手，记录产品设计结构的知识开始归纳出可能的行为方式流程，从而对整个产品的功能进行规划
	知识管理的 TRIZ 框架	TRIZ 是基于产品进化趋势的客观启发式方法，为任何新出现的发明问题提供在过往的反复发明过程的知识梳理，并从中可以寻求到发明问题的解决方法
	基于 KRAFT 架构知识融合模型	KRAFT 认为知识融合是从众多分布式异构网络资源中搜索和抽取相关知识，并通过转换、集成和合并等处理工序，产生新的集成化的知识对象的过程，上述架构可以为制造业产品生产构造有效的知识资源
	基于本体的产品设计知识模型	通过建立领域本体驱动的知识融合系统，可以实现支持多种推理机制的问题求解模型，从而在制造业产品库的创新和生产过程中提供决策参考
	基于知识生态的知识模型	从"知识准备—知识生发—知识扩散"三个步骤出发，构建基于知识生态的框架模型，对制造业产品知识进行收集和整理

三 文化与科技融合背景下非遗建档式保护平台的架构形成

文化与科技融合背景下非遗建档式保护平台在系统设计过程中，除借鉴上述支撑框架与模型原型之外，要推动文化与科技融合主要通过知识融合熔炉模型①来批量获取文化与科技相关的知识来源。在实际应用中，知识熔炉模型为文化与科技融合提供了一条可行的融合路径。

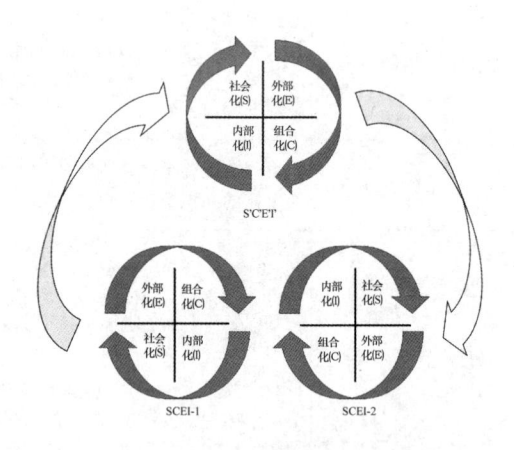

图6.1 知识创新的三重螺旋运动模型

知识创造的螺旋模型最早是由基因组启示下的对知识形态转化的研究衍生而来，传统的知识创造观点将知识划分为两种类型，分别是显性知识（explicit knowledge）和隐形知识（tacit knowledge）。显性知识指能够用书面和系统化的语言文字等媒介加以表述和表达，从而让知识进行广泛的传播和共享；隐性知识则指高度个体化的、难以具象化表达和沟通、难以和他人用语言文字等媒介贡献的知识类型②。而

---

① 陆汝钤：《世纪之交的知识工程与知识科学》，清华大学出版社2001年版。
② Nonaka I and Takeuchi H, *The knowledge creating company*, Oxford University Press, 1995.

知识创造的产生是在显性知识和隐性知识转化之中完成的，两者之间的转化涉及四种类型：①社会化（Socialization），即从隐形知识到隐形知识；②外部化（Externalization），即从隐形知识到显性知识；③组合化（Combination），即从显性知识到显性知识；④内部化（Internalization），即从显性知识到隐性知识[1]。由四种转化类型连接两种知识类型的闭环就形成了最初的双层知识创造螺旋（SECI），该螺旋是连续动态上升的，体现了个人、团体和组织的知识流动过程。

由于双层知识创造螺旋仅就体系内部原有的显隐性知识进行表达转化，而对新知识的创造以及旧知识的选择性继承表达尚有欠缺。于是，对隐形知识又有了进一步的细化，即将隐形知识划分为原有物化的隐性知识和自我发展的隐形知识[2]，后者体现的就是对原有知识进行吸收、加工和改造的个体知识，对原有隐形知识的不足加以剔除或者改进，保存有价值或者新启发的隐形知识。于是，原有的双层知识创造螺旋发展为自我知识创新的三重螺旋运动过程（如图6.1、图6.2所示），其中，第一阶段（SECI-1）是显性知识相对于物化的隐性知识的一个螺旋运动，第二阶段（SECI-2）是显性的知识相对于自我超越的知识的螺旋运动，第三阶段（S'E'C'I'）是物化的隐性知识与自我超越的知识的螺旋运动[3]。

综上，尽管不同性质的知识融合流程并不完全相同，但从文化与科技融合背景下非遗建档式保护平台的运行本质来看，有三条线并行：一是"建档业务"，二是"建档管理"，三是"建档标准"[4]。

---

[1] Nonaka I and Konno N, "The Concept of 'Ba': Building a Foundation for Knowledge Creation" California Management Review, Vol. 40, No. 3, 1998, pp. 40–54.

[2] Scharmer, C. O. (2000). Organizing Around Not-Yet-Embodied Knowledge, Von Krogh, G., Nonaka, I., & Nishiguchi, T. (Eds) (2000). Knowledge Creation, A Source of Value, London: Macmillan Press, pp. 36–60.

[3] 陈晔武：《知识创新的三重螺旋运动模型》，《情报科学》2005年第2期。

[4] 田锋：《制造业知识工程》，清华大学出版社2019年版。

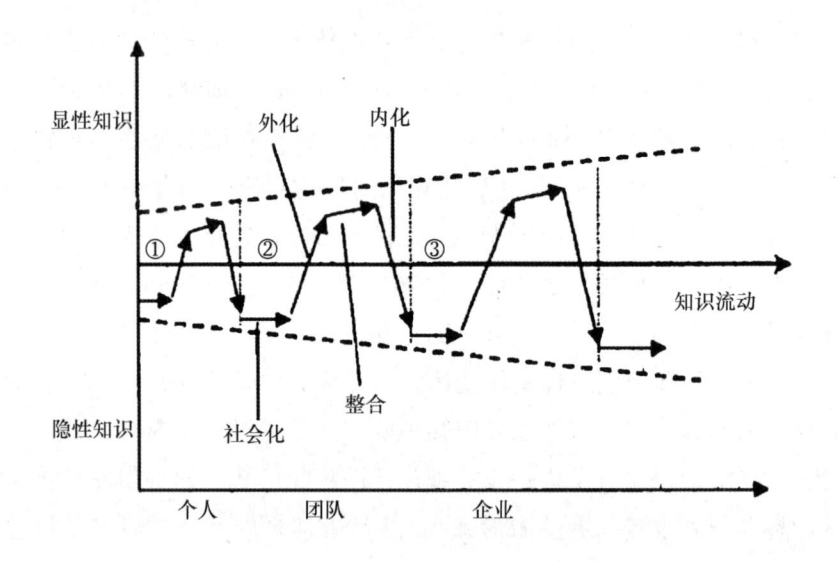

图6.2 基于 SECI 的企业内部知识流动螺旋模型

"建档业务"是文化与科技融合背景下非遗建档式保护平台的主线。首先，非遗资料的收集是非遗建档工作的基础环节。非遗数字化建档中收集环节可以采取用户实地收集、用户在线收集、管理人员在线收集这三种方式。例如，用户在线收集是指用户对丰富但杂乱无序的网络资源进行重新整合，利用 Bookmark 技术将网站上的一些非遗网页添加收藏，并结合 Tag 技术对收藏的网页添加标签。其次，非遗资源鉴定可以依托一定的网络平台，专门设置"档案真伪鉴定"和"档案价值鉴定"的功能实现用户直接参与。管理人员在充分收集、整合和分析公众鉴定信息后，还可借助 IM 的文件传输功能迅速向特定专家发送调查表[1]，采用"德尔菲法"提升鉴定水平和质量。可见，非遗数字化建档存档具体包括以下内容：利用数字化技术对非遗进行学术分类、信息化存储，建立资料性的符号库和素材数据库；开发非遗声音、图像检索技术，研究计算机辅助设计系统等。

---

[1] 陈鹏、黄夏基：《谈德尔菲法在档案鉴定中的应用》，《山西档案》2009 年第 4 期。

"建档管理"是指通过管理手段和技术方法保障建档业务达成既定的目标、路线和质量。非遗数字化建档管理依赖于主体、平台和机制三个方面因素的共同影响。首先需要明确的就是"由谁来管理",即管理主体的问题。文化部门、档案机构由于自身的权威性、号召力以及其具备的人才、资金、技术等方面的优势,在建档管理体系内扮演管理主体的角色,负责让档案工作人员、计算机程序员等进行系统规划、分析、设计、实施、维护与检查。非遗数字化建档管理平台为建档管理提供了"工具"和"场所",其主要由非遗资源模块、非遗交互模块、非遗订阅模块、非遗鉴定模块、非遗管理模块等组成。管理模块主要属于内部业务逻辑模块,根据管理实施主体的不同又可以分为用户管理和管理员管理。其中,用户管理主要是指用户自身进行的自我管理,包括管理个人信息、历史书签、主题板块等;作为管理员管理的文化部门和档案机构,主要负责对平台宏观环境的整体治理,具体包括对用户个人管理活动进行监督、指导和管控,从而规范用户自发行为,提升平台资源质量。此外,还需要建立激励机制和质量监控机制,前者指针对不同主体的主要需求提供多样化的激励方式,例如心理激励、物质激励,以及现阶段各大网络平台广泛使用的虚拟式积分与等级激励等;后者指进行反馈强化,及时获取并处理不同主体对激励效果的反馈评价信息[①]。

"建档标准"是保障建档工作的可行性、可靠性和高效率而制定的相关规定。建档标准体系具体可以分为三个维度:一是资源类型维度,即非遗资源数字化的具体表现形式,可分为文本、音频、视频等。目前我国已基本建立起针对多种资源类型的元数据方案,例如《多媒体元数据规范》、《拓片元数据规范》等专门性规范,在建档标准的制定和运用过程中可以直接选择和复用;二是项目内容维度,主要针对各非遗项目中以技艺传承、口头传播为主的隐性知识。其中,

---

① 冯丽、戴旸:《Web2.0 技术下我国非物质文化遗产建档保护促进研究》,《北京档案》2015 年第 5 期。

非遗核心元数据根据 DC 元数据标准制定，领域元数据根据非遗及 DC 元数据扩展融合形成（例如传统舞蹈领域），专用元数据则根据领域元数据、非遗核心元数据、DC 元数据三种标准集据应用特性而制定；三是传承与传播维度，针对相关人物、实物及网络中的非结构化资源，如将相关人物细分成申报人、传承人，复用 FOAF 数据集，对姓名、地区、职业等个人信息进行描述与规范。通过上述方式，无论处于非遗档案长期保存的何种阶段、选择何种非遗档案长期保存技术，都可以保证非遗建档工作的顺利推进①。

综合来看，笔者从社会技术学模型②角度出发，综合运用档案学、情报学和社会学的研究成果，形成和建构了如下文化与科技融合下非遗建档式保护机制的融合架构，见图 6.3。

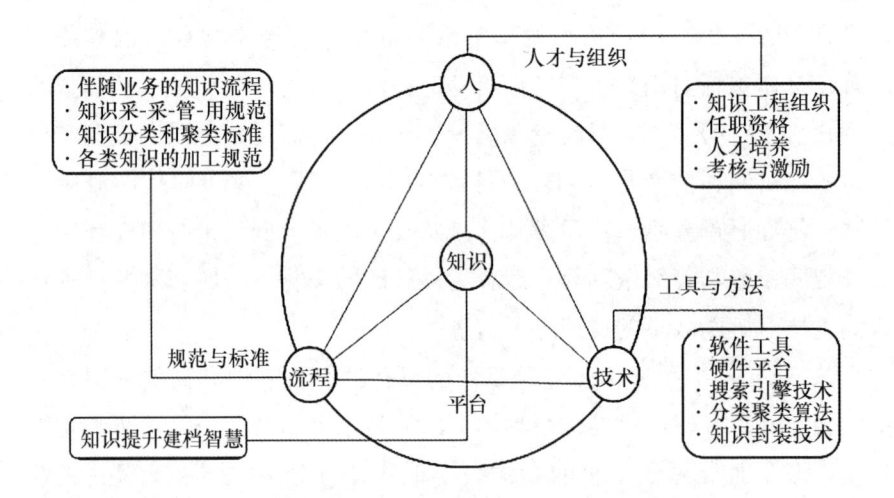

图 6.3 文化与科技融合下非遗建档式保护机制的融合架构

文化与科技融合下非遗建档式保护机制的融合架构以"知识提升

---

① 翟姗姗、刘德印、许鑫：《抢救性保护视域下的非遗数字资源长期保存》，《图书馆论坛》2019 年第 1 期。

② 田锋：《精益研发重塑中国制造》，《装备制造》2013 年第 4 期。

非遗建档智慧"为战略,从人才、组织、流程、标准、规范、技术、工具和方法八个方面进行综合考虑,形成了具有知识融合特征的整体架构及其相关路径。

从技术支撑来看,文化与科技融合下非遗建档式保护机制的融合架构应以提升非遗建档智慧为目标,重点引入软件工具、硬件平台、搜索引擎、分类聚类算法等技术提升非遗建档的技术能力。由于任何保护机制的融合架构都需依赖各类技术进行操作,文化与科技融合下非遗建档式保护机制的融合架构中的技术支撑主要是对非遗建档式保护机制所涉技术进行整合,推动技术知识和非遗建档效率之间适配度达到最优。仝召娟等[1]指出,通过 RDF 标引和 URI 定位实现非遗数字资源间的关联,整合视图的应用,可有效解决数据分布分散、标准不一、缺少共享与集成等问题,从而实现资源聚合,并提出图书馆非遗数字资源聚合的一般框架,具体包括三大部分:数据及标引、关联数据的创建和发布、关联数据的具体应用。张兴旺等[2]提出了一种基于局部区域特征和非遗知识主体轮廓结构的视觉描述网络方法,可实现关联视觉资源的有机融合,具体来说,就是预先选定某一具体的非遗视觉资源,预设其融合方法,并设置所需的目标格式,平台将根据预设内容,在海量的资源库中进行比对、筛选和分析,并根据局部区域特征融合和边界区域平滑过渡方法处理候选视觉资源。使其与待处理非遗视觉资源边界部分进行曲线平滑过渡,并采取视觉融合技术和区域分割方法对二者进行处理。

从流程支撑来看,文化与科技融合下非遗建档式保护机制的融合架构应围绕建档知识的采集、聚类、管理和利用进行整体管理,重点对知识分类和聚类的相关标准,各类建档知识的加工、生成、鉴定和

---

[1] 仝召娟、许鑫、钱佳轶:《基于关联数据的非遗数字资源聚合研究》,《图书情报工作》2014 年第 21 期。

[2] 张兴旺、卢桥、田清:《大数据环境下非遗视觉资源的获取、组织与描述》,《图书与情报》2016 年第 5 期。

管理的相关规范等关键内容进行重点攻关。非遗知识集合体的形成要杜绝信息盲点，这就要求在设计平台资源范畴之初对非遗各种相关信息源进行规范聚类，搜集资源规范要尽可能地全面且要兼备扩展性，确保各种非遗相关资源不被遗漏。同时，非文字特质使得非遗知识处于"隐知识"状态，对上述"隐知识"进行知识描述组织工作实际上是比较困难的，要在对非遗知识进行概念化处理的前提下，根据知识的内部特征和外部特征，通过元数据模型描述概念化的知识，使非遗信息描述标准规范和统一[1]。根据非遗领域知识构成的核心要素，侯西龙等[2]将非遗领域知识本体抽象出非遗项目（ICHproject）、代表性传承人（Person）、地理位置（Place）、项目类型（Category）四大核心类，每个核心类定义相应的数据属性（Data properties），实体之间的关系通过对象属性（Object Properties）进行描述与揭示。蔡璐等[3]应用本体论的知识组织理论与方法构建非遗领域本体概念模型，其中需要描述的资源类型为非遗项目、人物、机构、事物、事件和文献六个大类。

从人才与组织支撑来看，非遗建档的人力资源支撑要素重点包括团队组建、任职资格、考核激励和人才培养等方面。知识是由人产生、创造和利用的，因此文化与科技融合下非遗建档式保护机制的融合架构的对象主体依然是人，组织与人力因素是融合架构中的重要支撑之一。可见，只有建立在人力知识的充分挖掘和畅通流动的基础上，非遗建档式保护机制才能有持续不断的来源和动力，才能真正转化为非遗建档式保护发展的直接动力。Minbaeva[4]提出了知识驱动的

---

[1] 宋丽华、李万社、董涛：《非物质文化遗产数字化保护与知识整合平台建设》，《图书馆杂志》2015年第1期。

[2] 侯西龙、谈国新、庄文杰、唐铭：《基于关联数据的非物质文化遗产知识管理研究》，《中国图书馆学报》2019年第2期。

[3] 蔡璐、熊拥军、刘灿姣：《基于本体和元数据的非遗资源知识组织体系构建》，《图书馆理论与实践》2016年第3期。

[4] Minbaeva D B，"HRM Practices and Knowledge Transfer"Personnel Review，2005，pp. 125 – 144.

人力资源管理实践（KHRM），认为组织内部的人力资源管理可以同知识管理相结合，形成更好的资源配置。Moorman 和 Miner[①]则就人力因素和知识共享进行了分析，认为组织内部中的不同个体之间的知识共享行为包括知识交换和知识转移，是集体行为形成的一种特殊规则。非遗包含的内容广泛，涉及的学科也门类众多，广泛来源于民间；内容上具有高度的综合性和复杂性。虽然非遗保护的重点在政府部门，但仅依靠政府部门远远不够，更需要研究机构、各类文化机构和民间组织等社会力量的共同加入，唯有各方力量进行紧密协作，才能充分调动一切智力因素，共建更强大的非遗知识集合体[②]。

从平台建构支撑来看，它是利用知识工程框架和非遗建档知识加工和应用系统，搭建承载整个文化与科技融合下非遗建档式保护机制体系的集成信息化平台。依据非遗相关实际情况，非遗知识信息化平台的构建可从非遗知识融合规划和基于元数据的非遗异构资源整合两方面着手，其中非遗知识集成规划主要包括非遗项目资源集成、地方资源集成、专项研究资源集成、知识传播资源集成、政务管理资源集成五个方面。非遗知识在信息化平台上的呈现还需注意的一点就是非遗知识的"重构"，尤其是非遗的文化生态特征要求关注非遗在地方的生态关联。例如，湖南大学设计艺术学院的"新通道"地方性知识平台建设以地区为单位，根据地区内资源和项目成果的性质最后归纳创造出"风景、人文、物语、社区"4 个模块的资源整合方式，使所有内容的排布更有序[③]。此外，搭建集成信息化平台还需要处理好平台与档案系统之间的数据异构与转换问题，在非遗数字化建档时揭示其数据多元化异构特征。例如，在中国少数民族体育非遗项目"满

[①] Christine, Moorman and Anne, "Organizational Improvisation and Organizational Memory" Academy of Management Review, 1998.

[②] 宋丽华、李万社、董涛：《非物质文化遗产数字化保护与知识整合平台建设》，《图书馆杂志》2015 年第 1 期。

[③] 谢慧玲、张朵朵、何雨威：《地方性知识视角下非遗数字化平台的构建——以"新通道"项目为例》，《湖南包装》2017 年第 4 期。

族珍珠球"中,由研究者和技术人员通过数据转换、语义标识、系统集成、多元异构、一站式链接、开放与共享数据等跨媒体集成的体育非遗资源档案数字化组织程序,实现"满族珍珠球"在多维度、多层次的媒体形式上向各类用户开放,使"满族珍珠球"通过信息集成服务能在数字化平台上更好地展现其资源档案①。

总的来说,文化与科技融合下非遗建档式保护机制的融合架构将非遗建档保护的相关战略、组织人力、技术、流程和信息化平台有机联系在一起,其基础和前提是三条线,而"建档业务"、"建档管理"以及"建档标准",其核心在于非遗知识的组织,包括非遗资料的整理、分类、描述、标引等,难点在于非遗知识的集成与整合,最终目标是建成非遗资源库、搭建非遗资源知识平台,从而实现非遗建档体系的平稳运行与提升发展。

四　文化与科技融合背景下非遗建档式保护平台的内容体系

首先,针对文化与科技融合的处理对象——非遗建档资源需要有一个明确的认识。非遗建档是指通过拍照、录音、录像等记录方法,将活态的非遗固化至一定的载体,形成非遗信息资源,进而通过整理、保管等措施为日后提供利用的一种档案式管理方法。非遗建档资源就是指非遗建档活动中所利用的一切有形物质和无形要素。

其次,在了解非遗建档的基础上,相关的知识融合技术框架建立在非遗建档资源收集、分配和存储之上。非遗建档资源作为非遗机构的基本配置资源,是知识融合的数据来源和支撑,建立在非遗建档资源之上的融合技术是对非遗建档资源的细化处理,其中可以针对具体情况采用多种不同的具体应用技术,例如本体构建、数据映射、实体匹配、多源融合等等不同的技术方案。这些技术又是建立在融合分布

---

① 赵富学:《基于信息集成服务的少数民族体育非遗资源档案数字化平台建设研究》,《贵州民族研究》2019 年第 1 期。

式计算的理论基础之上的，处理之后将放入不同的专门数据库进行融合数据存储，处理结果综合不同的应用场景可以呈现不同的应用结论，例如推荐系统的构建、语义搜索的来源、可视化分析的呈现甚至智能决策的结果（如图6.4所示）。其中，存储数据库包括非关系型的数据库（NoSQL）和产品模块库（BB），融合计算包括 Hadoop 和 SPARK。NoSQL 数据库尽管类型多样，但是都体现出非关系型的共同特征，即去除了数据库之间的关系性，使得数据库有了自由扩展的空间，在架构层面也具备了可扩展特质[1]。例如，Hadoop 是一个分布式系统基础架构，其中核心的计算单元式 MapReduce 系统使得数据计算过程更加简单化，显著降低了数据传输成本，使得 MapReduce 的应用范围进一步拓展，因而受到了各方的高度重视，同时，其并行式数据处理的方式也已经成为大数据处理的关键技术[2]。Spark 与 Hadoop 相

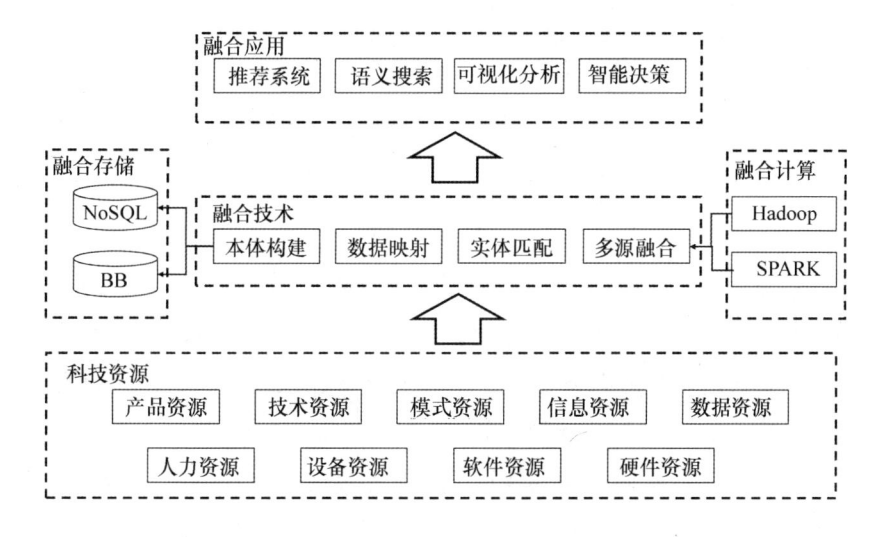

图6.4 文化与科技融合技术体系架构

---

[1] 杨旭、汤海京、丁刚毅：《数据科学导论》，北京理工大学出版社2014年版。
[2] 郝树魁：《Hadoop HDFS 和 MapReduce 架构浅析》，《邮电设计技术》2012年第7期。

表 6.3　　　　文化与科技融合背景下非遗建档资源分类

编号	资源类型	资源实例
1	非遗档案资源	非遗道具、非遗实物、文字记载、声像资料等
2	技术资源	非遗数字化技术、非遗声像检索技术、虚拟现实技术、非遗数字化信息获取技术、多媒体虚拟场景建模技术、虚拟场景协调展示技术等
3	模式资源	非遗档案收集标准、非遗档案整理标准、非遗档案分类标引细则、非遗档案价值鉴定标准、非遗档案移交办法、非遗档案保护与管理规范、非遗档案开发利用办法等
4	信息资源	非遗保护规划、科技情报、非遗术语等
5	数据资源	非遗数字档案描述类目、非遗档案信息存储规范、非遗档案数据交换与迁移格式等
6	人力资源	非遗专家、档案专家、非遗传承人、档案专业技术人员、普通技术人员、劳务资源等
7	设备资源	技术设备、测试设备、维修设备等
8	软件资源	非遗管理系统、非遗数据库、非遗数字化保护平台等
9	硬件资源	服务器、终端、高性能计算机、网络、存储等

似，都是一种开源集群计算环境，但是两者之间仍存在一定差异，例如 Spark 通过内存分布数据集，能够提供交互式查询，还可以优化迭代工作负载，这也是其优越之处[1]。

当然，对于不同类型的非遗资源，其具体的技术体系架构有着细微的差别，在具体的数据来源和技术方案选择方面可以有着多样化选择，具体的应用场景和呈现形式也呈现个性化特点。但一以贯之的是针对数据资源的处理思想和应用规划，即从资源库中提取相应的数据

---

[1] Gupta S, "SPARK：A high-level synthesis framework for applying parallelizing compiler transformations" Proc. of International Conf. on VLSI Design, Jan. 2003.

方法再结合需求的应用场景给出具体的实施方案和理想结果。如果部分档案馆的技术基础比较薄弱，或者暂时无法大规模建设非遗信息化平台的档案馆，可以先建设非遗档案数据库，这也是知识融合技术框架的基础设施。档案馆先把所有的非遗资源进行分类存储，放入非遗档案数据库中，这样有利于档案馆摸清家底，对自身的优势和劣势进行全盘梳理和分析，为建设更大规模的非遗数字化融合平台提供依据。

从非遗知识资源方面运用文化与科技融合的评价体系构建档案馆、图书馆、文化馆等非遗机构进行全方位的定位和评判的方法体系，特别是针对档案馆非遗知识创新、非遗知识积累等问题，利用文化与科技融合思想进行辅助性综合评价可以成为一种很好的选择。具体实施中，文化与科技融合评价体系架构有两个方面的含义，一是对档案馆文化与科技融合项目实施方面的成效评估，二是利用文化与科技融合技术对档案馆非遗建档整体绩效进行评估。

首先，在机构文化与科技融合项目实施成效评估方面，仝海威[①]从产业角度出发，对北京地区装备制造业的信息化与工业化融合水平进行了评价，利用层次分析法和因子评估法分别从投入和绩效两方面开展，设置了"信息化规划及投入水平"、"组织体系及制度完善程度"、"人力资源建设水平"、"信息化基础设施建设水平"、"信息化应用水平"等8个二级指标，以及CAD信息化率、协同设计水平、数控设备联网率、生产计划现代化制定水平、研发设计与制造系统等35个三级指标。整体来看，该指标体系对机构信息化水平评估体系的建立具有较大的参考价值，对档案馆等机构文化与科技融合下非遗建档的建设投入和产出的计量标准还是有一定的借鉴意义。

其次，知识融合作为算法工具在档案馆非遗建档评价指标体系构建中也有较大作用，并且这种评价体系与档案馆决策支持系统具有较

---

① 仝海威：《信息化与工业化融合评价体系与机理分析研究》，博士学位论文，北京邮电大学，2012年。

高的关联性。例如，李秉哲[1]和夏荣菲[2]都尝试利用知识融合算法来进行机构评价系统的构建，前者利用模糊集知识融合算法对机构创新绩效评价体系进行了评估，后者则在船舶能耗评价领域应用了知识融合架构模型并就其结果开发了相关的决策支持系统。在评价指标中出现的知识融合算法有基于 D-S 证据理论的算法、基于贝叶斯准则的后验概率决策算法以及基于模糊集理论的不确定性算法，常用的绩效评价决策知识融合模型如图 6.5 所示，包含请求处理模块、知识搜集模块、多知识源构建模块、知识融合模块和结果反馈模块。其中，请求模块用于接受用户的具体请求信息，并对输入信息进行完备性判定，如果不符合输入要求则退回用户端进行再次请求；知识搜集模块

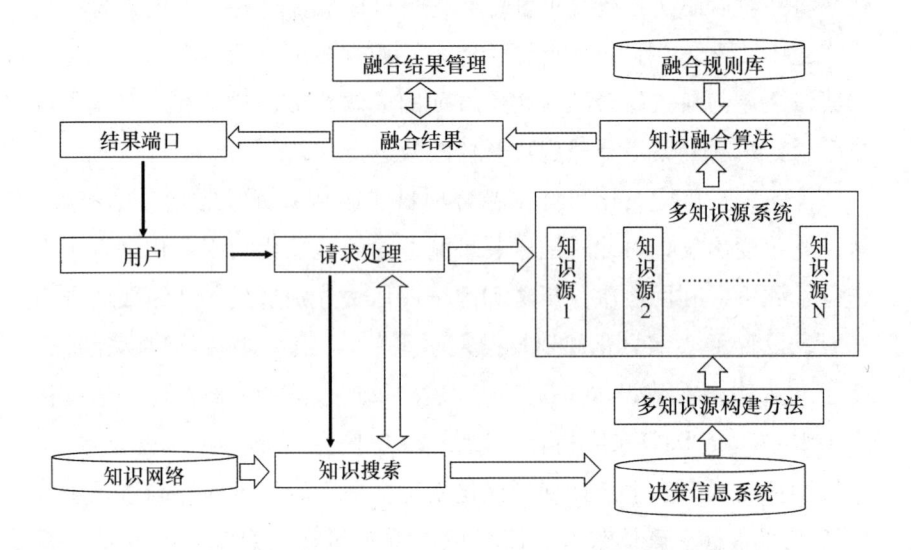

图 6.5　文化与科技融合的绩效评价决策模型

---

[1] 李秉哲：《服务于制造企业创新绩效评价的知识融合模型研究》，硕士学位论文，哈尔滨工业大学，2014 年。

[2] 夏荣菲：《基于知识融合的船舶能耗评价模型和决策支持系统研究》，硕士学位论文，集美大学，2015 年。

需要从网络中收集海量的相关数据作为知识源的来源信息；多知识源构建模块需要对网络来源和用户来源的搜集信息进行判定并同步进行多源数据的合并和归一；知识融合模块对符合要求的多知识来源信息进行融合处理，这里可以使用不同的融合算法；结果反馈模块将融合结果反馈给用户，以供迭代更新处理。

由此可见，文化与科技融合无论作为思想还是技术方法都对档案馆非遗建档评价体系的构建有着较大影响，文化与科技融合评价体系架构是档案馆非遗建档发展评价中重要的一环，将有效推动非遗建档工作质量的提升，真正发挥档案对非遗项目的传承和保护作用，使非遗建档成为常态化建设。

五 文化与科技融合背景下非遗建档式保护平台的关键环节

文化与科技融合模型提供了一种将非遗知识内容以更有效的形式关联起来的方式，将非遗知识重组化或有序化，除去冗余的信息或内容，帮助用户从海量的非遗信息中快速获取所需的非遗知识服务。该模型构建的关键在于识别影响模型建构的关键要素、分析影响模型建构的关键问题以及把握影响模型建构的关键支撑。

（一）影响文化与科技融合架构构建的关键要素

影响文化与科技融合模型构建的关键要素主要与非遗知识及其形成过程相关，具体来看有如下三方面内容。

第一，知识是文化与科技融合模型的核心内容。"知识"一词在不同的领域中定义各有侧重。在管理学领域，野中郁次郎等认为知识与信息的不同之处在于知识与信念、承诺密切相关，反映的是一种特定的立场、视角或意图[①]；在情报学领域，布鲁克斯认为知识是有由互关系联结起来的结构，知识的增长是通过情报的获取来完成的，并

---

① NONAKA I and TAKEUCHI H, *The knowledge–creating company*, New York: Oxford University Press, 1995.

提出了著名的知识方程：K［S］ + △I = K［S + △S］①。文化与科技融合处理的单元是来源中的知识，但其实"数据"和"信息"也是文化与科技融合过程中不可或缺的因素，也是融合的处理对象和阶段性产物。一般来说，"数据"、"信息"和"知识"体现了非遗信息资源不同的抽象层次，数据是未处理和未解释的符号，数据被解释和语境化后转变为信息。文化与科技融合的核心内容"知识"已不局限于物理层获取的信息，而是从既有数据库、知识库、信息库中抽取获得或总结的知识，并扩展到各种方法、专家经验等方面②。具体到实际应用中，文化与科技融合概念的划分虽有很多交叉，但文化与科技融合的核心内容依然是知识，数据融合、信息融合则是文化与科技融合的组成部分。

第二，群体智慧是文化与科技融合模型的典型表征。2004年，索诺维尔基出版了"The Wisdom of Crowds"一书，第一次使"群体智慧"这一概念成为大众关注的焦点。群体智慧是由组成群体的个人贡献出自己的知识、技能、经验，通过个体间的协作、灵感互动、相互启迪等共享机制，产生的优于任何个人的智慧。群体因为其人数众多，比某一专家视角更为丰富，覆盖面更广。当社会发展越来越依赖知识时，这种群体智慧就变得越来越重要，目前群体智慧已经成为知识社会中竞争、创造和发展的重要因素③。文化与科技融合背景下，如何把智力资源载体中隐含的知识激发、表现与共享，把不同智力资源载体提供的信息、知识片段用统一的方式表述、融入到非遗建档式保护融合平台中，利用新的技术实现信息集成、知识创新和支持群体决策，这些问题仍需要在实践中进一步探索。

第三，泛在协同是文化与科技融合模型的重要形式。文化与科技

---

① 邱均平：《知识管理学概论》，高等教育出版社2011年版。
② 刘晓娟、李广建、化柏林：《知识融合：概念辨析与界说》，《图书情报工作》2016年第13期。
③ 黄晓斌、周珍妮：《Web2.0环境下群体智慧的实现问题》，《图书情报知识》2011年第6期。

融合模型中，可以将知识看作是生态链条中的能量成分，完整的知识生态链条主要涉及原始知识提供者、知识生产者、知识服务者以及知识使用者等要素，在多种作用下通过知识供需链的价值传递不断推进知识本体的创新与进化从而带动整个生态系统的发展与变革。伴随上述链条的产生和形成，原始的知识生产者、知识提供者、知识服务者以及知识使用者之间形成了一种"泛在协同"机制，并基于"泛在协同"的相互需求，在成员间构建知识传递站点，强化知识传播的扩散效应。该机制显著影响文化与科技融合模型中诸成员的交互模式，进一步强化各成员之间的联系，减少信息不对称造成的知识屏蔽与知识淹没，加快知识传播的有效流动，实现创新价值共享。

(二) 影响文化与科技融合架构运行的关键问题

影响文化与科技融合模型运行的关键问题主要与非遗知识的产生和分享直接相关，具体来看有如下三个方面：

第一，构建知识生态是文化与科技融合模型的核心命题。文化与科技融合模型中知识生态包括数据—信息—知识—智慧转化过程中的所有主客要素与条件要素及其之间的作用关系。构建知识生态的首要目的是更加高效地创造、集成、共享与使用知识，对于非遗建档式保护领域而言，构建知识生态能有效地实现非遗知识服务。例如，大数据使得知识的形态、广度和深度、及时性等均得到了显著提升，非遗知识生态系统的功能也能够得到最大化利用，又如非遗知识流动、价值流动、物质流动等过程反映了系统内部或是系统间，不同建档主体非遗知识转移、交换、共享和应用仍建档过程，同时也反映了非遗知识不断处于增值和变化的动态过程。可见，大数据、互联网的信息环境与云计算等新兴信息技术，能够充分改变非遗知识流动的机制并加快非遗知识流动的速率，从而将非遗知识融合的功效最大化。

第二，研究知识融合算法是文化与科技融合模型的学理核心。融合算法是多元知识融合模型的关键与核心，其目标是通过某种可流程化实现的处理过程，将已有的知识元素按照约定的规则进行比较、合并和协调等融合运算,从而产生出新的可用知识内容并对原有的知识元素进行优化[①]。要实现理想的融合过程需要解决三个基本问题,即非遗知识的异构性问题、非遗知识的多源性问题和非遗知识的更迭性问题。实际应用中应基于非遗建档式保护的特殊需求,比对选择更适宜的融合算法,做出流程优化处理,结合融合规则和待解决问题对应的本体对象,将分散、异构的非遗知识源融合为新的集成化知识对象,构建非遗知识解空间,向用户提供非遗知识服务。

第三,提供决策支持是文化与科技融合模型的应用关键。文化与科技融合的任务开始于特定用户需求和应用问题,最终产出是能够满足用户需求和解决应用问题的融合结果,融合的结果是产生新知识或者是产生对解决特定问题有用的知识[②]。因此,无论是构建知识生态还是研究知识生成,其最终目的都是为了提供决策支持服务,即转"知识"为"智慧","知识"使我们已经知道的世界上各类事物的本质是什么,"智慧"能够告诉我们面对具体的事情应该怎么办,指导我们把握恰当的时机,作出恰当的反应。相较于信息融合,文化与科技融合更加面向实践应用中的具体问题,注重为决策提供辅助服务,文化与科技融合的实质就是灵活整合和创造性运用非遗知识,最终成就智慧,从而为非遗建档式保护机制提供决策支持的过程。

(三)影响文化与科技融合架构实现的关键支撑

影响文化与科技融合模型运行的关键支撑主要与非遗知识的形成及其关联研究直接相关,具体来看有如下三个方面:

第一,知识融合的维度理解是推动文化与科技融合模型形成的基点。近年来不同专家与学者基于相异的侧重点对知识融合做出了概念解析,由此可以对知识融合形成一个基本含义层面的界定:①知识融

---

① 郭强、关欣、曹昕莹、张政超、何友:《知识融合理论研究发展与展望》,《中国电子科学研究院学报》2012年第3期。

② 刘晓娟、李广建、化柏林:《知识融合:概念辨析与界说》,《图书情报工作》2016年第13期。

合的研究对象层面是广义的分布式异构网络资源与多源的知识依附载体；②知识融合研究的主要目标层面是针对具体情境定义下的问题或需求，以相关技术在实践层面进行最佳方案的筛选与解决；③知识融合的涉及方向，即知识融合是一个跨学科的拥有多元视角的研究领域，涉及层面包括信息科学、计算机和数学等多个专业方向；④知识融合的利好层面是能够契合用户需要的知识并且能够以超出预想的效果实现用户的最佳预期甚至带来额外价值[①]。对于知识融合的研究对象、主要目标、涉及方向以及利好层面等多个维度的深入理解，有助于推动文化与科技融合模型的构建。

第二，知识融合的算法研究是推动文化与科技融合模型拓展的支撑。融合算法是实现知识融合与提升知识服务质量的关键，其目标是通过某种可流程化实现，将已有的知识元素按照约定的规则进行比较、合并和协调等融合运算，从而生成新知识，并实现对原有知识的优化。例如，面对实际问题 P，原有的知识元素 K1、K2 不能解决，但是通过对知识元素的演化集成等处理之后形成 f（K1，K2）新知识，能够解决问题 P，那么 f 就是融合算法的设计过程。此外，知识融合来源于信息融合，是信息科学和知识科学的交叉，目前主流的融合算法主要有以下两种：一是将信息融合处理技术移植到知识融合处理中构造知识融合算法，二是基于融合规则的融合算法[②]。

第三，知识元素的聚类提炼是推动文化与科技融合模型发展的动力。聚类分析是一种没有标记的分类方法，使类中元素尽最大程度地相似。一般情况下，知识要素聚类目的是发现未知的知识关系，加强数据拥有者对有价值数据的知识理解，人们为了更方便理解聚类分析的结果，在聚类结果中提取出知识。聚类分析算法和技术种类繁多，

---

① DUNIN - KPLICZB, NGUYENLA and SZALASA, "A layered rule - based architecture for approximate knowledge fusion?" Computer Science and Information Systems, Vol. 7, No. 3, 2010, pp. 617 - 642.

② 唐晓波、朱娟：《大数据环境下知识融合的关键问题研究综述》，《图书馆杂志》2017 年第 7 期。

主要包括层次、分割、基于约束和机器学习的聚类算法等等。知识聚类则是将知识源信息进行分类，提取知识与知识之间的关系，并把知识划分成簇，以便从知识聚类的结果中提取内涵更丰富的知识①。可见，文化与科技融合模型中的知识元素聚类提炼，主要内容是将具有知识内涵的数据进行相似度分析并聚类，从而为下一步知识融合做好准备。

第四节 核心技术

文化与科技融合背景下非遗建档式保护平台的核心技术主要包括非遗建档元数据技术、非遗档案安全传输技术、非遗数据挖掘技术三种，上述技术为非遗建档式保护平台提供了技术基础，有利于实现非遗数字化资源的长期保存和有效盘活，推动我国非遗保护的整体进步，对我国非遗社会化保护和数字化传播起到良好作用②。

一 非遗建档元数据标准

元数据是关于数据的数据，是描述数据属性的信息，并能实现定位、查找、管理等辅助功能的数据。元数据标准是描述某类资源的具体对象时所有规则的集合，对于不同类型的资源而言，其元数据标准可能有所不同。通常情况下，元数据标准主要包括完整描述一个具体对象时所需要的数据项集合、各数据项语义定义、著录规则和计算机机器语言的语法规定③。在非遗保护领域，元数据标准建设也取得了一些成果。国际方面，联合国教科文组织发布的《实施世界遗产公约

---

① 王敬东：《基于知识聚合的数字图书馆信息智能检索模型》，《图书馆学研究》2014年第21期。
② 叶鹏：《基于文化与科技融合的我国非物质文化遗产保护机制及实现研究》，博士学位论文，武汉大学，2015年。
③ 肖珑、陈凌、冯项云、冯英：《中文元数据标准框架及其应用》，《大学图书馆学报》2001年第5期。

的操作指南》是世界文化遗产认定系统的官方标准，也是筛选与甄别各国申请登录《人类非物质文化遗产代表作名录》的核心文件，参照这份操作指南，可提取"状况、理由、描述、管理、影响因素、监督、文档"等7个概念；就我国而言，文化部发布的《国家级非物质文化遗产代表作申报书》是我国非遗认定系统的重要格式文件，参照这份申报书，可提取"民族、历史渊源、基本内容、相关器具与制品、传承谱系、基本特征、主要价值、濒危状况、保护措施"等9个概念。

综合考虑各国关于元数据标准的官方文件，结合Heaney，Michael[①]和Powell，Andy[②]等学者的相关研究，参照适用范围较为广泛的DC标准元数据名[③]及标准词缀库[④]，笔者定义出含14个标准元数据名，包含67个元素与扩展元素的非遗数字信息元数据标准集（表6.4），并将其引入非遗建档式数字化融合保护平台。

非遗建档元数据界定了非遗信息数据集的内容、质量、表示方式、空间参考、管理方式以及其他特征，有利于推动我国信息资源建设向整合共享、协作兼容和综合扩展的方向发展，可以为非遗信息保护各个工作流程提供理论基础和技术支持。不仅如此，无论是非遗信息的著录，或是建设非遗信息数据库，无一不有赖于元数据标准框架[⑤]。在实际应用上，非遗建档元数据标准的作用主要体现在非遗保护与信息共享两方面。在非遗保护方面，由于城市化及经济社会发展

[①] Heaney and Michael, "An Analytical Model of Collections and their Catalogues", 2013, http://www.ukoln.ac.uk/metadata/rslp/model/.

[②] Powell, Andy, Mikael Nilsson, Ambj？rn Naeve and Pete Johnston, "DCMI Abstract Model", 2013, http://dublincore.org/documents/abstract–model/.

[③] "International Organization for Standardization", "ISO 15836–2003" 2013, http://www.niso.org/international/SC4/n515.pdf.

[④] Dublin Core Collection Description Working Group, "Dublin Core Collection Description Application Profile" 2012, http://www.ukoln.ac.uk/metadata/dcmi/collection–application–profile/.

[⑤] 张勇、蔡潞、李月明：《非物质文化遗产数字资源元数据标准应用的研究和思考》，《图书馆》2016年第2期。

表6.4　　　我国非物质文化遗产数字信息元数据标准集

标准元数据名	元素与扩展元素	字段名	注释
题名 -Title	题名	DC_Title	一般指文化遗产的正式公开名称。
	并列题名	DC_Title_Coordinate	
	副题名	DC_Title_Alternative	
传承者 -Creator	主要创始人	DC_Creator	传承人项目包括个人，组织或某项服务。一般而言，用其名称来标识这一条目。
	主要传承人	DC_Creator_Own	
	其他传承人	DC_Creator_OtherOwn	
其他责任者 -Contributor	其他责任者	DC_Contributor	其他责任者是对文化遗产进行管理，或对其保护做出贡献的其他实体。它可包括个人、组织或某项服务。一般而言，用其名字来标识这一条目。
主题 -Subject	主题词	DC_Subject	描述特定文化遗产的主题，应采用符合DDC标准、LCC标准、LCSH标准、MESH标准或UDC标准的关键词、关键字短语或分类号。
	关键词	DC_Subject_Keyword	
	地名	DC_Subject_PlaceName	
	机构名	DC_Subject_Organization	
时间 -Data	生成时间	DC_Data_Created	日期应与资源的创建或出版日期相关，建议采用符合RKMS-ISO 8601标准定义的日期格式。
	保管期限	DC_Data_RetentionPeriod	
	保密期限	DC_Data_SecrecyPerid	
	自定义扩展元素	DC_Data_Custom	

续表

标准元数据名	元素与扩展元素	字段名	注释
描述 – Description	摘要	DC_Description_Abstract	文化遗产的描述可以包括但不限于以下内容：文摘、目录、对以图形来揭示文化遗产内容的文字说明、或有关资源内容的多媒体、多数据的自由文本描述。建议采用DCMI定义的系列受控词表进行赋值。
	体量	DC_Description_Size	
	民族	DC_Description_Nation	
	基本特征	DC_Description_Features	
	主要价值	DC_Description_Value	
	濒危状况	DC_Description_Endangered	
	基本内容	DC_Description_Content	
	申报理由	DC_Description_Reason	
	影响因素	DC_Description_Influence	
	相关器具与物品	DC_Description_Article	
	附注	DC_Description_Annotation	
	自定义扩展元素	DC_Description_Custom	
来源 – Source	历史渊源	DC_Source_History	文化遗产可能部分或全部源自该元素所标识的资源，建议采用DCMI定义的系列受控词表进行赋值。
资源类型 – Type	集合层次	DC_AggregationLevel	资源类型包括描述资源内容的范畴、功能、种属或聚类层次等术语。建议采用CLDType词汇表和RKMS – ISO8601标准对其赋值。
	文本文件	DC_Type_Text	
	图像文件	DC_Type_StillImage	
	音频文件	DC_Type_Sound	
	视频文件	DC_Type_MovingImage	
	交互文件	DC_Type_InteractiveResource	
	库文件	DC_Type_DataBase	
	库边界	DC_Type_DateRange	
	库例外	DC_Type_DateException	
	自定义扩展元素	DC_Type_Custom	

续表

标准元数据名	元素与扩展元素	字段名	注释
资源格式 – Format	文种	DC_RecordType	格式包括文化遗产的媒体类型或资源的大小,格式元素用来决定展示或操作资源所需的软硬件或其他相应设备,建议采用DCMI定义的系列受控词表进行赋值。
	文件大小	DC_Format_Extnet	
	生成环境	DC_Format_CreatedEnvironment	
	应用环境	DC_Format_AppledEnvironment	
	映射关系	DC_Format_ORM	
	自定义扩展元素	DC_Format_Custom	
覆盖范围 – Coverage	时间范围	DC_Coverage_Temporal	覆盖范围一般包括空间位置、时间区间或者行政辖区的范围,赋值应取自地理名称叙词表(TGN),并应尽可能地使用由数字进行表示。
	空间范围	DC_Coverage_Spatial	
	行政范围	DC_Coverage_Administration	
	传承谱系	DC_Coverage_Pedigree	
	自定义扩展元素	DC_Coverage_Custom	
资源标识符 – Identifier	档案号	DC_Identifier_ArchivalCode	对资源的标识采用符合正式标识体系的字符串及数字组合。包括统一资源标识符(URI)、数字对象标识符(DOI)和国际标准书号(ISBN)等标准。
	文件号	DC_Identifier_ItemID	
	文件编号	DC_Identifier_RecordNumber	
	附注	DC_Identifier_Annotation	
	自定义扩展元素	DC_Identifier_Custom	
语种 – Language	语种	DC_Language	建议采用ISO 638-2标准的要求定义并赋值。
关联 – Relation	相关文献	DC_RelatedArchives	使用符合规范标识体系的字符串或数字来标识所要参照的资源。
	附件	DC_Relation_Appendix	
	自定义扩展元素	DC_Relation_Custom	

续表

标准元数据名	元素与扩展元素	字段名	注释
权限管理 – Rights	进入权限	DC_Right_AccessRight	权限元素应包括对文化遗产的管理内容和权限声明，以及与之相关的参照体系。
	遗产整体监督	DC_Right_Supervise	
	遗产增量方式	DC_Right_AccrualMethod	
	遗产增量频度	DC_Right_AccrualPeriodicity	
	遗产增量管理	DC_Right_AccrualPolicy	
	遗产受众管理	DC_Right_Audience	
	知识产权	DC_Right_IntellectualProperty	
	对象路径	DC_Right_FullTextPath	
	自定义扩展元素	DC_Right_Custom	

现代化的不断加速，我国各地文化遗产地常出现建设性破坏和过度开发的现象，非遗保护事业进入高危状态，利用元数据技术推进我国非遗保护与科学技术的深度融合，针对我国国情建立非遗建档元数据标准不仅是对我国现有非遗名录体系的重要补充，而且是从顶层设计的高度构建我国非遗"文化空间"，实现中国文化血缘关系研究的重要基础，更是保护中华民族的传统文化延绵不绝的重要保障[1]。在非遗共享方面，完善的元数据标准是非遗信息数据库建设的根本前提，若没有统一的元数据标准，那么不同的非遗信息数据库之间就很难进行互操作，资源共建共享也无从谈起。因此，必须将构建元数据标准作为非遗信息传播、共享的重要基础[2]。

---

[1] 叶鹏、周耀林：《论我国非物质文化遗产档案元数据的创立思路与语意标准》，《忻州师范学院学报》2014年第2期。

[2] 李波：《非物质文化遗产信息资源元数据模型研究》，《图书馆界》2011年第5期。

二 面向对象的数字化非遗档案安全传输技术

信息传输是指载有信息的信息载体遵循一定的规律，从一处向另一处进行有序流动或扩散的过程，是信息在时间和空间上的转移，具体是指信息载体在互联网上传输、读写、存储等①。信息安全是指确保网络系统的硬件、软件和系统数据处于受保护状态，系统能够稳定、持久、正常地运行，免受外部攻击而导致系统本身及其数据被破坏、更改、泄露②。随着大数据时代的到来，数字档案呈"井喷式"增长，人们的生活与数字档案息息相关，同时也导致泄露风险的不断增加，这给它的安全管理带来了极大的挑战。目前非遗数字档案在传输利用的过程中面临诸多威胁与安全隐患，例如信息外泄、密码破解、伪造身份等安全问题，为此引入计算机网络安全、数据库管理系统安全等工具和技术保护非遗档案的信息安全具有十分重要的意义③。

现代信息传输技术的主要分支包括卫星通信、移动通信、光纤通信、计算机通信等技术④。档案信息化的发展，特别是数字档案馆的建设，提升了档案远程服务能力，为用户带来更为便捷的体验，为人们提供更为贴心的档案服务。但是由于档案的隐私性、凭证性、唯一性，远程传输数字档案却带来了安全隐患，档案安全传输在保证档案安全性方面起到了十分重要的作用，且技术难度较大⑤。目前在档案安全传输技术方面的研究主要包括量子通信技术、加密技术、身份验证技术、数字签名技术、元数据技术等。非遗数字信息在非遗数字化融合保护平台上大量汇集整合起来后，平台的信息安全问题就显得日

---

① 佟平：《国家信息化与信息化工具》，西安电子科技大学出版社 2017 年版。
② 孟祥也：《多层级服务网络的信息安全传输技术研究》，硕士学位论文，北京理工大学，2016 年。
③ 赵馨：《电子档案传输利用安全隐患和应对措施》，《办公室业务》2020 年第 6 期。
④ 阎毅：《信息科学技术导论》，西安电子科技大学出版社 2014 年版。
⑤ 向禹、吴湘华、郭迎：《基于量子通信的数字档案安全传输技术研究与探索》，《数字与缩微影像》2015 年第 3 期。

益重要。为了确保数据的安全、完整、长久保存,规避数据遭受恶意破坏或非法滥用,尽可能防范一切灾难性事故,在选择性运用上述安全技术的基础上,还应及时采用双机热备份、异地备份、定期备份、增量备份等数据备份手段,在可控范围内做好风险规避工作,确保非遗数据的安全保管。此外,为了保证数据传输的安全性、保密性,避免数据被非法窃取,非遗数字化融合保护平台将数据信息采用切割分片加密压缩的方式,将分割后的数据信息直接存入数据库中(图6.6),有效保证了数据的安全性。

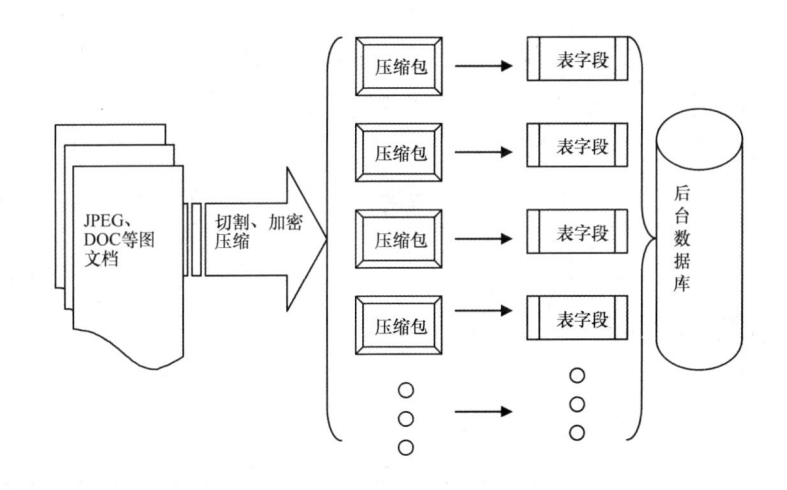

图6.6 非遗数字化信息的分片加密保存

三 非遗档案信息数据挖掘技术

数据挖掘是指从大量的数据中通过算法搜索隐藏于其中信息的过程,其核心目的是找到数据变量之间的关系,并采用统计、情报检索、在线分析处理、专家系统、机器学习和模式识别等诸多方法来实现上述目标[①]。在非遗信息管理领域,数据挖掘技术具有重要意义,

---

① 徐涵著:《大数据、人工智能和网络舆情治理》,武汉大学出版社2018年版,第153页。

非遗信息资源是一种重要的信息资源及高价值的信息产品,数据挖掘技术有利于充分挖掘非遗信息资源的潜藏价值、提高非遗资源信息获取速度、提升非遗资源检索效率[①]。

数据挖掘技术在文化与科技融合背景下非遗建档式保护平台中的运用主要体现在架构设计、数据整理和信息挖掘三个方面。

从架构设计来看,文化与科技融合背景下非遗建档式保护平台在数字化档案信息的获取过程中,将数据获取、数据应用和挖掘技术进行了整合,围绕武汉市非遗保护为实证对象形成了框架。该框架共包括实现功能、应用流程、技术类型和技术名称四部分内容,实现功能包括数据获取、数据挖掘与数据模型构建,分别对应数据获取、大数据应用、技术应用三个流程,其中数据获取的主要技术为数据因子分析技术,数据挖掘的主要技术包括元数据技术和数据信息挖掘技术,数据模型构建的关键技术为管理效能评价技术与数据模型构建技术。

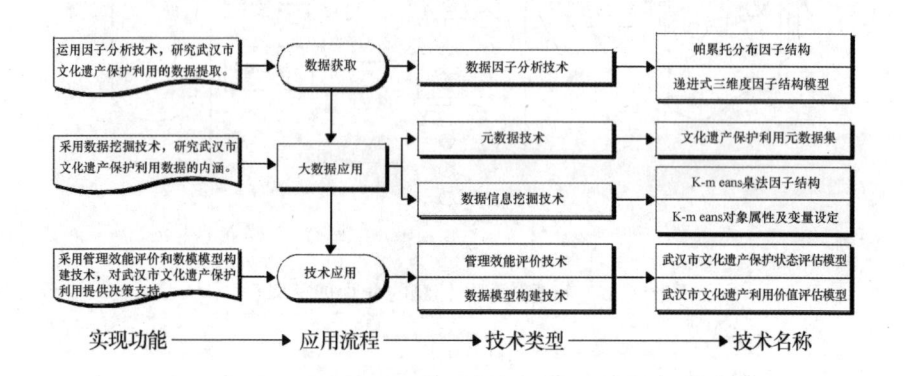

图 6.7　大数据背景下武汉市文化遗产保护利用机制及实现平台研究的技术框架

从挖掘技术来看,文化与科技融合背景下非遗建档式保护平台主要采用了数据因子分析技术和 K-means 算法技术。

---

① 徐晓霞:《基于文本挖掘技术的档案资源利用研究》,《办公室业务》2019 年第 22 期。

帕累托分布因子结构。该项工作旨在对武汉市文化遗产保护利用数据进行分类，通过人工调查、交叉比对、统计筛查等方式对上述数据进行初次筛选，确定影响和反映武汉市文化遗产保护利用状况的数据集。工作要点为根据帕累托分布原则，提取包括营运收入、投入成本、营收增长、从业人数、影响力水平、社会化程度、文化贡献水平在内的大数据背景下武汉市文化遗产保护利用数据因子分布结果。

递进式三维度因子结构模型。该项工作旨在对武汉市文化遗产保护利用数据进行二次筛选，为非遗大数据应用做好前期准备。工作要点为从贡献、属性和影响力三个维度构建递进式因子机构模型，将大数据背景下武汉市文化遗产保护利用数据因子分布结果代入上述模型，获得武汉市文化遗产保护利用数据的关系结构。

K-means算法因子结构及其对象属性变量设定旨在根据 K-means 算法，对武汉市文化遗产保护利用数据进行数据调取、数据挖掘和成果输出。其工作要点为按照自然属性、社会属性、行为属性、价值属性和影响力属性对实施挖掘的武汉市文化遗产保护利用数据进行抽取、清理、组织和集成，然后依靠 K-means 算法获得所需结果。其运作流程如图 6.8。

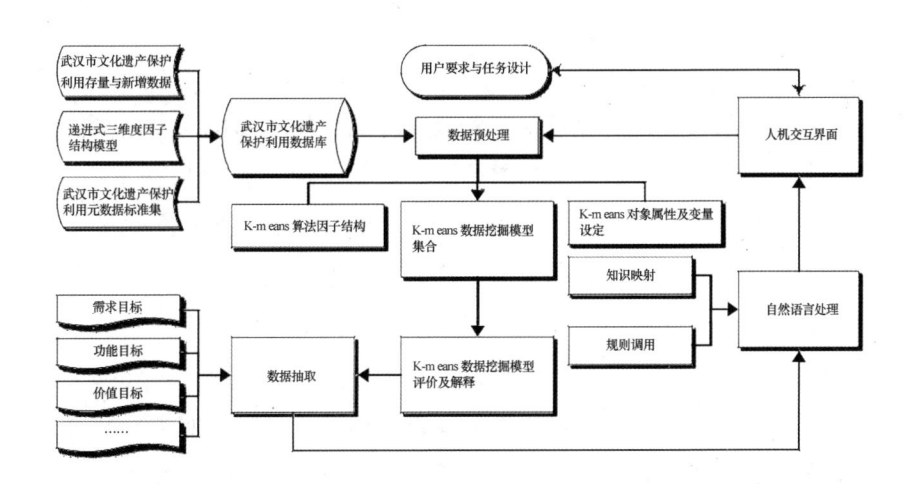

图 6.8 K-means **算法数据挖掘流程图**

第五节 集成运行

非遗建档式保护平台需要具备完善的功能体系支撑，才能实现为非遗信息管理活动服务的最终目标。非遗建档式平台提供输入、存储、处理、输出、传输等基本功能，包括非遗资源采集、非遗资源处理、非遗资源储存、非遗资源转换、非遗资源分析、非遗管理支持和非遗资源利用等功能模块。

一 集成原则

原则是指行事所依据的准则，非遗建档式保护平台的建设原则是平台在建设时需要坚持的准则，对于平台建设具有指导意义。具体而言，非遗建档式保护平台的建设需要坚持完整性原则、规范性原则、实用性原则、兼容性原则、扩展性原则五项原则，并以此为准则规划平台的长远建设。

一是，完整性原则。非遗数字化融合平台的完整性原则是指非遗数字化融合平台建设应确保宏观与微观结合，确保平台建设的全覆盖性。在宏观层面，要构建由国家文化部门主导，各级非遗保护机构共同参与的纵向管理体系，发挥行政体制机制优势以落实非遗保护措施。在微观层面，由于非遗保护涉及众多领域的不同机构，这些机构保护非遗的方式和手段也有所差异，不能笼统地一概而论。因此，非遗数字化融合平台建设要考虑到不同层级、不同性质单位的多元需求，以此为原则构建非遗档案数据库和资源库。

二是，规范性原则。非遗数字化融合平台的规范性原则是指应制定相关的标准、规范和流程对非遗建档工作进行流程控制。标准统一是实现共享的前提和基础，因此，无论是纵向还是横向的平台开发方式，都需要将规范化的统一标准置于突出地位。在实际工作中，可以由中央机构负责开发标准化的原型系统或确定相应的开发标准，再推广至各个地方的基层部门,各基层部门可以结合其工作实际做出一些细微的调整和完善,为形成全国范围内一体化的非遗保护体系创造条件。

三是,实用性原则。非遗数字化融合平台的规范性原则是指平台建设应从我国非遗建档工作实践出发,因地制宜地设计和应用各类模块。在开展非遗数字化融合平台系统建设之前,必须进行深入的需求调研和竞争分析,了解不同群体、不同机构对于非遗保护的实际需求,分析系统建设的优势和劣势、重点和难点,形成系统建设的全面规划。可以通过增量化方法进行系统开发,使得建设成果能够真正回应用户群体的真实需求。

四是,兼容性原则。非遗数字化融合平台的兼容性原则是指平台应对传统的非遗建档数字化平台的成果可兼容,具体体现在传输、储存、鉴定等多个方面。一般而言,新面世的技术更为先进,也往往受到更多青睐,但是同时必须考虑技术的稳定性问题,不能一味地追求先进的技术创造的强大功能,应以稳定、持续为底线,选择比较稳妥安全的技术手段,确保非遗建档的安全稳定,保障数字化融合平台的长期平稳运行。

五是,拓展性原则。非遗数字化融合平台的扩展性原则是指非遗建档平台模块设计要对未来的发展趋势和技术演进提供较为充分的拓展空间。非遗建档式保护面临的主客观条件处于绝对运动之中,新兴技术不断涌现,非遗档案用户需求也在更新,数字化融合保护平台建设不是一朝一夕的任务,而是一场不断更迭的持久战。因此,平台建设必须高瞻远瞩,具备一定的前瞻性和扩展性,以应对未来技术和工具等可能发生的变化。

二 模块构成

文化与科技融合背景下非遗建档式保护平台主要由非遗资源采集模块、非遗资源处理模块、非遗资源储存模块、格式转换模块、非遗资源分析模块、管理支持模块和非遗资源利用模块七个主要模块构成，如图6.9所示。

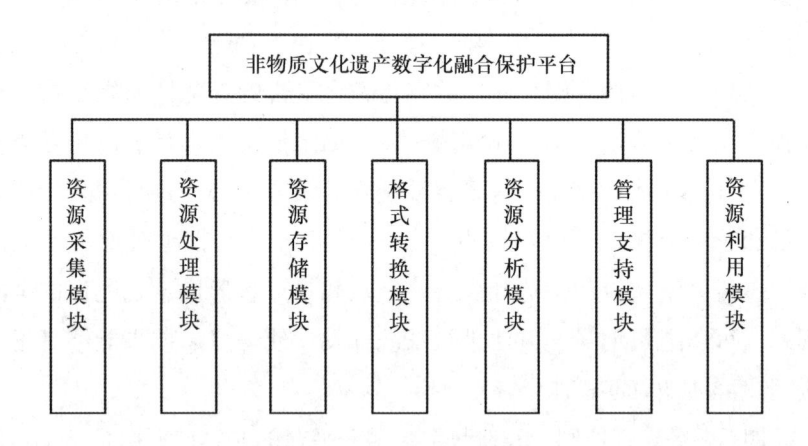

图6.9 非遗数字化融合保护平台功能结构

平台包含：资源采集模块、资源处理模块、资源存储模块、格式转换模块、资源分析模块、管理支持模块、资源利用模块。

一是资源采集模块。非遗资源采集模块是指将非遗信息资源进行收集和输入。在非遗档案管理的工作中，档案资源收集是首要环节，为非遗建档式平台的建设提供物质基础和资源基础。非遗具有形态多样和内涵丰富等特点，因此，对非遗进行完整有效的采集、编码并长期存储和系统重现存在一定难度。在非遗建档式平台建设的过程中，非遗档案采集应遵循完整性原则，主要体现在基本信息的完整性和文化空间的完整性[①]。传统的非遗资源数字化采集主要依赖于拍照、摄像、录音、扫描等手段，随着时代发展和技术进步，三维扫描、虚拟现实、动作捕捉等新兴技术逐渐成为热点[②]。

二是资源处理模块。资源处理模块负责将采集得到的非遗档案资源进行组织与管理，是指通过一定的技术和方法，将采集到的非遗档案资源进行科学分类、组合、排列和编目，使之有序化、系统化的过

---

① 杨项讷：《手工技艺类非物质文化遗产数字化档案建立原则的思考》，《非物质文化遗产研究集刊》2015年。
② 罗方雅：《技术视野下非物质文化遗产保护的数字化》，《四川戏剧》2015年第2期。

程。由于采集而来的非遗信息，大多依然呈现出原始状态，尚未形成标准化、规范化的组织，有待于进行进一步的加工处理[1]。为此，非遗档案资源处理是非遗档案资源采集的重要延续，同时又是储存、利用、传播非遗档案资源的基础和前提，采集到的非遗档案如果不加以处理，则会处于杂乱、无序的状态，其价值不能得到有效发挥[2]。可见，非遗建档式保护平台的资源处理模块的主要任务是实现非遗档案的有序化，为其后续利用奠定基础。

三是资源存储模块。资源存储模块负责将处理好的档案资源安全存储在恰当的位置。对非遗资源进行数字化加工后，形成视频、图片、录音等多种媒体形式的数字化非遗信息资源，这些数字化非遗信息资源呈现出多源异物、内涵丰富等特点，同时需要进行长期保存[3]。非遗档案的整合及保存是非遗档案资源发挥效用的环境支撑，能够增强数字人文赋能与地方非遗档案保存活动交互性，而非遗数字资源的长期保存则主要依赖于安全稳定的存储环境和载体，非遗建档式保护平台的资源存储模块应为上述环境和载体需求提供支撑和服务。

四是格式转换模块。资源转换模块负责将来源多样、格式各异的非遗资源，依据特定的标准和格式进行转换、压缩等操作，其主要作用在于转换非遗数字档案的数据格式，为非遗档案的传输和储存提供便利。由于非遗资源来源的复杂性，非遗资源具有差异化的分类和描述标准，这也为非遗信息的管理和利用增添了阻力[4]。因此，资源转换模块可以为非遗建档式保护提供标准支持，从而进一步规范非遗资源的管理。

---

[1] 达妮莎、王爱玲：《大数据环境中非物质文化遗产的信息分析》，《大连理工大学学报》（社会科学版）2015年第4期。
[2] 周耀林、戴旸、程齐凯：《非物质文化遗产档案管理理论与实践》，武汉大学出版社2013年版，第103页。
[3] 罗方雅：《技术视野下非物质文化遗产保护的数字化》，《四川戏剧》2015年第2期。
[4] 翟姗姗、刘德印、许鑫：《抢救性保护视域下的非遗数字资源长期保存》，《图书馆论坛》2019年第1期。

五是资源分析模块。资源分析模块负责根据工作需求对档案资源进行各种类型的统计分析,其主要任务是分析非遗档案数字化信息,提供数据分析方法与分析成果。非遗资源分析是以非遗数字化成果为分析对象,运用数据分析技术、数据分析模型等方法,解释与描述非遗档案信息的内容与特征的内在关系,分析非遗档案资源的演变规律和发展脉络,为非遗研究提供数据基础。此外,还可以针对非遗传承人进行数据分析,为非遗资源的传承保护提供智力支持[1]。

六是管理支持模块。管理支持模块负责对非遗资源库进行在线比对,为非遗保护实施主体提供相关的决策支持。建档是《非遗法》规定的非遗保护的重要方式,"国家对非物质文化遗产采取认定、记录、建档等措施予以保存,对体现中华民族优秀传统文化,具有历史、文学、艺术、科学价值的非物质文化遗产采取传承、传播等措施予以保护"[2],完善的政策体系与行政管理体制是非遗建档工作的保障,具有重要的指导作用,为此非遗建档保护需要进一步推动我国非遗保护立法工作、学习借鉴先进经验协调法律关系、建立健全非遗文化保存与利用机制、充分发挥政府引导智能,管理支持模块的任务便是为非遗建档式保护提供政策制定及行政管理方面的借鉴[3]。

七是资源利用模块。资源利用模块负责通过多种技术手段实现对非遗信息资源的有效开发利用。非遗档案资源开发利用的过程,就是挖掘非遗档案内在知识价值的过程,是将固态的非遗档案转化为活态的非遗知识的过程[4]。尤其是现代技术的快速发展,使得非遗的展示、

---

[1] 达妮莎、王爱玲:《大数据环境中非物质文化遗产的信息分析》,《大连理工大学学报》(社会科学版)2015年第4期。

[2] 中国人大网:《中华人民共和国非物质文化遗产法》2011年5月10日,http://www.npc.gov.cn/zgrdw/huiyi/lfzt/fwzwhycbhf/2011-05/10/content_1729844.htm,2020年5月13日。

[3] 叶鹏:《基于文化与科技融合的我国非物质文化遗产保护机制及实现研究》,博士学位论文,武汉大学,2015年。

[4] 徐拥军、王薇:《做好非物质文化遗产档案工作应增强五种意识》,《北京档案》2012年第2期。

传播、共享与利用都有了新的形式，非遗建档式保护平台的资源利用模块充分利用虚拟博物馆、新媒体等以数字化技术为支撑的形式来实现非遗的高效开发与利用①。

三 运行方式

非遗建档式保护平台是非遗信息化建设的缩影。随着非遗信息化保护理论和实践的发展，我国非遗保护已经由官方主导走向社会力量共同参与、由传统的单一化非遗保护手段走向新兴的多元化保护技术，可以说，我国非遗信息化保护已经取得了比较丰硕的成果②，因此，基于我国非遗保护的现状和前瞻性需求，也有充分的理由对非遗信息化建设提出更高的目标。非遗建档数字化融合保护平台基于管理信息系统的技术原理，实现了非遗建档数字化各个环节的功能集成。管理信息系统的概念最早由 J. D. Godllagher 于 1961 年提出，其核心思想是基于组织的整体目标，通过对组织内外部环境的信息收集、整理、存储、传递、加工和提炼，实现对组织管理和决策的支持。该理论自提出以来，广泛应用在信息管理、金融、计算机等诸多领域，也在实践中不断发展完善，逐渐更加走向人性化和智能化。根据国际标准化组织的定义，管理信息系统是指"由计算机技术、网络通信技术、信息处理技术、管理科学和人员所组成的一个综合系统，它能提供信息以支持一个组织机构的执行、管理和决策功能"③，据此，可以将非遗档案管理信息系统理解为：以提升非遗档案管理的质量和效率为目标，运用计算机与网络技术等多种技术手段，构建的覆盖非遗档案管理和研究各业务流程的信息系统。

为积累相关经验，课题组围绕武汉市文化遗产的保护和利用，将

---

① 杨义龙：《数字化背景下非物质文化遗产的保护与利用》，《内江科技》2017 年第 8 期。
② 叶鹏：《基于文化与科技融合的我国非物质文化遗产保护机制及实现研究》，博士学位论文，武汉大学，2015 年。
③ 林杰斌、刘明德：《管理信息系统》，清华大学出版社 2006 年版，第 14 页。

文化与科技融合背景下非遗建档式保护平台的相关技术在"武汉市文化遗产大数据保护利用系统 v1.0"中进行应用和实证，自 2017 年开发上线运行至今，已获得了较好的成效。上述成果和经验的获得，均为以全国非遗建档式保护为对象的文化与科技融合背景下非遗建档式保护平台的设计、构建和运行提供良好的支撑。

图 6.10 "武汉市文化遗产大数据保护利用系统 v1.0"版权登记证明

第七章 文化与科技融合背景下非遗建档式保护机制的实现保障

本章以文化与科技融合背景下非遗建档式保护机制和平台为基础上，阐释了文化与科技融合背景下非遗建档式保护机制在运行过程中，为实现其关键职能所涉及各环节、各主体、各对象的合作模式、配合方式和协调形式。立足于我国非遗建档式保护的需求导向和管理现状，从法规保障、决策保障、传承保障、供给保障、激励保障、融合保障等方面，提出非遗建档式保护机制的保障举措。

第一节 机制概述

一 非遗建档式保障机制的概念

"机制"一词最早源于希腊（Mechane），始用于机械工程学，指机器的构造及其工作原理[①]。根据词源学和管理学，机制可以理解为"结构和机器的操作原理"和"多个系统之间相互影响、相互作用、相互制约的要素集合"[②]。机制可以从功能上分为三大部分：激励机

[①] 汪传艳：《农村义务教育经费保障新机制研究》，博士学位论文，华中师范大学，2014年。

[②] 叶鹏、周耀林：《非物质文化遗产建档式保护的现状、机制及对策》，《学习与实践》2015年第9期。

制、制约机制和保障机制。其中保障机制中的"保障"一词在《辞海》中有定义有两个：一是保护；防卫。也指起保卫作用的事物；二是确保；保证做到。本书所指保障一词的含义明显是第二种，即起一个确保、保驾护航的作用。保障机制是为管理活动提供物质和精神条件的机制，是一种"系统粮食"，是系统运作的一种保障功能，没有它系统就没办法正常运作[1]。

我国档案界提出"建档"的概念最早是在20世纪科技档案工作的实践中逐渐形成的，当时的"建档"指的是建立科技档案，包括科技文件材料的形成、积累、整理和归档工作[2]。建档的过程就是确认、拓展和新建档案资源的过程[3]。根据保障机制的内涵，可以将建档保障机制解释为：为建档活动提供物质和精神条件的机制，是建档工作顺利运行的一种保障功能。

非遗是"无形"的，也是"活态"的，它形成于社区、部落与族群的日常生产生活之中，并在传承中不断完成自我革新。针对非遗的特征，以联合国教科文组织为代表的国际组织提出了"建档"保护的举措，即尝试以"固化"的形式实现"无形"非遗的"有形化"[4]。非遗建档是为非遗建立档案，以建立的非遗档案作为非遗保护和传承工作的基础和前提，具体业务工作包括档案收集、档案整理、档案保管、档案开发利用等[5]。结合上述界定，笔者认为非遗建档式保障机制是基于我国目前非遗建档式保护的现状，采取多种物质和精神层面的工具、措施和手段，通过对非遗建档保护工作中各类要素集合的调控和作用，保证和推动我国非遗建档式保护有序运作的保障功能。

---

[1] 季千惠：《我国海洋生态环境保护保障机制研究》，硕士学位论文，中国海洋大学，2014年。
[2] 霍振礼：《论建档管理》，《档案学通讯》1985年第3期。
[3] 田丽媛：《苗族民俗文化建档保护研究》，硕士学位论文，云南大学，2016年。
[4] 戴旸：《应然与实然：对我国非物质文化遗产建档主体的思考》，《档案学通讯》2014年4月。
[5] 王晋：《白族大本曲非物质文化遗产建档保护研究》，博士学位论文，云南大学，2017年。

二 非遗建档式保障机制的发展沿革

国外方面，作为国际非遗保护、非遗建档的倡导者与组织者，联合国教科文组织发布了《保护世界文化和自然遗产公约》、《实施世界遗产公约的操作指南》、《保护非遗公约》、《非遗术语表》及"人类口传与非遗代表作名录"遴选标准等一系列文件，构建起了国际非遗建档的标准保障[①]。欧盟ECHO工程制定了一个由文化遗产数字化标准操作流程、计算机运行平台及硬件设备、规范化数据接口标准为内容的文化遗产数字化认证标准，并进一步开发了一套基于B/S架构的服务平台，采用点对点的服务模式，在兼顾协作效率和建设成本的基础上实现了欧盟范围内非遗信息的分布式储存和集中化利用[②]。

国内方面，2005年，国务院办公厅发布了《关于加强我国非物质文化遗产保护工作的意见》，明确指出："要运用文字、录音、录像、数字化多媒体等各种方式，对非遗进行真实、系统和全面的记录，建立档案和数据库"。2006年，文化部颁布《国家级非物质文化遗产保护与管理暂行办法》指出："国家级非物质文化遗产项目保护单位应当履行全面收集该项目的实物、资料，并登记、整理、建档的职责"。2011年，《中华人民共和国非物质文化遗产法》重申："国家对非物质文化遗产采取认定、记录、建档等措施予以保护"[③]，为我国非遗建档工作奠定了坚实的政策法规保障。

梳理国内外非遗建档保障机制的发展沿革，可以发现以下特点：一是，注重构建全方位、系统性、整体性的保障机制。非遗建档是一项系统工程，是全人类保护文化遗产的共同事业，依靠单一的法规、

[①] 戴旸：《非物质文化遗产建档标准的建设：国外经验与中国对策》，《档案学通讯》2016年第6期。

[②] 叶鹏、熊诗维：《文化与科技融合视角下非物质文化遗产保护举措比较研究》，《佳木斯大学社会科学学报》2016年第3期。

[③] 李姗姗、周耀林、戴旸：《非物质文化遗产信息资源档案式管理的瓶颈与突破》，《信息资源管理学报》2011年第3期。

制度或技术是不可能实现的，必须构建全方位的保障体系，从法规、决策、传承、激励、融合等多个层面入手，充分调动一切可能的积极因素，才能最大程度上支撑非遗建档工作的顺利运行。二是，保障机制的内容随着时代发展而不断扩充。时代洪潮滚滚前行，它孕育着思想的变革和技术的变革，伴随人类对非遗建档工作的认识不断走向深入，信息技术的发展为非遗建档工作提供了更多的保障手段，这些都意味着构建非遗建档保障机制也要与时俱进，要根据社会发展新需要不断扩充新内容，这样才能为非遗建档工作提供源源不断的动力，确保非遗建档式保护机制的持久延续性。

三 非遗建档式保障机制的建设目标

构建非遗建档式保障机制，应以支撑非遗建档式保护机制的顺利运行、协调非遗建档式保护机制的工作流程、优化非遗建档式保护机制的协作方式、发展非遗建档式保护机制的合作形式为建设目标，具体如下：

第一，支撑非遗建档式保护机制的顺利运行。非遗建档式保护是一项长期、复杂的系统工程，不仅需要在国家层面制定法律、制度，也需要相关单位依据法律、制度的意见制定具体的实施办法，例如明确主体责任、工作重点，划分不同管理部门之间的职责、明确分工、用好人才，进一步强化建立工作机制、监督机制、问责机制等[①]。非遗建档式保障机制的宗旨就是通过采取一系列保障措施和手段，致力于解决非遗建档中可能出现的各种问题，从而确保非遗建档式保护策略得到贯彻落实，支撑非遗建档式保护工作的顺利开展。

第二，协调非遗建档式保护机制的工作流程。宏观层面上，国家相关部门通过发布非遗建档的标准或指导意见，对非遗建档流程进行科学规范；微观层面上，非遗建档工作应分为三个阶段，分别是前期

---

① 段超、孙炜：《关于完善非物质文化遗产保护政策的思考》，《中南民族大学学报》（人文社会科学版）2017年第6期。

准备、中期收集和后期整理①。因此，非遗建档式保障机制应从宏观层面和微观层面提出保障措施，尤其是对实际操作中"做"的问题，既要侧重于对建档方法与模式的探究，也要对重要技术、关键环节进行推广与规范，从而对非遗建档保护机制的工作流程进行规范和优化。

第三，优化非遗建档式保护机制的协作方式。协作方式是指各参与者协作开展非遗建档式保护工作的方式②。非遗建档式保护机制是由文化行政管理部门、科技管理部门、行业企业、社会公众和运行制度构成的有机整体，各个要素在非遗建档中应扮演何种角色、发挥何种作用，这些都需要制定一定的保障措施来予以明确和落实。构建非遗建档式保障机制，应致力于形成以文化行政管理部门为主管、以科技管理部门为主导、以社会公众为主体的非遗建档式保护体系，从而实现非遗建档式保护机制内的多元协作。

第四，发展非遗建档式保护机制的合作形式。随着社会经济的快速发展，非遗赖以存在的社会环境正在发生深刻变革，为应对上述变化对我国非遗建档式保护工作带来的冲击与挑战，需要引入新理念、新手段和新技术对现行非遗建档式保护机制进行充实和完善③。因此，应以发展非遗建档的合作形式、推动非遗建档的跨界融合为目标，将视野投向更广泛的领域，以此建设非遗建档式保障机制。

四 非遗建档式保障机制的建设原则

构建非遗建档式保障机制，应坚持主体性、普遍性、渗透性、可持续性和可操作性的建设原则，具体如下：

---

① 谢志成、秦垒：《我国非物质文化遗产传承人口述档案建档探析》，《北京档案》2017年第2期。
② 黄体杨、欧阳光：《非遗数字信息资源建设的起点：协同开展非遗传承人建档保护的分析模型》，《图书馆论坛》2018年第12期。
③ 叶鹏、周耀林：《非物质文化遗产建档式保护的现状、机制及对策》，《学习与实践》2015年第9期。

第一，主体性原则。"主体是管理实践能动的主导因素，它是管理活动的构成者，管理职能的履行者，更是管理本质的体现者"[①]，我国的非遗建档工作是一项由多元主体共同参与的事业，非遗建档主体在非遗建档式保护中具有重要影响和价值[②]，各主体作用合理则效果显著，反之则收效甚微。因此，构建非遗建档式保障机制必须坚持主体性原则。政府、档案部门、非政府组织、公共文化机构、新闻媒体、高等院校等可以成为非遗建档的具体实施者，这些不同的主体在非遗建档中视角不同、思路各异，对其的认定、组织、管理也应有所差异，要面向各主体在开展非遗建档式保护活动中的实际需要，结合保护对象的特性，构建有针对性的保障机制，这样才能激发群体智慧，充分发挥各建档主体的优势和特长，有助于提升非遗建档的水平。

第二，普遍性原则。普遍性是非遗保护工作的重要准则，也是非遗建档工作的着力点和努力点。非遗是包含丰富多彩的内容和形式，又同特定生态环境相依存的特殊文化现象，非遗保护必须考虑到非遗所拥有的全部内容和形式，及其传承人和生态环境[③]。有鉴于此，应坚持普遍性原则构建非遗建档式保障机制，相关保障措施应保证在大部分地区和机构，针对大部分的非遗资源和非遗建档活动都普遍适用。这就要求保障机制不应受主体和区域的限制，具有超主体性、超区域性。不具有普遍适用性的保障机制，将很难在非遗建档实践中得到广泛的推广和应用，制约着保障机制作用的充分发挥。因此，应针对非遗建档工作中出现的个性问题，提炼出具有普遍应用意义的方法措施。

第三，渗透性原则。非遗建档式保护是一项长期的不间断的实践

[①] 余要火：《管理主体的系统思维》，《系统辩证学学报》1994年第2期。
[②] 戴旸：《应然与实然：对我国非物质文化遗产建档主体的思考》，《档案学通讯》2014年第4期。
[③] 叶鹏：《基于文化与科技融合的我国非物质文化遗产保护机制及实现研究》，博士学位论文，武汉大学，2015年。

活动，其规划和任务的完成离不开非遗建档式保障机制发挥潜移默化的作用，这就使得保障机制具有了渗透性的特质。渗透性原则主要有两层含义：首先，保障机制与非遗建档的其他机制之间相互作用、相互影响。在非遗建档活动中，各个机制之间的各个要素相互依存，机制形成的背景、作用的条件具有某些指标的相似性和共通性，因此各机制并非独立运行，而是与其他各个机制相互牵制、相互作用，共同致力于非遗建档活动的构筑和运行。其次，保障机制各要素渗透在非遗建档的各个流程，例如多种层面、多个角度的保障措施。它通过自身的作用和运行，使这些措施渗透进非遗建档工作的各个环节，以一种灵活的方式发挥保障作用，推动非遗建档活动的顺利开展。

第二节 法规保障

一 法规保障的范畴

法规是指国家机关制定的规范性文件。非遗建档的法规保障是指一系列非遗建档相关法律、法规的立法、执法和守法的总称，不仅包括《档案法》等法律条文的制定，而且还有执行过程的合法化，需要全社会共同营造形成遵纪守法的和谐氛围。作为一个动态完整的全过程，只有加强法律制度的规范完善，早日建立健全有效的保障机制，才能促进非遗建档式保护机制的完善，推动非遗建档式保护工作的开展。

就我国立法现状来看，虽然国家层面初步形成了针对非遗保护的法规体系，但是"重省会轻地方"等传统观念仍根深蒂固[①]，制约了各地区基层部门开展非遗建档的积极性和建设成效。同时，各地基层部门规模总量庞大、资源总量丰富，非遗建档的巨大潜力仍有待进一步挖掘，因此有必要高度重视地方层面的非遗建档立法工作，以完善

---

① 叶鹏：《基于文化与科技融合的我国非物质文化遗产保护机制及实现研究》，博士学位论文，武汉大学，2015年。

法规保障为契机，为基层部门开展非遗建档保驾护航，促进各地区非遗建档工作再上新台阶。

二 法规保障的内容

（一）学习借鉴先进经验协调法律关系

为了有效保护非遗，消除非遗保护的风险因素，世界范围内陆续发布了一系列国际条约，例如《保护非遗公约》、《保护世界文化和自然遗产公约》、《保护文学艺术作品伯尔尼公约》等等，这些国际公约的出台对于促进非遗的传承与保护、维护全人类共同的记忆具有深远影响。除了积极响应、主动加入这些国际公约，我国也积极借鉴世界范围内先进的立法经验，以探索一条具有中国特色的非遗保护立法体系建设道路。我国坚持以《非遗法》如实施基础，树立全面、协调、可持续的非遗建档式保护观念，促进非遗在传承中保护，在保护中创新；以我国现实国情为立法内容制定的出发点，我国少数民族聚居地区经济发展水平相对滞后，通过加大向少数民族非遗传承人倾斜的政策力度，解决非遗建档式保护基础不稳的问题；完善从中央到地方、自上而下的纵向立法体系，在实施非遗建档式保护顶层规划的同时，充分考虑各地方尤其是基层部门的现实需求[1]。

（二）从知识产权角度加强非遗保护立法

知识产权（Intellectual Property Right）也被称作智力成果权、智慧财产权，指的是基于智力的创造性活动所产生的权利[2]，是个人或组织对其在科学、技术、文学艺术等领域里创造的精神财富或智力成果所享有的专有权或独占权[3]。非遗是人类实践活动中智慧的结晶，

---

[1] 叶鹏：《基于文化与科技融合的我国非物质文化遗产保护机制及实现研究》，博士学位论文，武汉大学，2015年。

[2] 《中国大百科全书（法学卷）》，中国大百科全书出版社1984年版，第751页。

[3] 丁文君：《发展中国家的知识产权保护与自主创新》，博士学位论文，武汉大学，2014年。

可以视为知识产权的客体，因此，知识产权制度同样适用于非遗建档式保护领域。

世界各国也都在非遗保护实践中引入了知识产权保护制度，联合国一份报告指出，"面对知识产权保护和土著及本土社区知识的保护之间存在的紧张关系（例如未经知识持有人同意被社区之外的人使用其知识，并且没有公平补偿），要求对现存的知识产权制度进行修改、改变和补充以适应非遗的保护"[①]。从知识产权角度加强非遗保护立法，可以从以下几个方面入手：

一是专利权模式。专利权模式主要适用 2003 年联合国教科文组织《保护非遗公约》中的第四类和第五类非遗的保护，分别是有关自然界与宇宙的知识与实践以及传统手工艺。此外，专利权模式还适用于以非遗为基础产出的发明创造。

二是商业秘密权模式。商业秘密权模式适用于一些有经济应用价值的非遗往往具有保密性，例如我国的一些传统工艺、传统配方、绝活、绝技、祖传秘方等并未进入公有领域。"只有极少数人或者少数地区的行业知晓，这使得这些信息虽不能满足专利的新颖性标准，但仍然能作为一种商业秘密或 TRIPs 协议第 39 条所指的'未公开信息'得到确认和保护"。以商业秘密法保护非遗的优势在于成本低，并且可以通过合同来进行转让以获得经济利益。且比起其他类型的保护模式来讲，保护范围更广。

三是著作权模式。著作权模式主要涵盖《公约》中的第一类和第二类非遗，主要是民间文艺。根据《公约》第 2 条的规定，第一类非遗为口头传统和表现形式，主要指在民族民间流传的口传文学、诗歌、神话、故事、传说、谣谚等，包括作为非遗媒介的相关濒危的语言；第二类为表演艺术，主要是指在文化群体的节庆或礼仪活动中的表演艺术，包括肢体语言、音乐、戏剧、木偶、歌舞等表现形式。

[①] 叶鹏：《基于文化与科技融合的我国非物质文化遗产保护机制及实现研究》，博士学位论文，武汉大学，2015 年。

四是商标权模式。商标权模式语用于商业开发中的一切非遗的保护，尤其适用于保护我国民族地区的特殊符号和标记。商标是促进商业服务业流通的基本要素。土著或民族社区的工人、艺匠、技师、商贩，或代表他们或者他们所属的团体（例如合作社、同业协会等），所制造的产品和提供的服务可因商品商标和服务商标不同而被区别开来。许多原住民的手工制品和艺术品可以直接注册商品商标，而很多类型的表演等可以通过注册服务商标，获得商标权的保护[①]。

（三）建立侵害非遗的法律救济机制

完善的法律必须具备相应的救济机制，我国非遗保护法律法规保障机制中应该尽快建立适合我国地方实际的救济制度。我国非遗的法律救济可以从预先性救济和补救性救济两个角度设计，所谓预先性救济是指法律对非遗遭到具体侵害之前所设计的制度，具体可以考虑如下制度的设计：

一是，财政支持法定义务制度。非遗的保护没有必要的资金投入是无法实现的。因此，建议考虑在财政预算法律中，无论是省级财政还是地方财政，均应当在财政预算中给非遗保护留出预算空间。

二是，挖掘、发现与持续维护之奖励制度。未来相关法律应当考虑设定这样的制度，即凡有利于非遗保护的行为，都应当获得法律明确规定的奖励。该奖励可以包括纯精神性奖励和物质性奖励。同时，对积极出资保护非遗的企业，给予税收上的一定减免；鼓励个人或家庭出资设立非遗保护基金或向保护基金提供捐助。

所谓补救性救济，是指针对已经发生的侵害非遗的行为人，在立法中设计出责任追究制度，具体制度设计可以考虑如下：

一是，懈怠维护的警告制与"三责"（民事责任、行政责任甚至刑事责任）制度。立法对因自己的懈怠行为导致非遗遭到严重破坏甚至灭失的团体、个人，应当考虑设立两个具体制度：一是警告制度，

[①] 叶鹏：《基于文化与科技融合的我国非物质文化遗产保护机制及实现研究》，博士学位论文，武汉大学，2015年。

由专门委员会对疏于保护非遗的行为人发出警告和限期矫正公告；二是对无视警告并进而造成非遗遭到严重破坏甚至灭失者，适用民事责任、行政责任乃至刑事责任追究制度。建议在相应的法律规范中对非遗保护作出必要的制度补充。

二是侵害行为的"三责"制度。对于故意或过失侵害非遗甚至直接导导致非遗消失的行为，也应考虑民事责任、行政责任乃至刑事责任的追究。但是，由于不可抗力原因导致非遗灭失的，则不得滥用责任追究制度。

第三节　决策保障

一　决策保障的范畴

决策是指选择一个可供贯彻实行的方案的过程，形成决策通常要有一个决策者（做出最后选择的人）和一个决策机构（所有参与决策的人组成的小组、团体或政府），他们通过分析信息、确定目标、提出各种方案、对这些方案作出评价，然后得出一个结论来对一个确定的问题或一系列问题做出反应[1]。所谓决策保障，则是指为决策活动提供物质和精神保障的各种制度、方法和组织职能及其权责配置方式的总和，以确保决策活动得以顺利进行，从而达到决策目标[2]。

决策保障通过决策主体及权责分配机制、需求表达机制、信息导入与沟通机制、决策程序和方法体系、决策执行与监督机制、决策评估与修正机制，使各主体广泛参与决策，以使决策活动科学、民主、高效[3]。随着大量个体参与非遗建档式保护的数量逐渐加大，个体的数量、层次以及兴趣等因素对非遗建档式保护的质量影响力也逐渐变

---

[1] 周光辉：《当代中国决策体制的形成与变革》，《中国社会科学》2011年第3期。
[2] 董正锴、靳永翥：《农村基础设施建设中的决策保障机制研究文献综述》，《中共贵州省委党校学报》2012年第5期。
[3] 董正锴、靳永翥：《农村基础设施建设中的决策保障机制研究文献综述》，《中共贵州省委党校学报》2012年第5期。

大。因此，非遗建档式保护信息资源的质量控制是，对群体参与到信息资源建设后的各个主体进行引导，从而实现对非遗内容和实践形式的管理，可以说对于非遗档案信息建设中的因素控制是质量控制的关键。具体来看，它们包括了决策质量和决策控制两个方面：前者是决策与外部环境、内部资源和能力以及决策者主要目标相一致的程度；后者是指根据全国非遗保护现状和未来发展趋势，制定并实施各类非遗建档规划、计划，制定相关法律法规以及政策，据宏观形势和文化产业自身发展的需要，对非遗保护行为和非遗利用行为的规模、质量、结构和效益等进行适度调控。

二 决策保障的内容

（一）宏观质量控制

宏观层面的质量控制主要是指通过对上位法规和政策精神的领会，以及决策理论和相应方法的使用，最大限度地拓展非遗建档式保护机制的效果和优点，确保非遗建档机制的顺利推行。

由于非遗法律保护本身的复杂性及现有立法的局限性，我国现行的标准与法规体系尚有继续完善的提升的空间，其中存在着一些缺陷与不足，主要表现为：立法较为零散，偏重行政保护，缺少实用的法律，更没有建立完善的非遗法律保护体系等。此外，非遗保护并不只是国家和政府的工作，其牵涉到创造、保存、传承、开发、利用非遗的相关社区、个人和社会公众，这些都是处于保护主体地位的政府所无法代替的[1]。因此，非遗的法律保护并不仅仅只是公法上的保护，而应当是全方位的、多层面的保护。我国当下有关非遗保护的法律法规缺乏对相关创造、传承主体的地位和作用的规定，各主体究竟该以何种角色，何种尺度参与到非遗建档式保护工作中，这些都未有明确界定，导致现阶段出现了某些管理上的混乱、交叉和同质化的现象和问题。

---

[1] 吴双全：《我国非物质文化遗产法律保护的新探索》，《兰州学刊》2013年第12期。

在宏观层面实现非遗建档式保护的质量控制,首先要做的就是在吸收和借鉴档案管理相关标准的基础上,坚持"两条主线,三个维度",搭建我国非遗建档标准体系框架。具体而言,"两条主线"是指保护与管理非遗过程中必须坚持的两大关注点——非遗项目和非遗传承人,坚持两条主线不动摇,就要确保非遗建档工作始终坚持依"项"建档、依"人"建档、"一项一档"和"一人一档"[1];"管理"、"业务"、"技术"三个维度三种类型的标准构成了我国非遗建档标准建设的主要内容,而具体标准的草拟与制订,完全依靠自主开发是有难度的,且很难在短期内一蹴而就。在这一方面,国外很好地将自主开发与吸收借鉴相关领域标准结合在了一起,国际文化遗产、图书档案和博物馆考古领域的部分成熟且适用的标准,都可以被采纳或吸收到非遗建档标准中[2]。同时,建议尽快将这些标准用于非遗档案资源建设实践的指导和群体行为的约束,以实现群体参与的非遗档案资源建设的规范化和有序化。

(二) 微观质量控制

非遗建档涉及非遗档案资源从形成到优化的过程,包括非遗普查、数字化记录与建档、数据库建设、资源开发利用等内容[3]。通过微观层面的质量控制,即采用先进技术,以及实现部分关键环节的管控,最大限度地消弭非遗档案资源建设中对其质量有消极影响的一切因素,提升非遗档案资源建设的质量。

我国非遗信息资源数量众多且来源分散,涉及内容复杂且载体类型多样。当前我国只是在非遗建档工作中逐渐形成了依"项"建档、依"人"建档等分类原则,而对于"项"、"人"之下的非遗信息资

---

[1] 戴旸、李财富:《我国非物质文化遗产建档标准体系的若干思考》,《档案学研究》2014年第5期。
[2] 戴旸:《非物质文化遗产建档标准的建设:国外经验与中国对策》,《档案学通讯》2016年第6期。
[3] 周耀林、赵跃、戴旸:《基于群体智慧的非物质文化遗产档案资源建设模式探析》,《中国档案研究》2015年第0期。

源具体划分问题至今仍未达成一致意见,各部门基本按照所藏非遗信息资源的特性自行分类,标准不一、划分混乱①。在这种情况下,一些无价值的资料也可能会被归入到非遗档案资源建设体系之中,并在其中呈现出薄弱和不适应的状况,浪费了人力与物力。面对这一情况,社会公众作为参与非遗档案资源建设的主体,也应对非遗档案资源建设的质量,及其自身发展情况负责可见,进行高质量、有针对性的非遗档案资源建设实践,需要社会公众从决策质量控制和信息质量控制两方面进行非遗档案资源建设的质量控制。具体来说,主要包括以下举措:

一是,激发群体智慧。为了实现非遗建档智慧的最大化,必须规范建档主体组成。根据索罗维基在美国教育计算机应用大会的报告中指出要超越"个体智慧",需要"多样性、独立性、分散性和集中性"四大原则②,非遗建档主体需要满足以下条件:第一,尽量吸纳具有不同知识背景和丰富经验的主体参与到非遗建档中,引导其发表独特的见解;第二,保证各建档主体能够独立思考,贡献出更加准确更有创意的想法;第三,汇聚各建档主体独特的观点和视角,实现对非遗建档的全面掌握;第四,高效地将各建档主体的意见汇集起来,形成群体决策智慧。这样就可以在一定程度克服诸如个人主义、群体极化、群体迷思等弊端,从而真正形成更加强大的群体智慧,提升非遗建档的质量。另一方面,为了避免群体陷入无休止的争论、偏离原始主题、群体沟通协作不畅以及用户参与度低等问题,需建立有效的监管和激励机制,规范各主体的思维及其具体行为,从而实现非遗建档的质量控制。

二是,运用信息技术。除了对建档主体的组成进行一定的前期引

---

① 李姗姗、周耀林、戴旸:《非物质文化遗产信息资源档案式管理的瓶颈与突破》,《信息资源管理学报》2011年第3期。

② 黄晓斌、周珍妮:《Web2.0环境下群体智慧的实现问题》,《图书情报知识》2011年第6期。

导,并对提交资源的信息质量进行一定的管理和监控外,还可以在非遗建档过程中实行主体实名制,是确保主体参与态度和行为责任,进而提升信息质量的必要途径。另外,对于主体所提交的信息,在数字化后还应采取自组织的方式对其进行筛选、定级、排名和推荐,将早期网络信息所使用的管理员监控形式与用户添加评价或投票进行计算排名相结合,建立新的统计计算排名方式以及相关的标准[1],这为公众在海量增长的网络信息中获取有效信息以及重要信息提供了一定办法,也为各主体参与非遗建档树立学习典范。

三是,引入外智助力。在强调保持自组织过程中意见的独立性的同时,也需要注意到专家对于决策质量有着显著的影响。在非遗建档工作中,政府、文化行政部门需要积极调动和吸取档案部门的经验与方法,赋予各级档案行政部门在非遗建档工作中的指导与监督权,引入档案部门的专家推荐机制,邀请档案专家参与非遗建档标准的研究制定及其相关培训工作,指派档案工作人员参与非遗数据库建设等[2]。例如"前端"业务指导,即介入并指导非遗保护中心对非遗档案进行分类整理,确保其完整、有序;"后端"接收征集,即通过档案局制发文件,规范收集范围、进馆时间等具体要求,有计划地将非遗档案接收、征集进馆[3]。

第四节 传承保障

一 传承保障的范畴

在文化学层面,传承是一个使用频率很高的词,传承往往与文化相关,是文化在代际保留的主要方式,也是人们保留民族基因和血脉

---

[1] 史波:《网络舆情群体极化的动力机制与调控策略研究》,《情报杂志》2010年第7期。
[2] 李姗姗、周耀林、戴旸:《非物质文化遗产信息资源档案式管理的瓶颈与突破》,《信息资源管理学报》2011年第3期。
[3] 赵跃:《新时期档案机构参与非遗保护的反思与再定位》,《档案学通讯》2020年第2期。

的主要手段。传承主要在主体、客体、方式手段、场馆、保障体系和路径等一系列因素综合作用下得以实现。钟敬文的《民俗学概论》将传承界定为"具有文化和传递两层含义，其本意被表述为通过传递的文化现象"。董成雄认为，传承的内涵可以理解为文化在时间横向传递的连续性，同时也可以体现为文化的一种传递方式、接受和传授过程[①]。

传承保障为非遗建档工作注入源源不断的新血液，维持着非遗建档的持久延续性，其重要意义主要体现在以下方面：

一是，有助于促进传统文化的繁荣和维护人类文化多样性。联合国教科文组织2001年通过的《世界文化多样性宣言》指出："文化表现形式，包括传统文化表现形式的多样化是个人和各民族能够表达并同他人分享自己的思想和价值观的重要因素"。我国各族人民在长期生产生活实践中创造的丰富多彩的非遗是中华民族传统文化的重要组成部分，蕴藏着中华民族传统文化的精髓，是中华文明智慧的结晶和精神财富。传承我国非物质文化遗产，有助于我国传统文化表现形式的延续和弘扬，从而促进我国传统文化的发展与繁荣。同时，传承非遗也有助于维护人类文化的多样性和文化生态平衡，促进文明对话和人类社会可持续发展。

二是有助于增强民族凝聚力和国家文化软实力。文化对影响人的思想、改变人的行为，有着重要的力量。非遗中蕴含的高超技艺、艺术造诣，独特的思维方式、价值观念、审美方式、情感表达和文化意识等文化内涵，它们有着文学、艺术、历史、科技等多重的价值，它们是中华民族智慧与文明的结晶，是联结民族情感、增强民族凝聚力和维系国家统一的纽带，也是文化发展创新的基础和源泉，更是文化软实力的体现。因此，传承非遗有助于增强国家的文化软实力。另外，传承非遗也有助于保护民族文化、应对国外强势文化的扩张和侵

[①] 董成雄：《中国优秀传统文化的系统解读和传承建构》，博士学位论文，华侨大学，2016年。

蚀，维护国家文化主权与安全。

三是，有助于丰富人民群众的精神文化生活和促进文化产业发展。非遗主要指人类精神层面的遗产，我国非遗形式众多，囊括了非遗的所有方面。例如，民间传说、民间戏曲和曲艺、民间美术、民间游艺和杂技、节日习俗、传统技艺等，长期以来它们为我国人民大众提供了形式多样、各具特色的精神食粮，正是因为有了它们的存在，人们的生活才不致于索然无味，才变得更加多姿多彩。传承非遗就是对人们精神文化的保护弘扬和发展丰富。加强非遗建档的传承保障，合理发展利用非遗项目本身或者开发与非遗相关的产品，又可以促进人们进行文化消费，带动经济的发展[①]。

二 传承保障的内容

（一）保障非遗群体认知

从群体认知的角度来看，非遗身口相传的传承方式体现了传统社会文化传播的基本方式，即非遗的传承依赖于人的各种动作来实现文化作品的创作和传承，并形成各具特色的文化形态。随着人类科技技术的不断进步，这些原本自然、直接的传统传播方式经历了从口头载体到文字载体，再到信息载体的三个发展阶段，非遗的群体认知也日趋广泛化和抽象化，这一历程虽有助于非遗的广泛传播，但无益于展现非遗人本性、体验性的心灵信息。为此，对非遗的传承应从提升群体认知的角度入手，基于中国非遗代表作传承人保护体系，在组织上依托国家、省、市、县四级文化行政机构、国民教育机构、文化服务机构和各类社会单位，在目标上以非遗终身学习为内容，以儿童时期培养非遗热爱者、少年时期培养非遗认同者、青年时期培养非遗传承者、中年时期培养非遗欣赏者为群体认知核心，将非遗传承贯穿于群体认知的始终。

---

① 李任：《武汉非物质文化遗产传承与发展研究》，硕士学位论文，华中师范大学，2015年。

（二）保障群体创作环境

从群体创作的角度来看，联合国教科文组织发布的《保护民间创作建议案》中指出，非遗是指"一个文化社区在文化上的创造，以及对历史的继承。这些基于传统的创意表达了群体和个人的精神意识，同时还符合其社会历史条件和文化特征，并通过规范的口头传播与模仿，来传递民间创作的价值。"[1] 定义中所述"文化社区"、"群体精神意识"均表明群体创作是非遗的重要共性。非遗在创作过程中表现的群体特性，不仅有利于确保非遗创作的独特性，还有利于增强民族自豪感、维持社会长治久安，同时对于促进中国特色社会主义文化繁荣也具有积极意义。从整体上来看，非遗的群体创作主要表现在创作主体、创作意识和创作氛围三个方面。其一，创作主体的群体性是指非遗传承人共同创造的成果，非遗传承人在制作非遗产品的同时，也不断地将自己的创造、感情和思想融入其中，使非遗的规模日益增大，内容日趋充实；其二，创作意识的群体性是指非遗是中华民族族群心理的外化表现，非遗作品虽然通常由非遗传承人个人独立完成，但是非遗作品中蕴含的深厚底蕴却不只体现其个人的意识和创造力，更多体现的是来自于整个族群的传统文化积淀；其三，创作氛围的群体性是指非遗的创作均在充满族群色彩和民族特色的氛围环境中产生。这种浓郁的群体氛围为非遗的创作开拓了广阔的群体文化空间，使每位置身其中的非遗传承人均能感知到群体精神与社会力量，使非遗的创作与传承连同非遗传承人自身的价值追求在这一群体氛围中得到统一和实现。为此，保护非遗原生地的自然与社会环境，可以从创设非遗文化空间出发，采用设置非遗生态博物馆、民族传统文化保护区（社区）、民族文化生态村等保护举措，使非遗赖以存在的群体创作氛围得到全方位保护。

---

[1] 北京大学世界遗产中心编：《世界遗产相关文件选编》，北京大学出版社 2004 年版，第 352 页。

(三) 保障非遗群体认同

从群体认同的角度来看，非遗是一些具有共同生活环境、生活方式与文化心理的非遗传承人群体进行的集体创作，其表现的信息内容和技法形式与地域习俗和现实生活密切相关，展现了中国不同历史时期的艺术风格和审美情趣。不难发现，当前文化生态被流行文化所主导，这种流行文化显示出浓厚的商业特色和消费主义倾向，并渗透进入社会生活的全领域，为社会大众提供符合现代生活需要的文化产品①。可见，相对源于历史传承和丰富元素的非遗而言，流行文化是"一种与工业生产和城市发展密切相关，以全球化电子传媒为媒介的批量生产的当代文化形态"②。非遗具有鲜明的地域特征、丰富的生活情趣和浓厚的乡土气息，这种真实反映文化创作思想情感、完整保留创作主体心灵信息、沟通文化传承主客体之间关系的文化特点，是思想与文化日益同质化的当代社会急需，而当代流行文化又无法提供的优秀品质。为此，需要对非遗进行社会化保护和生产性发掘，一方面利用现代信息技术和网络平台，发挥以微信、Twitter、Facebook、YouTube等为代表的社交媒体，以及维基百科、百度百科等知识平台的作用，构建一个用不同语言组成，可动态变化、自由访问和群体编辑的非遗群体智慧空间；另一方面，通过生产性保护手段来保护非遗，能够使非遗在新的时代背景下扎牢根基，在维护其原始面貌与传统内涵的基础上，适应当代社会发展和公众审美的变化，大力吸引各类社会资本流向非遗文化市场，推动非遗的文化产业发展和产业链延伸，实现非遗与文化产业发展之间的二元互动与良性循环。

---

① ［德］霍克海默、［德］阿道尔诺著：《启蒙辩证法》，渠敬东、曹卫东译，上海人民出版社2006年版，第241页。
② 金元浦：《改革开放以来文艺学的若干理论问题探索》，《文艺研究》2008年第9期。

第五节　供给保障

一　供给保障的范畴

"供给"一词最早可追溯到 20 世纪 70 年代美国的"供应学派",即主张全要素生产效率的提高来促进经济增长。与经济发展状况相似,我国文化发展也面临着供给侧结构性改革的现实问题。作为文化供给,非遗既是一种历时性供给,体现为代际传承者之间的供给,又是一种共时性供给,体现生产者对消费者的供给[①]。

非遗作为我国优秀传统文化的重要载体,肩负着为当代中国提供文化供给的重要责任。然而现阶段我国非遗供给侧存在一些问题,例如供给侧各要素的发展水平不平衡,整体素质有待提升;供给侧各要素的关系不够协调,协作能力有待提高;供给渠道比较单一,与需求对接有待加强;供给技术比较落后,与现代科技结合有待发展等等[②]。文化与科技融合作为新常态下中国改革实践的重要组成部分,其施政理念和改革思维将在我国文化领域内产生重要而深远的影响,成为协调和解决我国非遗保护工作中诸多短板和结构性问题的指针,更是保证我国非遗活态传承、健康发展和行稳致远的一项重大举措。因此,以提升非遗供给水平为目标加强供给保障,从供给源头实现非遗建档保护机制保障,是提高非遗建档保护效能的重要抓手。

二　供给保障的内容

（一）强化政府职能,保障基本文化供给

由于文化供给具有社会公共产品的性质,从非遗建档式保护的角度来看,政府应明确自身作为文化供给主体的地位和作用,通过推动公共文化服务体制改革,梳理各级文化行政管理部门在非遗文化供给

[①] 宋俊华:《基于供给侧结构性改革的非遗保护机制创新》,《文化遗产》2016 年第 4 期。
[②] 宋俊华:《基于供给侧结构性改革的非遗保护机制创新》,《文化遗产》2016 年第 4 期。

过程中的事权与财权，并制定非遗文化供给的保障制度和工作制度。从宏观角度来看，非遗文化供给的保障制度应在坚持"保护为主、抢救第一、合理利用、加强管理"基本思路的前提下，依托"国家级、省级、市级和县级"为内容的现行四级非遗保护体系，由文化行政管理部门牵头制定我国非遗建档式保护产业政策，为我国各级非遗建档式保护提供整体指导。从中观角度来看，非遗文化供给的工作制度需从全局出发，依照"政府主管、国企主导、市场补充、社会公众广泛参与"的逻辑主线，对现行的非遗建档式保护体系进行梳理和整合，建立统一领导、分级管理的产业管理机制，将非遗建档式保护纳入文化管理和国有资产管理的范畴，形成对非遗文化产业发展的整体管理。从微观角度来看，非遗行业企业及其相关组织应遵照《中华人民共和国非物质文化遗产法》的相关规定，在文化管理部门和国家发改委的联合指导下，执行上述宏观层面与中观层面的非遗建档式保护举措，保证我国非遗建档式保护机制的有效运行。

（二）建立多元化文化供给体系，优化文化供给结构

多元化非遗文化供给体系是由政府和企业共同参与构建，面向社会公众文化需求提供文化产品的实施成果。企业在文化行政管理部门的指导下，通过不断丰富和拓展非遗文化产品的数量和种类，向社会公众提供具有正确文化导向和价值观的非遗文化产品，满足社会公众日益提高的文化需求。政府则通过增加对非遗文化产品的购买，鼓励社会资本参与档案馆、群艺馆、文化馆等非遗文化基础设施的建设与运营，推动非遗文化创意产业与金融、贸易、科技、制造等产业的融合发展，促进资金渠道丰富、投资形式多样的多元化文化供给体系的逐步构建[1]。此外，政府还需制定相关实施制度和工作标准，对上述多元化文化体系中的节点、环节、结果等关键内容进行界定和规范，明确参与各方在流传过程中的责权利关系以及成果归属、利益与分配

---

[1] 叶鹏、周耀林：《文化与科技融合下非物质文化遗产管理模式的运行逻辑》，《焦作大学学报》2019年第4期。

的解决方案，在提升文化供给质量、增加文化有效供给、保证各方主体获得收益的同时，兼顾非遗建档式保护的社会效益和经济效益。

第六节 激励保障

一 激励保障的范畴

激励本意为激发、鼓励，从心理学层面来看，是通过给予一定的刺激来促使形成一种动力，从而实现期望的目标；从管理学层面来看，是管理者通过制定相关措施或规则，促使被管理者向期望目标努力，进行完成目标的过程。激励保障是指主体运用多种激励方法诱导客体做出目标行为，进而形成的规范化的制度、方法、标准、规则、手段等[1]。激励保障是保障机制中的重要内容，激励主体与客体彼此依存，其产生作用的核心在于：激励主体能够洞悉客体的应激机理和行为动机，从而激发客体工作热情，从而更好地实现组织期望目标[2]。激励保障的方法有多种，例如精神激励、物质激励、薪酬激励、荣誉激励、晋升激励等。

《中华人民共和国非物质文化遗产法》指出，"国家鼓励和支持公民、法人和其他组织参与非物质文化遗产保护工作"，以及"国家鼓励开展与非物质文化遗产有关的科学技术研究和非物质文化遗产保护、保存方法研究"。然而在实践工作中，非遗社会化保护和非遗保护技术作为非遗建档式保护工作中的动力因素，却没有引起足够的重视，导致了现阶段社会公众对非遗建档式保护事业的参与度较低、非遗文化价值的传播挖掘缺乏新兴技术的支持等现象。强化激励保障具有重要意义。一方面，有助于提升公众在非遗建档中的参与程度，扩大非遗的社会影响，提高建档的效率，为非遗建档式保护提供大量人

---

[1] 沈翔、吕中国：《构建基于行为理论的大学生创新创业激励保障机制体系》，《教育现代化》2018年第20期。

[2] 沈帅：《N县乡镇公务员激励机制研究》，硕士学位论文，湖南师范大学，2019年。

才支持；另一方面，有助于推动非遗保护技术的革新，为非遗建档式保护提供新的方法和路径，从而为非遗建档工作注入源源不断的动力支撑。

二 激励保障的内容

（一）秉承正确的文化导向，拓展非遗文化受众

"弘扬社会主义核心价值观、提升国家文化软实力，建设社会主义文化强国"为核心的文化战略，是当前和今后我国文化发展和建设的指导思想。非遗是我国优秀传统文化的典型载体，它以其熟悉的内容、亲切的形象、丰富的表意为社会公众生动形象地表达我国优秀传统文化的深刻内涵，并有助于在社会公众中树立正确的文化风向标，排除腐朽文化对社会公众的负面影响，为增强我国文化软实力和保障国家文化安全提供支持。在具体实践中，各级文化行政管理部门应本着将坚定捍卫基本价值观和灵活面对社会思潮相结合，将对中华文化的充分自信和对世界文化的清醒自觉相结合，将中华优秀传统文化的精神价值与社会文化的活力创造相结合的原则，通过文化提炼、案例展播、技艺传承等多种形式，通过互联网、平面媒体、广播电视等传播媒介，采用编写读本、设置网站、增设社交媒体平台等沟通举措，将正确文化导向植入非遗建档式保护的各项工作之中，使社会公众既成为非遗建档的受众，也成为非遗建档的信息来源，推动我国非遗建档式保护社会化工作步入良性循环。

（二）推动科技成果转化，助力非遗价值的保护与传播

在非遗建档式保护工作中，为保证非遗价值的长期保存，应依托我国现行四级非遗保护体系，在文化行政管理部门的主导下将全国非遗信息资源进行归类整合，通过数据传输、逻辑整合、冗余备份等方式形成全国非遗信息资源中心，将包括图像、声音、文字和图片等在内的非遗信息进行集中储存和安全备份。这一举措将破除在行业壁垒和企业壁垒下的非遗信息共享难题，既提高非遗信息的保护利用范

围，也可推动基于非遗大数据分析的非遗建档决策支持系统和动态评价系统的建立，为我国非遗建档现代化提供良好支撑。此外，为保证非遗价值的有效传播，应在文化行政管理部门、档案行政管理部门和行业企业的共同努力下推动形成以群体智慧为技术特征的非遗传播系统，通过任务描述、数据生成、用户增值、数据汇总、数据交换、设备与技术支持、数据库与网络社区七个板块，将非遗价值挖掘及其有效传播与群体认知、群体认同和群体创作为内容的非遗管理系统进行整合，为实现非遗信息跨地域、跨时间的保存、传播和发展提供技术支持[1]。

第七节　融合保障

一　融合保障的范畴

融合是指不同物体或思想通过有机的、互补性的结合，形成新的环境，继而产生新的用途[2]。融合保障要求积极探索跨领域、跨学科、跨专业的非遗建档合作。现阶段我国非遗跨界融合已逐步成为热点研究问题，涌现出非遗与旅游融合、非遗与新型文化产业融合、非遗文化与科技融合、非遗与公共文化服务融合、非遗与人文素养融合等等诸多融合理念或实践模式。

融合保障能带来文化产业、消费者、非遗本身的共赢，也与国家产业政策导向具有一致性。随着经济、社会的发展，非遗建档式保护面临一些危机，在保护的前提下，促进非遗资源跨界融合，既是非遗不断实现自我更新的现实需求，又能极大地满足社会公众对非遗的利

---

[1] 叶鹏、周耀林：《文化与科技融合下非物质文化遗产管理模式的运行逻辑》，《焦作大学学报》2019 年第 4 期。
[2] ［美］李相文、奥尔森著：《融合经济——融合时代的战略创新》，方晓光译，中国金融出版社 2013 年版，第 1 页。

用需求[①]。通过非遗资源的跨界融合，能够推动非遗管理工作体系的完善与提升，形成文化与科技融合下非遗管理机制体系，达成对冗余无效文化产品的有效淘汰，保障非遗资源向有效文化供给不断集中。此外，非遗跨界融合可以改善非遗的传承难题，例如通过视频网站、微信、博客等互联网平台，将非遗文化产品和服务传播、渗透到网民的日常生活，可以让更多人了解、喜欢非遗；又如充分利用互联网的商业环境，可以为非遗产品营销推广提供平台支持，扩大非遗产品销售渠道，构建非遗产业盈利反哺非遗保护的良好生态。

二 融合保障的内容

（一）构建纵向管理体系

在我国现行非遗保护模式下推进文化与科技融合的一个重要目标，是通过对供给侧结构性改革理论的引入与运用，面向我国非遗建档式保护需求，形成一套把握正确文化导向、保护非遗文化赋存和支持有效文化供给的非遗建档综合管控体系。该体系通过采取经济引导、制度规范、标准制定等多种方式对非遗建档式保护机制进行优化和调整，实现非遗建档式保护在意识形态、资源调配和软实力构建三方面的长效管理。从体系运行角度来看，建议在现行《非物质文化遗产保护工作部际联席会议制度》的基础上，由文化行政管理部门牵头，联合属地行政管理部门、科技研发管理部门、非遗保护行业企业、非遗研究专家与社会公众代表，成立国家、省、市和地方四级非遗建档协调工作组参与非遗建档综合管控体系的运作。在组织形式上，工作组依托我国现行的非遗名录管理体系，深化我国非遗建档工作的统筹规划、整体部署、协调推进和指导监督等工作。在职责内容上，工作组主要负责解答非遗政策问题、提供技术支持、非遗建档过程中的评价和预测等跨专业、跨领域的问题。

---

① 黄益军、吕庆华：《非物质文化遗产与新型文化业态的融合》，《重庆社会科学》2015年第12期。

（二）组建横向合作机制

文化与科技融合下非遗建档式保护既不是非遗与文化产业的简单相加，也不是政府要素和市场要素的相互覆盖，而是在文化与科技融合相关要求的基础上，对现行非遗利用方式的整合、梳理、拓展和提升。从操作层面来看，建议构建由国家发改委牵头组织、文化产业相关部门共同参与、社会公众积极响应的非遗文化产业链。从内容创意开发、生产设计制作和营销推广管理三个维度出发，依托政府行政管理部门在法律法规、投融资渠道和专业人才培养等方面的管理和倾斜，形成跨地域、跨产业、跨行业的合作机制。实现用"看得见的手"推动冗余低效的文化产品退出市场领域，用"看得见的手"引导资源要素向有效供给聚集，积极引导非遗文化产品形成有效供给，推动文化与科技融合下非遗建档式保护机制的不断优化。

参考文献

（一）著作

黄哲京著：《博物馆无形资产的保护与研究》，故宫出版社2016年版。

田锋：《制造业知识工程》，清华大学出版社2019年版。

佟平编著：《国家信息化与信息化工具》，西安电子科技大学出版社2017年版。

胥秋著：《大学学科文化的冲突与融合》，华中科技大学出版社2016年版。

杨红：《非物质文化遗产——从传承到传播》，清华大学出版社2019年版。

张秦：《软治理模式 网络情境下"桥"式反腐机制建立的研究》，中国言实出版社2016年版。

（二）论文

陈为东，王萍，王益成，黄新平：《政府网站信息资源的多维语义知识融合结构体系及策略研究》，《情报理论与实践》2017年第6期。

陈晓艳，喻晓玲：《环塔里木非遗"非代表性传承人"档案资源建设研究》，《山西档案》2016年第1期。

戴旸，叶鹏：《我国非物质文化遗产传承人建档探索》，《中国档案》2016年第6期。

戴旸，叶鹏：《我国非物质文化遗产传承人建档探索》，《中国档案》2016 年第 6 期。

戴旸：《非物质文化遗产建档标准的建设：国外经验与中国对策》，《档案学通讯》2016 年第 6 期。

段超，孙炜：《关于完善非物质文化遗产保护政策的思考》，《中南民族大学学报（人文社会科学版）》2017 年第 6 期。

侯西龙，谈国新，庄文杰，唐铭：《基于关联数据的非物质文化遗产知识管理研究》，《中国图书馆学报》2019 年第 2 期。

华林，段睿辉，杨励苑：《西藏民族文化遗产保护视域下档案部门参与非遗保护问题研究》，《西藏民族大学学报（哲学社会科学版）》2019 年第 6 期。

李敏，王宇洁：《联合国教科文组织非物质文化遗产保护述论》，《浙江工业大学学报（社会科学版）》2020 年第 1 期。

李洋，欧光军，雷霖：《基于知识生态位整合的高技术产业集群协同创新机理研究》，《企业经济》2016 年第 9 期。

李泽明，张长虹：《大数据与中国社会管理创新——政策科学化、社会诉求动力与政府的行为选择》，《东岳论丛》2019 年第 10 期。

刘妍，李耘涛，和金生：《基于知识融合的知识生态模型研究——企业创新差异视角》，《现代管理科学》2016 年第 7 期。

刘中华，焦基鹏：《非物质文化遗产 IP 资源创新性推广途径与策略探究——以中国非物质文化遗产保护联盟为例》，《浙江艺术职业学院学报》2018 年第 1 期。

马晓娜，图拉，徐迎庆：《非物质文化遗产数字化发展现状》，《中国科学：信息科学》2019 年第 2 期。

施慧：《新时期非遗档案的保护与利用——以南京市民俗（非遗）博物馆为例》，《档案学研究》2017 年第 S2 期。

宋艳辉，邱均平：《我国"五计学"知识融合的思考》，《现代情报》2019 年第 2 期。

苏瑞：《非遗背景下的豫剧建档保护及其对策探究》，《档案管理》2020年第1期。

唐贵瑶，袁硕，陈琳：《可持续性人力资源管理研究述评与展望》，《外国经济与管理》2017年第2期。

唐晓波，朱娟，杨丰华：《大数据环境下的知识融合框架模型研究》，《图书馆学研究》2016年第1期。

陶惠敏：《破解"迷局"与凝聚"共识"——习近平国企改革观研究》，《理论与改革》2016年第5期。

王栋栋，何三宁，施威：《档案建设视角下南京市非物质文化遗产保护研究》，《兰台世界》2016年第1期。

王巧玲，谢永宪，张琳琪：《非物质文化遗产建档工作的含义建档工作的含义、现状及推进策略探析》，《北京档案》2016年第1期。

王英：《论企业在非物质文化遗产保护中的作用——以贵州茅台集团为例》，《楚雄师范学院学报》2018年第1期。

王元媛：《非物质文化遗产传承人建档保护的路径探析》，《兰台世界》2017年第S1期。

肖秋会，张博闻，陈春霞，马燕慧，张瑞娜，杨婷：《恩施土家族堂戏的现状调查及非遗建档保护思路》，《档案与建设》2020年第3期。

杨义龙：《数字化背景下非物质文化遗产的保护与利用》，《内江科技》2017年第8期。

叶鹏，赵跃，赵敏芝：《基于大数据的非物质文化遗产汉绣保护研究》，《焦作大学学报》2018年第1期。

叶鹏，周耀林：《文化与科技融合下非物质文化遗产管理模式的运行逻辑》，《焦作大学学报》2019年第4期。

俞惠兰：《事业单位档案管理创新与改革探讨》，《宏观经济管理》2017年第S1期。

张心源，邱均平：《大数据环境下的知识融合框架研究》，《图书馆学研究》2016年第8期。

张勇，蔡璐，李月明：《非物质文化遗产数字资源元数据标准应用的研究和思考》，《图书馆》2016年第2期。

赵博：《基于传承人的蒙古族长调民歌非遗建档保护研究》，《档案管理》2020年第1期。

赵敏芝，叶鹏：《宜昌市旅游产业与区域发展耦合协调度分析》，《湖北大学学报（自然科学版）》2020年第2期。

赵馨：《电子档案传输利用安全隐患和应对措施》，《办公室业务》2020年第6期。

赵跃：《新时期档案机构参与非遗保护的反思与再定位》，《档案学通讯》2020年第2期。

周和平：《我国保护非物质文化遗产的实践与探索》，《艺术教育》2018年第17期。

周秀霞，刘万国，杨雨师：《基于云平台的数字资源保存联盟比较研究——以Hathitrust和Europeana为例》，《图书馆学研究》2018年第23期。

周亚，许鑫：《非物质文化遗产数字化研究述评》，《图书情报工作》2017年第2期。

周耀林，常大伟：《国家重点档案信息资源融合及其实现策略研究》，《档案学研究》2018年第2期。

周耀林，赵跃，孙晶琼：《非物质文化遗产信息资源组织与检索研究路径——基于本体方法的考察与设计》，《情报杂志》2017年第8期。

周耀林，赵跃：《非物质文化遗产信息资源组织与检索研究路径》，《情报杂志》2017年第8期。

朱琼：《非物质文化遗产的声像档案制作方法及应用研究》，《办公室业务》2020年第3期。

祝振媛，李广建：《"数据—信息—知识"整体视角下的知识融合初探——数据融合、信息融合、知识融合的关联与比较》，《情报理论与实践》2017年第2期。

方堃：《创新少数民族非物质文化遗产保护模式》，《中国民族报》2020-03-10（006）.

滕春娥：《社会记忆视角下非物质文化遗产建档保护研究》，《吉林大学》2019年。

王晋：《白族大本曲非物质文化遗产建档保护研究》，云南大学，2017年。

王云庆：《山东非物质文化遗产项目及传承人立档保护研究》，山东大学，2017年。

徐骁：《企业非物质文化遗产档案式保护研究》，云南大学，2017年。

翟姗姗，刘德印，许鑫：《抢救性保护视域下的非遗数字资源长期保存》，《图书馆论坛》2019，3

跋

通过汲取先贤的知识，满怀着对中国非物质文化遗产的敬畏与热诚，努力将文化与科技融合贯穿于非物质文化遗产建档保护之中，是我从事基金项目研究的宗旨。五年时间如白驹过隙，在我顺利完成基金结项并获良好评价的过程中，得到了众多师长、同门、同行、同事家人和朋友们的帮助与支持。

感谢周耀林先生对我的悉心帮扶与耐心指导。在项目的选题、研究和付梓过程中，以严谨的治学精神和渊博的专业学识给予了我全程支持，让我有信心、有能力面对课题研究的各项挑战。时值本书出版之际，先生再次为我欣然作序，为基金项目结题画上了一个圆满的句号。

感谢师门同学和档案同行对我的指导、帮助和鼓励。他们是西北大学的李珊珊副教授、安徽大学的戴旸副教授、四川大学的赵跃副教授，以及武汉大学的邵金凌硕士、黄琦硕士、刘梦颖硕士、皮·阿木尔卓硕士、李洁硕士和姚楚晖硕士。

感谢湖北大学资源环境学院的领导与同仁们对我的支持与帮助，学院浓厚的学术氛围与宽松的研究环境为本书的成稿提供了重要保障。此外，我还要特别感谢我们研究团队的各位老师的帮助与支持，他们是魏立飞教授、张明达博士和卢其楷博士，以及人文地理与城乡规划系的张立明教授、胡道华副教授、刘润副教授。

感谢所有被本书引用和参考的作者与网站，前人的经验和知识为我的研究工作奠定了坚实的基础，唯有站在你们智慧的肩膀上，才能让我看的更远。

感谢国家社会科学基金委对这个项目和书稿的支持，使我有机会在非物质文化遗产保护领域中得以继续深入，并发表一家之言。

感谢中国社会科学出版社的各位编审老师，尤其是编辑部的许琳女士和姜阿平女士，你们的关心与支持使本书得以公开出版。

最后，感谢我的家人，在父母的照顾与妻女的陪伴下，我才能有更多时间和精力投入到项目研究和书稿撰写中去，尤其要感谢我的妻子刘薇女士，总是在我感觉困难的时候，给予我最大的鼓励与理解。还有我们的小宝贝清清，谢谢你的陪伴和关注，希望你能健康成长，幸福快乐。

非物质文化遗产是承载中华文明和传统文化的重要载体，保护好、传承好、利用好非物质文化遗产是我们共同的责任。希望本书的出版能够起到抛砖引玉的作用，让更多专家学者、业界精英和社会公众共同关注我国非物质文化遗产保护工作，推动我国非物质文化遗产保护事业的深化进步。由于本人水平有限，加之时间仓促，书中多有浅陋不当之处，敬请读者批评指正。

叶鹏

2021 年 8 月 22 日

于静安府